本书受到陕西省社会科学院"优秀学术著作出版资助项目"、陕西省社会科学基金年度项目"陕西传统制造业数字化转型的协同机制及政策研究"（编号：2022D055）以及陕西省软科学研究计划"秦创原创新驱动平台重点产业'两链'精准对接机制研究"（编号：2023-CX-RKX-012）资助。

ADOPTION OF
SMES'

DIGITAL

TECHNOLOGY

基于
价值链
视角

BASED ON
THE THEORY OF
VALUE CHAIN

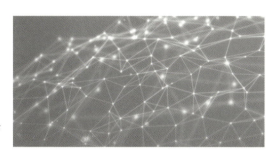

中小型企业
数字技术采用

吕芬 著

社会科学文献出版社
SOCIAL SCIENCES ACADEMIC PRESS (CHINA)

摘　要

随着新一代数字技术的加速创新，各国加快数字经济布局，以抢占数字时代的发展先机。数字经济发展速度之快、涉及范围之广、影响程度之深前所未有，正在成为重组全球要素资源、重塑全球经济结构、改变全球竞争格局的关键力量。习近平总书记指出："发展数字经济是把握新一轮科技革命和产业变革新机遇的战略选择。"在全球迈向数字经济时代的重要时期，企业数字化转型已成为大势所趋。党的二十大报告提出加快建设现代化产业体系的战略任务。中小型企业是数字经济的主力军和主战场，其数字化转型对提升我国产业链、供应链稳定性和竞争力具有举足轻重的作用。但是，我国中小型企业仍处于数字化转型的初级探索阶段，面临数字化转型能力不足、转型路径不清晰等痛点难点。因此，当前中小型企业如何采用数字技术激发创新能力从而实现价值已成为现实和理论迫切需要解决的问题。

本书包括理论篇、实践篇和案例篇三个部分。理论篇从中小型企业数字技术采用视角入手，融合动态能力理论、技术—组织—环境（TOE）理论、创新价值链理论和网络理论，沿着"因素识别—影响机理—数字价值"的逻辑框架，深入剖析和阐释了中小型企业数字技术采用的关键影响因素、影响机理以及数字技术采用的价值链路径；实践篇分别从数字技术采用价值来源、转化和实现三个阶段分析了农业、制造业和服务业中小型企业数字技术采用的价值链路径；案例篇解构分析了农链科技数字农业助农平台实践、神州远景科技的智慧农业创新、传统建材产业数字化一站式服务平台"商砼之家"、基于数字孪生的油气田数智融合管理系统、优米数据基于区块链技术助力视频文件盗版检测、"佬司机"工业产业链数字整合服务平台等典型案例,以期为中小型企业数字化转型赋能高质量发展提供实践指引。

目　录

理论篇

案例篇

理论篇

第 **1** 章

概念界定与理论基础

1.1　概念界定

1.1.1　数字技术采用

1.1.1.1　定义

数字技术采用是指企业开发获取数字技术的途径，并将数字技术的应用转化为技术广度和深度的过程。它包括选择、应用和整合数字技术工具、平台和解决方案，以实现特定目标和需求。具体来说，数字技术采用涉及对现有环境和问题的分析，选择合适的数字技术解决方案，并将其应用到实际操作中，从而提高效率、创新产品和服务、提升用户体验等。数字技术采用的内涵可以从以下几个方面来阐述。第一，它强调了数字技术的应用性质，即数字技术是为了解决实际问题和满足需求而被采用的工具和手段。第二，数字技术采用强调了选择和整合合适的技术解决方案的重要性。这需要对不同的数字技术进行评估和比较，选择最适合的技术工具和平台，并将它们整合到现有的业务流程和系统中。第三，数字技术采用强调了在实际操作中应用数字技术的过程。这包括在组织中实施和部署数字技术，对人员进行培训和支持，并进行监测和评估，以确保数字技术的有效应用和持续改进。数字技术采用的内涵还强调了其实践性和适应性。数字技术采用不是一次性过程，而是一个动态的过程，需要根据不断变化的需求和技术发展进行持续的调整和改进。它需要灵活性和创新性，能够适应不同行业、组织和应用场景的特点与需求。因此，总的来说，数字技术采用不仅是为实现特定目标和满足需求，在实际场景和问题解决的过程中选择、应用和整合合适的数字技术解决方案，还应是采用数字技术去持续改进和适应不同的实际场景。数字技术采用的概念和内涵强调了数字技术的应用性质、选择与整合技术解决方案的重要性，以及在实际操作中应用数字技术的实践性和适应性。

1.1.1.2 特征

数字技术采用的特征包括目标导向、技术选择、整合应用和可持续发展。

第一，数字技术采用是以目标为导向的。数字技术采用是为了实现特定的目标和需求。数字技术采用可以用于解决问题、提高效率、创新产品和服务等，以满足组织或个人的目标。目标导向是数字技术采用的核心特征。在数字技术采用的过程中，明确的目标是驱动力和指导方向，组织或个人确定采用数字技术的目的，并将其与战略目标和业务需求对应。这些目标可能包括提高生产效率、降低成本、增加收入、改善客户体验等。目标导向确保数字技术采用的方向明确，并帮助衡量采用过程的成功与否。

第二，数字技术采用是可选择的。数字技术采用涉及选择适合的数字技术工具、平台和解决方案。这需要对不同的技术进行评估和比较，考虑其功能、性能、成本等因素，以选择最适合的技术来满足需求。技术选择是数字技术采用的关键特征之一。在采用数字技术之前，组织或个人需要仔细评估和选择最适合的技术工具与解决方案。这可能涉及研究市场上可用的技术、与供应商的合作、进行原型测试等。技术选择的决策应基于采用目标和需求的分析，同时考虑技术的可行性、可扩展性和适应性。

第三，数字技术采用可整合应用。数字技术采用要将选定的技术工具和解决方案整合到现有的业务流程与系统中。这需要考虑与现有系统的兼容性、数据交互等因素，确保数字技术的顺利应用和有效运行。整合应用是数字技术采用的重要特征。数字技术通常不是独立运作的，而是需要与现有的业务流程和系统进行集成。这可能涉及与现有系统的接口对接、数据的传输和转换、业务规则的调整等。整合应用确保数字技术与组织的其他方面无缝衔接，从而实现更高效的运作和最大化的效益。

第四，数字技术采用具有可持续发展性。数字技术采用是一个动态的过程，需要持续改进和适应变化。随着技术的不断演进和业务需求的变化，数字技术采用需要跟进新的技术趋势、更新解决方案，并进行持续的优化和改进。数字技术的发展速度非常快，新的技术、工具和解决方案不断涌现。因此，数字技术采用必须具备持续改进和适应变化的能力。这包括密切关注技术趋势和创新，了解新的数字技术的潜力和应用场景。同时，组织或个人需要定期评估自身的数字技术采用策略和解决方案，以确保其与业务需求和市场变化的一致性。

综上，数字技术采用的特征包括目标导向、技术选择、整合应用和可持续发展。这些特征确保了数字技术采用的有效性、适应性和持续改进。通过明确目标、选择合适的技术、整合应用到现有系统，并持续改进和适应变化，组织或个人可以最大限度地利用数字技术的优势，实现业务目标并保持竞争优势。

1.1.2 数字技术采用价值

1.1.2.1 定义

数字技术采用价值是指企业通过采用先进的数字技术，利用其提供的创新工具和平台，以有效的方式改进业务流程、提升生产效率、优化资源利用、加强与客户和合作伙伴的互动，并在市场竞争中获得持续优势。这一概念强调了数字技术在企业中的战略应用，旨在通过创造附加价值，实现组织长期保持竞争优势。数字技术采用价值可以通过多种方式实现，如提高工作效率、降低成本、优化供应链管理、增加市场份额、提升产品质量和创新能力等。通过有效地整合与应用数字技术，企业能够加强内部协作、迅速响应市场需求、获得准确的数据洞察，并根据洞察做出战略决策，从而为企业创造持续的竞争优势和商业价值。因此，数字技术采用价值是指企业在数字化转型过程中，充分利用数字技术的潜力，通过创新和优化业务模式，实现企业市场份额或利润水平的提升。

但是，也应当认识到，企业采用数字技术并不保证实现价值，而是需要将数字技术与企业的战略、产品、商业模式等紧密结合，并进行创新和优化，以实现最大化的价值。数字技术只是一种工具和平台，其真正的潜力在于应用到企业的核心业务中，创造新的商业机会和价值。企业在采用数字技术后，需要对其现有的战略、产品和商业模式进行评估与调整，以确保数字技术的应用与企业的整体发展目标相一致。这可能涉及重新定义业务流程、优化供应链、改进客户体验、创新营销策略等方面。企业还需要不断探索和发现数字技术所带来的新机会，通过创新和不断试验来实现数字技术的最大化利用。

此外，数字技术采用价值还需要在组织内部引起积极的变革和文化转变。这包括培养数字化思维和技能、创造数据驱动的决策文化、促进跨部门的协作与知识共享等。企业需要培养数字化的领导力，并为员工提供培训和支持，以使他们能够充分利用数字技术来推动创新和业务发展。因此，数字技术采用只是开始，企业需要将数字技术与战略、产品、商业模式等方面结合，进行创新和优化，这样才能更好地实现数字技术采用后的价值，推动企业进一步的成功发展。

1.1.2.2 特征

数字技术采用价值的特征包括战略整合、创新驱动、业务流程优化、全面协作和互联性。

第一，数字技术采用价值具有战略整合特征。数字技术采用价值要求将数字技术与企业的战略目标和愿景紧密整合。这意味着企业需要明确数字技术的应用方向，并将其纳入战略规划和决策过程中。数字技术应该被视为实现战略目标的工具，与企业愿景、长期规划相一致。通过战略整合，企业能够将数字技术的力量用于推动企业的发展和增长。

第二，数字技术采用价值是创新驱动的。数字技术采用价值鼓励创新思维和创新实践。企业需要探索数字技术带来的新机遇，并在产品、服务和业务模式上进行创新。创新可以通过采用新兴技术、开发新产品和服务、改进业务流程等方式来实现。通过数字技术的创新驱动，企业能够在竞争激烈的市场中脱颖而出，创造独特的价值主张，并满足不断变化的客户需求。通过数字化创新，企业能够提供更高质量、更高效率、更具个性化的解决方案，满足不断变化的市场需求。

第三，数字技术采用价值关注业务流程优化。数字技术采用价值关注业务流程的优化和效率提升。企业可以利用数字技术提高生产效率、改进供应链管理、优化客户关系管理等。通过业务流程优化，企业能够降低成本、提高生产力，实现更高的质量和效率。

第四，数字技术采用价值鼓励全面协作和互联性。通过数字化工具和平台，企业内部各个部门和团队可以更加高效地协同工作，实现信息共享和知识共享。此外，数字技术还促进企业与供应商、合作伙伴、客户之间的紧密协作和互联性。通过数字化工具和平台，企业可以与外部合作伙伴实现实时的信息交流和协同工作，共同解决问题、开展创新项目、提供更好的产品和服务。这种全面协作和互联性能够加快决策和执行的速度，促进业务的快速响应和灵活性。

1.2　理论基础

1.2.1　动态能力理论

动态能力理论是由 David J. Teece 于 1997 年提出的，它起源于战略管理领域，指企业在快速变化的商业环境中获得竞争优势的能力。动态能力理论的发展得益于早期的资源基础理论和核心能力理论。资源基础理论强调企业内部资源和能力对竞争优势的重要性，而核心能力理论则强调企业在特定领域内的核心能力对竞争优势的贡献。然而，这些理论没有充分解释企业如何适应和塑造变化的商业环境。在这样的背景下，Teece 提出了动态能力理论。动态能力理论强调企业对变化环境的适应能力和创新能力对于获得竞争优势至关重要。企业如何通过整合、构建和重组其内部资源和能力，来应对外部环境的不断变化，并在不断变化的市场中持续创造新的竞争优势。动态能力理论提出了三个核心概念：学习能力、整合能力和创新能力。学习能力是指企业获取、整合和应用新知识和经验的能力。整合能力是指企业有效地整合和重组其内部资源和能力以应对变化的商业环境的能力。创新能力是指企业在创造新产品、新服务和新商业模式方面的能力。动态能力理论得到了广泛的应用和研究，尤其在战略管理、创新管理和组织学等领域。研究者们探索了动态能力如何影响企业的竞争优势、组织学习和创新，以及如何在不同的行业和环境中应用和发展动态能力。总的来说，动态能力理论的发展是为了解决企业在快速变化的商业环境中如何获得竞争优势的问题。它强调了企业学习能力、整合能力和创新能力的重要性，为企业在不断变化的市场中取得成功提供了理论基础。

在当今的市场环境下，企业需要不断地适应新的需求和变化，才能保持竞争优势。动态能力理论为企业提供了一种应对变化的思路和方法，即不断地灵活配置、整合和重新配置企业的资源和能力，以适应市场的变化和需求的变化。在数字化时代，动态能力理论的重要性更加凸显。企业需要不断地采用新的数字技术和工具，以提高效率、优化管理、拓展市场份额等。数字技术的快速发展和应用变化，也给企业带来了一系列的挑战，如技术难题、资源限制、组织变革等。这也在当下日益激烈的市场竞争和不断变化的商业环境发展背景中，与中小型企业的发展相契合。在这样的环境下，动态能力理论对中小型企业数字技术采用具有重要的价值和意义，可以帮助企业获取竞争优势并实现可持续发展。

第一，中小型企业要具有学习能力。中小型企业需要具备学习能力，以不断获取新知识和技术，适应市场的快速变化。通过学习和吸收外部环境的信息，中小型企业能够提升自身的竞争能力，及时调整战略方向，改进业务流程，并快速适应市场需求变化。

第二，中小型企业要具有整合能力。中小型企业在数字技术采用过程中需要有效地整合和利用内部资源与能力。通过整合不同部门的专业知识和技能，中小型企业可以实现协同合作、提高工作效率、降低成本，并增强创新能力。同时，中小型企业也可以整合外部合作伙伴的资源，拓展市场渠道和客户群体。

第三，中小型企业要具有创新能力。数字技术采用对中小型企业而言是一个重要的创新机会。中小型企业可以通过数字技术和创新解决方案，开拓新的业务模式、产品和服务，创造差异化竞争优势。创新能力的提升可以帮助中小型企业在市场中脱颖而出，并与大型企业竞争。

动态能力理论提供了理论框架和指导原则，帮助中小型企业在数字技术采用过程中发挥优势、应对挑战。它强调企业的灵活性、适应性和创新能力，使企业能够及时捕捉机遇、迅速调整策略，并保持竞争优势。在数字技术采用方面，中小型企业可以借助动态能力理论，通过不断学习和吸收新知识，整合内外部资源，提升创新能力，实现数字化转型。中小型企业可以采用数字技术改进业务流程、提高生产效率、拓展线上销售渠道、改善客户体验、提供个性化服务等。同时，中小型企业还可以利用数字技术收集和分析数据，进行市场洞察和预测，优化决策和战略规划。

1.2.2　技术—组织—环境理论

技术—组织—环境（TOE）理论是基于技术接受模型（TAM）、整合型信息技术接受与使用模型（UTAUT）发展起来的。Davis（1989）首先提出了TAM模型，并用于预测信息技术在企业内部的接受和使用度，该模型由两个与技术创新有关的特定性质构成，即感知的易用性和感知的实用性，这两者共同决定了接受信息技术的态度和行为意图。Venkatesh 和 Davis（2000）通过添加主观规范作为确定用户接受度的额外预测指标改进了 TAM 模型。

Venkatesh 等（2012）整合了不同接受模型的变量，在企业背景下提出了整合型信息技术接受与使用理论，并将这一理论扩展到接受和使用移动互联网的消费者群体。UTAUT 模型中的预测指标包括预期绩效、预期工作量、社会影响力、促进条件、享乐动机、价格价值和习惯，其研究表明上述指标都会影响行为意图，且行为意图会进一步影响用户行为。此外，研究还提出了性别、年龄和经验三个调节变量，以进一步增强该模型的预测能力。现如今，UTAUT 模型已被视为一种用于阐释个人对技术的接受和使用度的经典的模型。

但是，TAM 和 UTAUT 这两种模型主要是应用在个人或企业内部层面。随后，Tornatzky 和 Fleischer（1990）提出的 TOE 框架可同时识别企业内部和外部的影响因素。TOE 框架包含影响技术采用的三个因素：技术、组织和外部环境因素。其中，技术因素是与企业相关的内部和外部技术以及备选的潜在技术；组织因素是指企业的特征（如企业规模和资源等）；外部环境因素包括市场要素、竞争者和监管环境等。

1.2.3　创新价值链

创新是指企业产生新创意并将其应用于新产品开发和服务过程的活动，其对企业的生存和成长具有至关重要的作用，并最终会影响到一个国家的高质量发展。因此，学术界从各个角度对创新活动进行了研究，例如，产品创新与流程创新，颠覆式创新和渐进式创新等。近些年，有些学者从组织学习的角度研究了创新活动，认为创新是新知识的发现或者已有知识的新组合，在企业组织学习过程中是企业根据自身与市场条件所进行的价值生产的过程活动，对企业的绩效具有积极的促进作用，而知识来源、知识转化以及利用的循环往复过程构成了创新价值链。

在 20 世纪 90 年代，创新价值链指的是创新或知识生成的过程，而内部研发被认为是知识产生的唯一来源。随后，有学者分析了在创新过程中，外部创新与企业生产力的相互关系。Hansen 和 Birkinshaw 在 2007 年提出了创新价值链这一概念，并且基于企业所有的创新活动设计了创新价值链的研究框架，认为创新价值链主要包括三个紧密相扣的环节：第一个环节是企业通过内部研发或者外部联系产生新知识；第二个环节是将所产生的知识转化用于创新产品的生产；第三个环节是利用前一阶段的创新产品以提高企业绩效的过程。研究创新价值链有助于企业在创新过程中更好地审视和改进自身的薄弱环节，提升企业绩效以最终促进社会经济发展。

1.2.4 网络理论

1.2.4.1 理论发展

网络理论最早应用在社会学中，网络是指个体间的社会关系构成的相对稳定的系统。近些年，由于网络理论可以对部分组织现象给予解释，其很快受到管理领域学者们广泛关注，对于网络的研究已经从单个参与者转移到参与者构成的系统之间的关系。因此，企业的行为被解释为活动的结构性约束，而不仅只是组织内部的作用。网络理论具有系统性，不仅解释了网络参与者特征，还解释了与参与者相关的网络环境，例如，网络理论可以解释个人、团队和组织的绩效，权力、离职率、工作满意度、晋升和利益相关者关系，以及创新、领导能力、创造力、企业间合作以及不道德行为等。但是也有一些学者批评网络理论缺乏相应的理论支撑，许多研究文献也针对这些问题尝试通过提炼网络理论来支撑网络研究的意义。

网络理论基于结构和位置这两个解释性概念。网络结构和参与者位置是网络参与者结果的决定因素，但是，属性较结构而言是次要因素，而网络信息流动模型也表明它们仅是信息的分发者。

流动模型的研究结果表明，节点之间的位置和距离会影响流的长度和频率，同时流动模型也显示出节点接收流的时间点、确定性和流冗余对于理解组织现象具有重要意义。因此，网络理论包括详细阐述给定的网络结构如何与给定的过程进行交互，并以节点或整个网络生成结果。联系的内容对流程并不重要，但是交互的方式对何时接收流程有很大的影响，而且处于中心位置的参与者可以更轻松地访问资源以获得优势。

网络理论的另一个基本模型，即网络的联系或协调模型，该模型表明网络为节点提供了协作的机会，同时，结构也影响节点之间的功效。与流动模型相比，协调模型的底层机制不同，网络中的效率可以通过依赖关系来表达。网络中节点的状态并不重要，因为一个位置比其他位置更可能接收信息流，并且网络能力与虚拟合并有关，在虚拟合并中，相互依赖的节点之间会相互交织，这可能导致节点的融合，联结与交互的纽带交织在一起就形成了网络组织。因此，协调模型将网络联结视为绑定，它们使节点彼此对齐并相互协调。

1.2.4.2 中小型企业网络维度

网络按照不同维度可以分为很多类，例如，社会网络和商业网络、正式网络和非正式网络以及个人网络和企业网络。本研究使用了 Jin 和 Jung（2016）的划分方法，将网络分为非正式的个人网络和正式的商业网络。其中，商业网络是企业与重要合作伙伴建立的紧密而持久的关系，通常是基于不同参与者之间的相互依存关系建立起来的，并共同开展业务，如与供应商、经销商、卖家和买家等。商业网络的建立可以使具有强大数据分析能力的中小型企业抢占市场份额，并保持持续增长；与大型企业相比，中小型企业在面临数字化转型时能够更灵活、更敏捷地调整方向以应对市场变化。

之前的许多重要研究都集中于中小型企业个人网络的优势，包括个人网络可以降低交易成本、降低市场风险和不确定性，以及提高交易伙伴之间的信誉和信任。从微观层面而言，中小型企业的个人网络使它们能够更加容易地感知到市场机会，能够快速进入数字市场并建立合作伙伴关系。个人网络还可以简化市场进入模式、减少进入时间。但是，个人网络也显示出一些缺点，因为它们仅允许通过某些渠道进行访问，这导致选择和信息传播受到限制。像商业网络一样，个人网络也可以帮助中小型企业做市场进入模式的选择，例如重新确定市场进入的时机等。

如上所述，学者们在网络对中小型企业决策的市场认可度、市场进入和进入时机等领域的研究中做出了贡献，但对于数字技术采用与中小型企业个人或商业网络之间的关系，以及网络是否能够帮助中小型企业实现数字技术采用价值尚未开展相关研究。

第 2 章

中小型企业数字技术采用的
影响因素

中小型企业是市场经济中数量最多、活力最强的部分，其数字技术采用对创新驱动引领高质量发展具有重要意义。目前关于数字技术采用的研究主要集中于大型企业层面，对于中小型企业数字技术采用影响因素的相关研究较少，并且受限于中小型企业的规模和经营情况等，其数字技术采用易受到内外部多重因素的影响。因此，本章对中小型企业数字技术采用的影响因素进行分析。

2.1　问题提出

中小型企业的积极稳定发展与社会结构、经济转型方式和科技升级息息相关。根据"中国中小型企业信息网"数据统计，中小型企业占中国企业总数的 99.7%，提供了 80% 以上的城市就业机会，创造的最终产品和服务价值相当于 GDP 的 60%。[①] 中小型企业的发明专利数占中国总发明专利数的 65%。当社会面临数字化转型时，中小型企业在创新驱动引领高质量发

①　数据来源于 www.sme.com.cn。

展中发挥着至关重要的作用。

数字化转型的初始阶段一般是由政府或行业内的大型企业来主导的，主要表现是数字技术采用在政府或者大型企业的应用和实践。随着关键技术的突破、数字技术的适用性和稳定性不断提高、技术成本的降低和技术应用场景的拓展等因素的影响，在社会经济、生活各领域发挥作用的中小型企业将会成为大规模且高效率采用和实践数字技术的主体。中小型企业将数字技术采用应用于生产经营的各环节，可有效助推数字技术与实体经济的深度融合，并可以数字技术为基础，更大程度地拓展数字创新形式和平台，也能为中小型企业的数字化转型和数字创新发展提供新的可持续性商业模式。

中小型企业的数字技术采用也面临诸多机遇和挑战，主要是由于数字技术的可延展性使得其采用的过程更开放。而伴随着数字技术快速迭代，数字技术采用的可选择性更大，创新的竞争者也会更多，导致中小型企业面临更大挑战。并且，中小型企业数字技术采用的资源有限，且试错成本较高，导致目前关于数字技术采用的影响路径机理和价值链路径并不清晰。因此，探究中小型企业数字技术采用的影响因素是后续开展数字技术采用影响机理和价值链路径研究的基础。

2.2　初始影响因素方法选择与识别框架构建

2.2.1　中小型企业数字技术采用初始影响因素识别方法确定

识别中小型企业数字技术采用初始影响因素的方法丰富多样，但主要可被分为主观和客观两类。主观方法是指基于决策者的相关经验与知识进行主观判断的方法，包括德尔菲法、头脑风暴法和专家访谈法等；客观方法是指通过对已有资料的研究对因素进行判断收集的方法，包括文献研究法、案例研究法、流程图法、情境分析法和核对表法等。

本章选择文献研究法与专家访谈法对中小型企业的数字技术采用影响因素进行识别和筛选。选择这两种方法相结合的理由如下。

首先，文献研究法能够获取大量的文献资料，包括已有的研究成果和理论分析等，通过对这些文献进行分析，可以了解当前研究领域的状况和已有的研究成果，发现相关因素和关系，从而形成初步的影响因素框架。

其次，文献研究法也有一些局限性，比如，难以获取深度信息和实际情况的细节，以及信息的可信度和时间限制等问题。而专家访谈法可以在文献研究法的基础上获取实际情况的深度信息，从而补充文献研究法的不足。通过与相关领域的专家进行深入的交流和访谈，可以了解实际情况、现实问题和未来趋势，深入探讨相关因素和关系，从而形成更为全面和准确的影响因素框架。

因此，将文献研究法和专家访谈法结合使用，可以充分利用两种方法的优点，能够在初始影响因素的识别过程中互相补充和印证，从而提高初始影响因素识别的可信度和有效性。

2.2.2 基于动态能力理论的初始影响因素识别框架构建

动态能力理论能够解释企业如何应对环境的变化和发展新的能力，以实现持续的竞争优势。该理论认为企业的竞争优势源于其能够灵活地配置、整合和重新配置资源与能力，以适应变化的市场需求和技术进步。企业需要不断学习、创新和变革。企业能够成功应对变化的关键在于其具备动态能力。而动态能力理论的重要意义在于它提出了企业应对变化的新思路和新方法。

中小型企业作为经济发展的重要组成部分，数字技术采用对其发展而言至关重要。但由于其自身规模和资源的限制，中小型企业在数字化过程中面临着一系列的挑战。因此，了解数字技术采用的影响因素，能够帮助中小型企业更好地应对数字化挑战，实现可持续的发展。而根据上述动态能力理论的分析，能够发现该理论提供了一种有益的视角，其核心概念能够帮助中小型企业理解数字技术采用的影响因素，从而更好地应对数字化挑战。具体而言，基于动态能力理论，中小型企业在数字化过程中面临的多种因素可以被划分为环境维度、技术维度、资源维度、能力维度以及组织维度五个方面。

（1）环境维度

中小型企业所处的市场环境和行业竞争环境，将直接影响数字技术采用的决策和应用效果。中小型企业需要关注市场变化和趋势，以及行业内的新技术和新产品，从而及时调整数字技术的采用策略。

（2）技术维度

数字技术采用的决策和实施，需要考虑到技术的先进程度、可靠性和适用性等方面。中小型企业需要具备对数字技术的敏感度和判断力，以及良好的数字技术应用能力，才能成功实施数字化转型。

（3）资源维度

中小型企业在数字化过程中面临着资源的限制，如人力、财务、技术等。中小型企业需要合理配置资源，寻找新的资料来源，以满足数字化转型的需求。

（4）能力维度

中小型企业在数字化过程中需要具备灵活配置、整合和重新配置资源的能力，以适应市场需求的变化。中小型企业需要不断学习、创新和变革，以提升数字化转型的能力和效果。

（5）组织维度

数字化转型需要中小型企业进行组织变革和管理，以确保数字化转型的顺利实施和应用。中小型企业需要制定有效的管理和组织机制，以适应新的业务需求和技术变革。

综上，基于动态能力理论，本研究将从环境、技术、资源、能力、组织这五个维度来识别中小型企业数字技术采用的初始影响因素，具体的识别框架如图2-1所示。

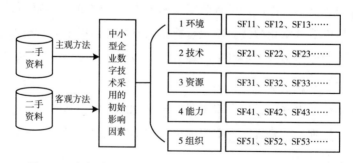

图2-1 中小型企业数字技术采用的初始影响因素识别框架

2.3 中小型企业数字技术采用初始影响因素识别

2.3.1 基于文献研究法的影响因素识别

为通过文献研究获取中小型企业数字技术采用初始影响因素，本章从两方面收集与中小型企业数字技术采用相关的影响因素。一方面从国家、省（区、市）、地方等各级政府平台网站以及企业或行业协会网站等渠道收集公开发布的与中小型企业数字技术采用主题相关的政府文件、行业动态等信息；另一方面从中国知网、万方数据、Web of Science、Scopus、EI 等文献索引库中检索与中小型企业数字技术采用主题相关的期刊论文、会议论文、专著、报纸等文献资料。依据这一流程，分别以"中小型企业数字化""SMEs' Digitization""企业数字技术采用"等为检索关键词，统计 2015 年至 2022 年 12 月的相关文献资料。最终，共获得中文文献 493 篇、英文文献 1195 篇、政府文件 185 份、行业动态 95 份。随后，对上述收集得到的信息进行全面整理分类与归纳，筛选出较为权威、影响较大且与本书研究对象相关性较高的文献资料 89 篇。对这些文献资料进行深入解读，从中提取出与中小型企业数字技术采用相关的影响因素，并对成果因素的共性与差异特征进行分析归纳，得到中小型企业数字技术采用的初始影响因素。经文献识别方法筛选，得到的中小型企业数字技术采用的初始影响因素集合中，共有 37 个影响因素，分别被归入企业环境、数字技术、企业资源、企业能力、企业组织五大类（见表 2-1）。

2.3.2 基于专家访谈法的影响因素识别

为进一步筛选和确定中小型企业数字技术采用初始影响因素集合，笔者邀请 6 位数字化转型相关领域的研究学者、政府机构工作人员以及中小型企业管理人员进行半结构化访谈，通过统计专家意见，对文献研究识别得到的初始影响因素进行精练和补充。具体步骤如下。

表 2-1　中小型企业数字技术采用的初始影响因素

研究对象	一级因素	二级因素
中小型企业数字技术采用的初始影响因素	企业环境	政府监管与政策
		宏观经济稳定性
		数字化生态
		数字创新共同体
		竞争压力
		市场需求
		行业创新水平
		数字创新合作模式
	数字技术	数字化模式
		数字产生效应
		数字化基础水平
		数字技术水平
		数字兼容性
		技术开放性
		技术合法性
	企业资源	数字化资源
		数字化社区或平台
		数字化共享网络
		数字化投资水平
		关系网络
		企业数字创新文化
	企业能力	数字化定位
		数字能力
		数字产品创新
		数字服务创新
		商业模式创新
		研发队伍
		研发模式
	企业组织	感知利得
		企业组织结构
		企业制度
		企业盈利水平
		数字盈利模式
		数字知识产权管理
		企业家特质
		员工执行力
		企业战略支持

第一，确定访谈目的。本次访谈工作的目的是借用专家经验，对表 2-1 中中小型企业数字技术采用影响因素进行筛选，删除不合理的因素，并对其进行完善补充。

第二，确定访谈专家。为了确保专家选择具有合理性及代表性，本部分的研究选择了 6 位在数字创新相关领域具有 3 年以上工作和研究经历、来自不同单位、不同职能岗位的专家。

第三，确定访谈所要交流的问题，并编制专家访谈调查表，基于访谈表与专家进行访谈。在完成访谈后，需要对录音或文字文件进行初步处理，例如，进行格式转换，将音频转换成文字等。随后，对访谈内容进行分析，以了解并确定提及的与中小型企业数字化相关的内容，并对其进行整理和归类，例如，人名、时间、地点和事件等。接下来，需要对提取的信息进行校对和修正，以确保信息的准确性和完整性。最后，将提取的信息进行汇总，并进行整合和分类，以确定具体的因素。

通过统计访谈结果，我们发现，专家在访谈中提及的影响中小型企业数字技术采用的因素，绝大部分已经包含在上一小节所列出的影响因素集合中。此外，专家还额外补充了三个影响因素，并对相关因素解释进行了修改。具体如下。

第一，补充的三个影响中小型企业数字技术采用的因素分别为"技术安全性""数据资产""组织学习能力"，这三个影响因素的内涵如下。

技术安全性：数字技术运行的稳定性和隐私安全性，包括其运行对人员和环境安全性，在企业运行数据与用户隐私上的保密性。

数据资产：由中小型企业控制的，能够带来经济效益的，以物理或电子方式记录的数据资源，如文件资料、电子数据等。

组织学习能力：组织在长期整合个人学习能力的基础上形成的学习能力，包括知识发现、传播、吸收、运用和创造等方面。

第二，针对"研发模式"这一影响因素的内涵及概念解释，专家指出，中小型企业的创新研发模式不仅包括产品创新研发模式，也包括服务创新研发模式。中小型企业可以通过同时开展产品和服务的创新研发来实现更大的竞争力和市场份额。因此，"研发模式"的内涵由产品扩展到产品与服务。

第三，针对"数字化定位"这一影响因素的内涵及概念解释，专家指出，数字化定位也有助于中小型企业形成差异化竞争优势，塑造自己的品牌形象和口碑，增强品牌认知度和影响力，提高品牌价值和品牌忠诚度。因此，中小型企业的数字化定位不只包括产品定位，也包括服务、市场和品牌等定位。

2.4　中小型企业数字技术采用影响因素确定

利用文献梳理和专家访谈等方法，本研究共确定了包括 43 个影响因素的集合，其中 37 个是通过文献梳理得到的，其他是由专家访谈补充得到的。但是该因素集合来源于现有文献和专家访谈，因此无法避免会存在影响因素考虑不全面、影响因素被忽视以及影响因素之间概念重叠等问题。因此，为了删除不符合本书背景的风险因素，补充被遗漏的风险因素，合并有概念重叠的风险因素，本部分将利用德尔菲法对已识别到的初始影响因素集进行了完善和优化，得到最终的影响因素集。为此，在本小节的研究中将继续邀请上一部分采访的专家组成一个专家小组，对最初影响因素集合进行修改完善，并给出进一步的改进建议。具体地，本部分首先将前文收集的中小型企业数字技术采用初始影响因素转化为对应的问卷，并通过线上电子问卷与纸质问卷相结合的方式为专家组的专家发放，进而收集各位专家的意见并进行汇总，确定各位专家意见的异同。然后，基于专家意见，对初始影响因素集合进行修改并再向专家反馈汇总的意见，让专家进行评论。重复这一过程，直到专家小组对影响因素集合达成一致。

具体的德尔菲过程如下。

第一，第一轮问卷中的影响因素包括企业环境、数字技术、企业资源、企业能力、企业组织五个方面，共 37 个因素。本轮调研获取的专家主要意见包括：政府监管与政策（A1）应当加以细分为政府监管与政府政策。政府监管与政府政策是两个不同的方面，虽然两者都与政府相关，但影响因素不同。政府监管主要涉及政府对数字技术采用的监管控制力度，如相关政策法规、政策执行效果等，而政府政策则是指政府制定的支持数字技术采用的政策，包括财政支持、补贴、奖励等方面。将政府监管与政府政策分别作为数字技术采用的影响因素，可以更好地把握政府对中小型企业数字技术采用的影响。

第二，基于第一轮意见再次发放问卷，进而，根据专家给出的意见，进行修改并再一次发放在线问卷。本轮调研获取的专家主要意见包括：增加数字化认知与融资能力两个中小型企业数字技术采用的影响因素。数字化认知可以影响中小型企业对数字技术采用的态度和意愿，包括对数字化转型的认知和理解程度、数字化战略的制定和执行能力等。融资能力则可以影响中小型企业数字技术采用的实际行动，包括中小型企业数字技术采用的投资规模、融资渠道、融资成本等方面。

第三，在第三轮的德尔菲过程中专家未提出其他意见，专家小组达成一致意见。

通过前文对影响因素维度的划分以及对影响因素的三轮识别，最终得到五个维度 43 个影响因素，现就每个因素对于中小型企业数字技术采用的影响和作用机理进行详细阐释，具体解释见表 2-2。

表 2-2　中小型企业数字技术采用影响因素集

研究对象	一级因素	二级因素	序号	因素解释
中小型企业数字技术采用影响因素	企业环境	政府政策	A1	政府对于技术革新的宏观政策引导，对于中小型企业技术研发、新技术应用的支持性和补贴性政策
		政府监管	A2	政府对技术应用过程、技术产出成果的合法性、安全性和伦理性的监管水平
		宏观经济稳定性	A3	国家整体经济运行的稳定性，包括 GDP 增长速度、财政与货币政策的积极稳健性、失业率与通货膨胀水平等
		数字化生态	A4	数字化科技与社会生态的融合度，数字技术带来的新业态、新模式并以其解决社会各领域的生产、生活和治理的应用度
		数字创新共同体	A5	国家创新体系下，行业、中小型企业之间的创新平台和创新机制，"政产学研用"的合作方式与联合创新力度

续表

研究对象	一级因素	二级因素	序号	因素解释
中小型企业数字技术采用影响因素	企业环境	竞争压力	A6	企业与业内企业、潜在进入者和替代品企业在市场份额、产品更新、创新等方面的竞争力度
		市场需求	A7	技术带来的服务以及产品的市场容量和市场饱和度,顾客对于技术与产品的认可度和满意度
		行业创新水平	A8	行业内中小型企业对新技术的应用、再开发能力、研发周期,应用数字技术进行服务与产品创新的密度等
		数字创新合作模式	A9	中小型企业应用数字技术与合作方进行创新所选择的模式,包括企业内部团队联合研发、与其他企业的联合开发或者进行研发外包等
	数字技术	数字化模式	B1	数字技术在数据收集、数据存储、数据处理、技术应用等方面的方式
		数字产生效应	B2	数字技术对其他技术变革和企业生产经营各环节的优化产生的辐射带动效应
		数字化基础水平	B3	数字技术创新和应用对软硬件、技术环境等基础的要求
		数字技术水平	B4	数字技术所表现出的先进性水平,包括国际领先、国内领先等水平
		数字兼容性	B5	数字技术与其他技术、设备、软件、人、企业运行流程和环境的协调工作程度,与市场和用户需求的协调程度
		技术开放性	B6	数字技术的公开化、可获取化程度,包括其源代码的公开性、可再开发性等
		技术安全性	B7	数字技术运行的稳定性和隐私安全性,包括其运行对人员和环境安全性,在企业运行数据与用户隐私上的保密性
		技术合法性	B8	技术被政府、行业或公众认可的程度,包括法律法规对其的要求、使用目的的正当性、应用各方利益相关者的知情性
	企业资源	数字化资源	C1	中小型企业应用数字技术进行创新的资源基础,如中小型企业软硬件的数字化基础、数字化规划等
		数字化社区或平台	C2	融合技术、聚合数据、赋能应用的机构数字服务中枢,以智能数字技术为部件、以数据为生产资源、以标准数字服务为产出物的平台
		数字化共享网络	C3	参与数字创新各方构建的资源、信息等共享的网络式有机整体
		数字化投资水平	C4	中小型企业进行数字技术创新、数字技术应用的资金、人员等投入力度

续表

研究对象	一级因素	二级因素	序号	因素解释
中小型企业数字技术采用影响因素	企业资源	关系网络	C5	中小型企业运营所形成的内外部关系网络,包括合作的商业性的关系网络,以及与外部人员的个人关系网络
		企业数字创新文化	C6	中小型企业在价值观、信念、处事方面等形成的特有的创新文化形象,包括员工行为准则、数字创新价值观等
		数据资产	C7	由中小型企业控制的,能够带来经济效益的,以物理或电子方式记录的数据资源,如文件资料、电子数据等
	企业能力	数字化定位	D1	中小型企业进行数字创新的战略定位,要实现的目标,包括其通过数字创新进行产品、服务、市场和品牌等定位
		数字化认知	D2	中小型企业打破传统的运营经验和认知,理解数字技术在企业生产组织、决策、研发等方面带来的方式变革
		数字能力	D3	中小型企业拥有数据要素的能力,主要指企业基于数字资产和技术,并将其运用以提高企业运营效率、营收增长的能力
		数字产品创新	D4	中小型企业运用数字技术进行产品创新的能力,包括增加产品功能、降低产品成本、以数字技术赋能产品应用于新场景等
		数字服务创新	D5	中小型企业运用数字技术进行服务创新的能力,包括进行服务定位和服务场景的重新设计、服务活动与内容优化、服务方式的创新等
		商业模式创新	D6	中小型企业利用数字技术进行组织流程、系统和经营方式变革,最终构建出新的运营模式与价值创造范式
		研发队伍	D7	中小型企业研发人员在专业和知识配置上的完备性,研发团队的研发水平和能力等
		研发模式	D8	中小型企业进行产品和服务创新的研发模式,包括研发和项目组织的方式,如使用瀑布模型、迭代模型、螺旋模型和敏捷开发等方式
	企业组织	感知利得	E1	中小型企业对数字技术能否给企业创造利益的洞察和衡量能力
		企业组织结构	E2	中小型企业采取何种组织结构,包括职能式、直线式、直线职能式、事业部式、项目制或网络式等组织结构
		企业制度	E3	中小型企业在经营管理过程中所形成的规章和制度的完善性,如在财产关系、运行机制、组织管理等方面的一系列制度安排

研究对象	一级因素	二级因素	序号	因素解释
中小型企业数字技术采用影响因素	企业组织	企业盈利水平	E4	中小型企业经营的营收水平,包括资产负债情况、利润情况、现金流量情况等
		数字盈利模式	E5	中小型企业应用数字内容产品和服务的收费模式,如内容、版权盈利模式,内容、版权+业务运营盈利模式,功能性收费盈利模式,内容+广告收费盈利模式等
		融资能力	E6	中小型企业从银行、机构或者个人可能融通资金的规模大小
		数字知识产权管理	E7	中小型企业建立的知识产权管理体系的科学性、系统性和规范性,包括中小型企业应对数字产权的竞争能力等
		企业家特质	E8	中小型企业家在学习、创新、合作、冒险、使命担当、洞察、战略管理等方面表现出来的特性
		员工执行力	E9	中小型企业员工贯彻企业战略目标、完成预定工作目标的操作能力,包括员工完成任务的意愿、能力和程度等
		组织学习能力	E10	组织在长期整合个人学习能力的基础上形成的学习能力,包括知识发现、传播、吸收、运用和创造等方面
		企业战略支持	E11	中小型企业战略对于其数字创新的支持力度,战略和数字创新的协同程度

第**3**章

中小型企业数字技术采用
关键影响因素

前文通过文献研究法与专家访谈法，从企业环境、数字技术、企业资源、企业能力、企业组织五个维度确定了专家达成一致意见的中小型企业数字技术采用影响因素集合，共包含 43 个因素。本章将基于这一影响因素集合，利用模糊层次分析法（Fuzzy - AHP）和模糊决策实验室法（Fuzzy - DEMATEL）联合构建中小型企业数字技术采用关键影响因素识别模型，识别出中小型企业数字技术采用的关键影响因素，并对这些关键影响因素进行成因分析，为研究数字技术采用影响机理和价值链路径奠定基础。

3.1 问题提出

根据第二章对数字技术采用领域文献的梳理，发现目前关于数字技术采用的研究人都是在大型企业层面，主要集中在数字技术采用的特征或特点、类型、作用以及过程四个方面。对中小型企业数字技术采用的关键影响因素进行系统分析的相关研究较为缺乏。基于以上目的，本章首先结合中小型企业数字技术采用和数字化转型相关文献综述、专家意见调查、问卷调研统计分析等方法，确定影响中小型企业数字技术采用的因素集合；通过研究，本章确定了影响中小型企业数字技术采用的 43 个因素，但这些因素的重要性并不相同且部分因素也非中小型企业自身所能控制。此外，众多影响因素也不利于后续开展中小型企业数字技术采用影响机理和价值链路径研究。所以，为了更深入地探讨、了解中小型企业数字技术采用的影响机理和价值链路径，从众多的影响因素中通过客观、科学的方法确定关键影响因素成为必要。

基于以上目的，首先，本章结合中小型企业数字技术采用和数字化转型相关文献综述、专家意见调查、问卷调研统计分析等方法，确定影响中小型企业数字技术采用的因素集合；其次，利用模糊层次分析法和模糊决策实验室法联合构建中小型企业数字技术采用关键因素识别模型，并从已有的企业数字技术采用影响因素集合中，识别中小型企业数字技术采用的关键影响因素；最后，对识别出的关键影响因素进行分析与解读。本章技术路线如图3-1 所示。

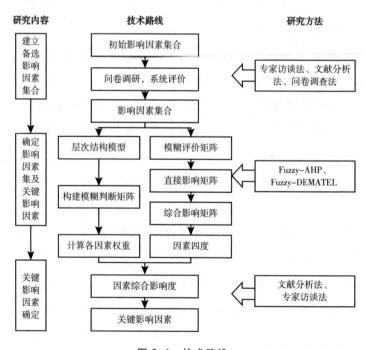

图 3-1　技术路线

3.2　关键影响因素确定的方法选择与框架构建

对于中小型企业数字技术采用而言，影响中小型企业数字技术采用的往往是少数几个关键性因素。因此，在所定义的影响因素集的基础上，本研究首先邀请了技术采用领域的专家组成一个专家小组，并向每一位专家详细地介绍影响因素集中每个因素的概念和含义，从而让专家小组成员对这些影响因素集达成共识。其次运用管理系统工程的科学方法，对每一个影响因素进行评估，确定每一个影响因素的重要程度。

当前，确定影响因素的关键程度的方法主要有专家访谈法、问卷调查法、层次分析法（AHP）、决策与实验室分析法（DEMATEL）、熵权法等。其中，一般情况下，普遍使用较多的主要是层次分析法，但当因素较多时，层次分析法可能会存在一些问题。例如，随着因素数量的增加，AHP 模型的层次结构也会变得更加复杂，因此，需要更多的时间和精力来处理与分析模型；AHP 模型需要对因素进行比较和权重分配，而当因素过多时，可能会导致信息的失真和误差的增加，进而影响决策的准确性；AHP 模型是基于专家的主观意见来制定的，当因素过多时，专家可能会受到某些因素的影响而产生偏好，导致决策结果失真。因此，在因素较多的情况下，需要考虑使用其他的多因素决策方法，例如模糊综合评价方法，以适应不同的决策需求和实际情况。

在模糊理论中，可以使用隶属度函数来表达不确定性和模糊性，即将权重值从确定的数值转换为模糊的概念，更加符合实际情况。该理论可以对模糊信息进行数学描述和处理，包括模糊集合、模糊数学运算、模糊推理等方法，可以用来处理不确定性和模糊性较高的问题，更适合于多因素、复杂关系的决策问题。

但是，使用模糊层次分析法时，其基本思想是将复杂的决策问题分解为若干个层次，然后通过构建判断矩阵和计算特征向量等方法，确定各个因素的权重和决策结果。其中，每个因素的权重是独立计算的，即将每个因素视为相互独立的。因此，如果存在因素之间的相互影响，这种影响可能不会被充分考虑，从而导致决策结果发生偏差。所以，为了解决这个问题，可以将 DEMATEL 方法与模糊层次分析法相结合，以充分考虑因素之间的相互关系和影响。DEMATEL 方法是一种结构化的分析方法，旨在确定因素之间的相互依赖关系和影响。通过构建因素间的关系图谱，并通过专家意见对其进行加权，可以识别出主要的影响因素和相互影响的因素之间的关系。将 DEMATEL 方法与模糊层次分析法相结合，可以先使用 DEMATEL 方法确定因素之间的相互影响关系，然后使用模糊层次分析法确定各个因素的权重，并最终得出决策结果。这样可以更全面地考虑因素之间的关系和影响，以及它们对决策结果的影响。

综上，将 Fuzzy-AHP 和 Fuzzy-DEMATEL 结合用于识别关键因素是一种有效的方法组合，能够充分发挥两种方法各自具有的独特优势，结合使用可以互相弥补各自的不足，并得到更准确和全面的决策结果。因此，本部分将 Fuzzy-AHP 与 Fuzzy-DEMATEL 结合，构建中小型企业数字技术采用的关键影响因素识别模型。该模型利用 Fuzzy-DEMATEL，依据因素对系统的影响程度进行排序，同时结合 Fuzzy-AHP 确定的因素权重，最终确定各个因素的重要性排序。在此基础上，运用二八原则，按重要性从高到低的次序，选取重要性排名靠前的因素作为关键影响因素，关键影响因素数量占因素总量的 20%。然后，本研究将对每个已识别的关键影响因素进行深度解析，探究各个因素的内涵、成因等，具体的识别框架如图 3-2 所示。

3.3　基于 Fuzzy-AHP 与 Fuzzy-DEMATEL 的中小型企业数字技术采用关键影响因素识别

为确定中小型企业数字技术采用的关键影响因素，本节将首先采用 Fuzzy-AHP 方法确定已识别出的 43 个中小型企业数字技术采用初始影响因素的权重，进而利用 Fuzzy-DEMATEL 方法确定每一个因素对系统的影

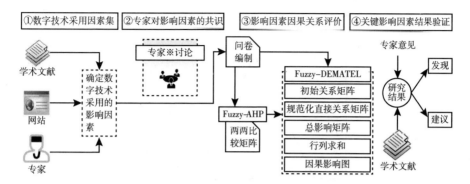

图 3-2　中小型企业数字技术采用关键影响因素识别框架

响程度并对因素进行排序，最终得到中小型企业数字技术采用关键影响
因素。

3.3.1　基于 Fuzzy-AHP 方法的影响因素权重计算

3.3.1.1　Fuzzy-AHP 方法的计算过程

采用 Fuzzy-AHP 方法确定影响因素权重的具体过程如下。

（1）定义三角模糊数，确定一个模糊集的隶属度函数

对于定义域 R 上的模糊值，隶属度函数 $\mu_{\hat{B}}(X): R \to [0, 1]$ 可表示为：

$$\mu_{\hat{B}}(X) = \begin{cases} \dfrac{x}{m-l} - \dfrac{l}{m-l}, & l \leqslant x \leqslant m \\[2mm] \dfrac{x}{m-u} - \dfrac{u}{m-u}, & m \leqslant x \leqslant u \\[2mm] 0, & x < l, x > u \end{cases} \quad\quad (3-1)$$

式中：

$\hat{B}$ 为三角模糊数，表示为 (l, m, u)，$l \leqslant m \leqslant u$，$l$ 和 u 分别为 $\hat{B}$ 的下界值和上界值。若 $l = m = u$，则 $\hat{B}$ 为传统 AHP 方法中一个明确的值。

如图 3-3 所示，l 和 u 分别表示模糊数的下界值和上界值，$\mu_{\hat{B}}(x)$ 为三角模糊函数。

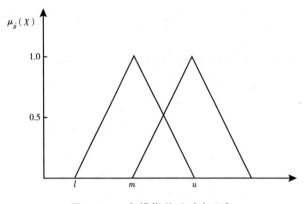

图 3-3 三角模糊关系对应示意

（2）设定语义量表与三角模糊数对应关系

AHP 法常用 1~9 标度法设定语义量表，判断同一级因素之间的重要程度，数值 1、3、5、7、9 分别代表该因素和另一个指标因素相比同样重要、稍微重要、明显重要、非常重要、极端重要。为考虑专家主观判断的模糊性，Fuzzy-AHP 方法较传统 AHP 方法而言，引入三角模糊数，具体而言，三角模糊数 $\hat{B}_1$、$\hat{B}_3$、$\hat{B}_5$、$\hat{B}_7$、$\hat{B}_9$ 分别代替了精确数值 1、3、5、7、9，三角模糊数 $\hat{B}_2$、$\hat{B}_4$、$\hat{B}_6$、$\hat{B}_8$ 为中间值。Fuzzy-AHP 中三角模糊数与精确数的常用转换关系如图 3-4 和表 3-1 所示。

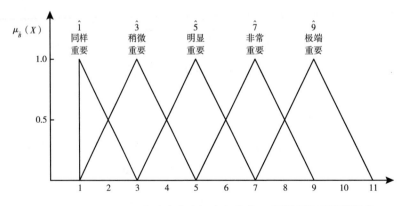

图 3-4 Fuzzy-AHP 方法中专家语义评价与三角模糊数的转换关系

表 3-1　Fuzzy-AHP 方法的三角函数语义转换关系

专家打分值	三角模糊数	定义	数值
1	$\hat{B}_1$	同样重要	$(1,1,1)$
3	$\hat{B}_3$	稍微重要	$(2,3,4)$
5	$\hat{B}_5$	明显重要	$(4,5,6)$
7	$\hat{B}_7$	非常重要	$(6,7,8)$
9	$\hat{B}_9$	极端重要	$(8,9,10)$
2、4、6、8	$\hat{B}_2$、$\hat{B}_4$、$\hat{B}_6$、$\hat{B}_8$	中间值	上述相邻判断的中间值

（3）确定综合模糊值并定义其运算方法

定义集合如下：$X = \{x_1, x_2, \cdots, x_n\}$ 为一组对象，$U = \{u_1, u_2, \cdots, u_n\}$ 为一组目标。根据每一个目标对每一个对象进行分析，将其结果按照步骤（2）转化为三角模糊数。

$$B_{ij}^1, \qquad B_{ij}^2, \qquad \cdots, \qquad B_{ij}^M$$
$$i = 1,2,\cdots,n; \qquad j = 1,2,\cdots,n \qquad\qquad (3-2)$$

$$\hat{B} = (b_{ij})_{n \times m}, b_{ij} = (l_{ij}, m_{ij}, u_{ij}), k = 1,2,\cdots,M \qquad (3-3)$$

当有 M 位专家对这些因素进行权重评判时，综合三角模糊数 b_{ij} 表示为：

$$b_{ij} = \frac{1}{M}(b_{ij}^1 + b_{ij}^2 + b_{ij}^3 + \cdots + b_{ij}^M) \qquad (3-4)$$

由集合 X 到集合 U 中的模糊关系，可用矩阵形式表示，称为模糊判断矩阵。

相对于第 k 层的其他元素，第 k 层的第 i 个元素的重要性程度值即为初始权重 D_i^k：

$$D_i^k = \sum_{j=1}^n B_{ij}^k \cdot (\sum_{i=1}^n \sum_{j=1}^n B_{ij}^k)^{-1} \qquad (3-5)$$

与模糊数相关的基本运算方法定义如下：

$$\hat{B}_1 = (l_1, m_1, u_1) \qquad (3-6)$$

$$\hat{B}_2 = (l_2, m_2, u_2) \tag{3-7}$$

$$\hat{B}_1 + \hat{B}_2 = (l_1 + l_2, m_1 + m_2, u_1 + u_2) \tag{3-8}$$

$$\hat{B}_1 \times \hat{B}_2 = (l_1 l_2, m_1 m_2, u_1 u_2) \tag{3-9}$$

$$\hat{B}_1^{-1} = \left(\frac{1}{u_1}, \frac{1}{m_1}, \frac{1}{l_1} \right) \tag{3-10}$$

（4）层次单排序，确定标准权重

为确定权重向量，将由综合模糊值集合组成的模糊集合进行两两间的比较。对模糊数 $\hat{B}_1 = (l_1, m_1, u_1)$ 与 $\hat{B}_2 = (l_2, m_2, u_2)$ 进行比较，以规定 $\hat{B}_1 \geqslant \hat{B}_2$ 的可能度和 $\hat{B}_2 \geqslant \hat{B}_1$ 的可能度，$\hat{B}_1 \geqslant \hat{B}_2$ 的可能度用三角模糊函数定义为：

$$\vartheta(\hat{B}_1 \geqslant \hat{B}_2) = \mu(d) = \sup_{x \geqslant y} [\min[u_{\hat{B}_1}(x), u_{\hat{B}_2}(y)]] \tag{3-11}$$

$$\vartheta(\hat{B}_1 \geqslant \hat{B}_2) = \begin{cases} 1, & m_1 \geqslant m_2 \\ \dfrac{l_2 - u_1}{(m_1 - u_1) - (m_2 - l_2)}, & m_1 \leqslant m_2, u_1 \geqslant l_2 \\ 0, & \text{其他情况} \end{cases} \tag{3-12}$$

$$\vartheta(\hat{B} \geqslant \hat{B}_1, \hat{B}_2, \cdots, \hat{B}_k) = \min \vartheta(\hat{B} \geqslant \hat{B}_i) \qquad i = 1, 2, \cdots, k \tag{3-13}$$

式中：

d 对应两个凸隶属度 $\mu_{\hat{B}_1}$ 与 $\mu_{\hat{B}_2}$ 最高交点 D 的纵坐标。$\vartheta(\hat{B} \geqslant \hat{B}_1, \hat{B}_2, \cdots, \hat{B}_k)$ 即权重向量，其意义为某一因素对应的模糊数大于其他 $k-1$ 个因素对应的模糊数的可能度，即为该因素的标准权重。

（5）层次总排序，得到因素最终权重

某一因素的最终权重 W_{ij}，由其标准权重 ω_{ij} 与其对应的上一层因素的标准权重 W_i 相乘得到。

$$W_{ij} = \omega_{ij} \cdot W_i \tag{3-14}$$

其中每一层级的标准权重 ω_{ij}、W_i 都是归一化后的结果。

3.3.1.2 Fuzzy-AHP 方法的实施步骤

（1）建立层次分析结构模型

根据已明确的中小型企业数字技术采用影响因素的层次结构，依次确定中小型企业数字技术采用影响因素层次分析结构模型的一级因素为中小型企业的数字技术采用；二级因素共 5 个，分别为企业环境、数字技术、企业资源、企业能力、企业组织；三级因素共 43 个，如表 3-2 所示。

表 3-2　中小型企业数字技术采用影响因素的层次结构

序号	一级因素	二级因素	三级因素
1	中小型企业的数字技术采用 O	企业环境 A	政府政策 A1
2			政府监管 A2
3			宏观经济稳定性 A3
4			数字化生态 A4
5			数字创新共同体 A5
6			竞争压力 A6
7			市场需求 A7
8			行业创新水平 A8
9			数字创新合作模式 A9
10		数字技术 B	数字化模式 B1
11			数字产生效应 B2
12			数字化基础水平 B3
13			数字技术水平 B4
14			数字兼容性 B5
15			技术开放性 B6
16			技术安全性 B7
17			技术合法性 B8
18		企业资源 C	数字化资源 C1
19			数字化社区或平台 C2
20			数字化共享网络 C3
21			数字化投资水平 C4
22			关系网络 C5
23			企业数字创新文化 C6
24			数据资产 C7

续表

序号	一级因素	二级因素	三级因素
25			数字化定位 D1
26			数字化认知 D2
27			数字能力 D3
28		企业能力 D	数字产品创新 D4
29	中小型企业的数字技术采用 O		数字服务创新 D5
30			商业模式创新 D6
31			研发队伍 D7
32			研发模式 D8
33			感知利得 E1
34			企业组织结构 E2
35			企业制度 E3
36			企业盈利水平 E4
37			数字盈利模式 E5
38		企业组织 E	融资能力 E6
39			数字知识产权管理 E7
40			企业家特质 E8
41			员工执行力 E9
42			组织学习能力 E10
43			企业战略支持 E11

（2）专家填写重要性比较数据

为获取各级因素的权重，首先需要对同级因素的重要性程度进行比较。本研究向专家小组发放问卷调查，以获取因素的重要性比较数据。专家小组由 21 名成员构成，包括数字创新相关领域的研究学者 7 名、政府机构工作人员 7 名以及中小型企业管理人员 7 名。问卷调查采用纸质而非电子问卷，便于专家调研时当面释义和填写。问卷依次介绍了本次问卷调查的背景、目的和打分规则，专家无异议后，独立填写问卷，问卷填写主要内容为对同级的两两因素重要性程度相互比较。

（3）构建模糊判断矩阵

依据自身经验与知识，专家在纸质问卷中填入两两同级因素重要性程度的比较结果代号。汇总问卷后，通过三角模糊数转换关系表，对专家语义进行转化，构建模糊判断矩阵。二级因素和三级因素的模糊判断矩阵依次见表 3-3 至表 3-8。

表 3-3　二级影响因素的模糊判断矩阵

二级因素	企业环境 A	数字技术 B	企业资源 C	企业能力 D	企业组织 E
企业环境 A	(1.000, 1.000, 1.000)	(1.000, 1.500, 2.000)	(1.000, 1.333, 1.667)	(0.333, 0.500, 1.000)	(1.000, 1.333, 1.667)
数字技术 B	(0.667, 0.750, 1.000)	(1.000, 1.000, 1.000)	(0.889, 0.917, 1.000)	(0.319, 0.472, 0.917)	(0.889, 0.917, 1.000)
企业资源 C	(0.778, 0.833, 1.000)	(1.000, 1.167, 1.333)	(1.000, 1.000, 1.000)	(0.333, 0.500, 1.000)	(1.000, 1.000, 1.000)
企业能力 D	(1.000, 2.000, 3.000)	(1.167, 2.167, 3.167)	(1.000, 2.000, 3.000)	(1.000, 1.000, 1.000)	(1.000, 2.000, 3.000)
企业组织 E	(0.778, 0.833, 1.000)	(1.000, 1.167, 1.333)	(1.000, 1.000, 1.000)	(0.333, 0.500, 1.000)	(1.000, 1.000, 1.000)

表 3-4　企业环境下三级影响因素的模糊判断矩阵

三级因素	A1	A2	A3	A4	A5	A6	A7	A8	A9
A1	(1.000, 1.000, 1.000)	(1.000, 2.000, 3.000)	(2.333, 3.333, 4.333)	(1.167, 2.167, 3.167)	(1.167, 2.167, 3.167)	(1.000, 1.000, 1.000)	(1.333, 2.333, 3.333)	(1.333, 2.333, 3.333)	(2.333, 3.333, 4.333)
A2	(0.333, 0.500, 1.000)	(1.000, 1.000, 1.000)	(1.167, 2.167, 3.167)	(1.000, 1.000, 1.000)	(1.000, 1.000, 1.000)	(0.333, 0.500, 1.000)	(1.000, 1.167, 1.333)	(1.000, 1.167, 1.333)	(1.167, 2.167, 3.167)
A3	(0.233, 0.306, 0.444)	(0.319, 0.472, 0.917)	(1.000, 1.000, 1.000)	(0.319, 0.472, 0.917)	(0.319, 0.472, 0.917)	(0.233, 0.306, 0.444)	(0.333, 0.500, 1.000)	(0.333, 0.500, 1.000)	(1.000, 1.000, 1.000)
A4	(0.319, 0.472, 0.917)	(1.000, 1.000, 1.000)	(1.167, 2.167, 3.167)	(1.000, 1.000, 1.000)	(1.000, 1.167, 1.333)	(0.319, 0.472, 0.917)	(1.167, 2.000, 2.833)	(1.167, 2.000, 2.833)	(2.000, 3.000, 4.000)
A5	(0.319, 0.472, 0.917)	(1.000, 1.000, 1.000)	(1.167, 2.167, 3.167)	(0.889, 0.917, 1.000)	(1.000, 1.000, 1.000)	(0.306, 0.444, 0.833)	(1.000, 1.833, 2.667)	(1.000, 1.833, 2.667)	(2.000, 3.000, 4.000)
A6	(1.000, 1.000, 1.000)	(1.000, 2.000, 3.000)	(2.333, 3.333, 4.333)	(1.167, 2.167, 3.167)	(1.333, 2.333, 3.333)	(1.000, 1.000, 1.000)	(1.333, 2.333, 3.333)	(1.333, 2.333, 3.333)	(2.333, 3.333, 4.333)

035

续表

三级因素	A1	A2	A3	A4	A5	A6	A7	A8	A9
A7	(0.306, 0.444, 0.833)	(0.889, 0.917, 1.000)	(1.000, 2.000, 3.000)	(0.431, 0.556, 0.917)	(0.444, 0.583, 1.000)	(0.306, 0.444, 0.833)	(1.000, 1.000, 1.000)	(1.000, 1.000, 1.000)	(1.167, 2.167, 3.167)
A8	(0.306, 0.444, 0.833)	(0.889, 0.917, 1.000)	(1.000, 2.000, 3.000)	(0.431, 0.556, 0.917)	(0.444, 0.583, 1.000)	(0.306, 0.444, 0.833)	(1.000, 1.000, 1.000)	(1.000, 1.000, 1.000)	(1.000, 2.000, 3.000)
A9	(0.233, 0.306, 0.444)	(0.319, 0.472, 0.917)	(1.000, 1.000, 1.000)	(0.256, 0.347, 0.556)	(0.256, 0.347, 0.556)	(0.233, 0.306, 0.444)	(0.319, 0.472, 0.917)	(0.333, 0.500, 1.000)	(1.000, 1.000, 1.000)

表 3-5　数字技术下三级影响因素的模糊判断矩阵

三级因素	B1	B2	B3	B4	B5	B6	B7	B8
B1	(1.000, 1.000, 1.000)	(2.000, 3.000, 4.000)	(1.000, 1.000, 1.000)	(1.000, 2.000, 3.000)	(0.292, 0.417, 0.750)	(1.000, 1.000, 1.000)	(1.000, 1.000, 1.000)	(1.000, 1.000, 1.000)
B2	(0.250, 0.333, 0.500)	(1.000, 1.000, 1.000)	(0.250, 0.333, 0.500)	(0.333, 0.500, 1.000)	(0.200, 0.250, 0.333)	(1.000, 2.000, 3.000)	(1.000, 2.000, 3.000)	(1.000, 2.000, 3.000)
B3	(1.000, 1.000, 1.000)	(2.000, 3.000, 4.000)	(1.000, 1.000, 1.000)	(1.000, 2.000, 3.000)	(0.292, 0.417, 0.750)	(1.000, 1.000, 1.000)	(1.000, 1.000, 1.000)	(1.000, 1.000, 1.000)
B4	(0.333, 0.500, 1.000)	(1.000, 2.000, 3.000)	(0.333, 0.500, 1.000)	(1.000, 1.000, 1.000)	(0.250, 0.333, 0.500)	(0.333, 0.500, 1.000)	(0.333, 0.500, 1.000)	(0.333, 0.500, 1.000)
B5	(1.500, 2.500, 3.500)	(3.000, 4.000, 5.000)	(1.500, 2.500, 3.500)	(2.000, 3.000, 4.000)	(1.000, 1.000, 1.000)	(1.500, 2.500, 3.500)	(1.500, 2.500, 3.500)	(1.500, 2.500, 3.500)
B6	(1.000, 1.000, 1.000)	(0.333, 0.500, 1.000)	(1.000, 1.000, 1.000)	(1.000, 2.000, 3.000)	(0.292, 0.417, 0.750)	(1.000, 1.000, 1.000)	(1.000, 2.000, 3.000)	(1.000, 2.000, 3.000)
B7	(1.000, 1.000, 1.000)	(0.333, 0.500, 1.000)	(1.000, 1.000, 1.000)	(1.000, 2.000, 3.000)	(0.292, 0.417, 0.750)	(0.333, 0.500, 1.000)	(1.000, 1.000, 1.000)	(1.000, 1.000, 1.000)
B8	(1.000, 1.000, 1.000)	(0.333, 0.500, 1.000)	(1.000, 1.000, 1.000)	(1.000, 2.000, 3.000)	(0.292, 0.417, 0.750)	(0.333, 0.500, 1.000)	(1.000, 1.000, 1.000)	(1.000, 1.000, 1.000)

表 3-6　企业资源下三级影响因素的模糊判断矩阵

三级因素	C1	C2	C3	C4	C5	C6	C7
C1	(1.000, 1.000, 1.00)	(2.000, 3.000, 4.00)	(1.000, 1.000, 1.00)	(1.000, 2.000, 3.00)	(0.333, 0.500, 1.00)	(1.000, 1.000, 1.00)	(1.000, 2.000, 3.000)
C2	(0.250, 0.333, 0.50)	(1.000, 1.000, 1.00)	(1.000, 1.667, 2.33)	(0.333, 0.500, 1.00)	(0.250, 0.333, 0.50)	(0.333, 0.500, 1.00)	(1.000, 1.000, 1.000)
C3	(1.000, 1.000, 1.00)	(0.556, 0.667, 1.00)	(1.000, 1.000, 1.00)	(1.000, 2.000, 3.00)	(0.333, 0.500, 1.00)	(1.000, 2.000, 3.00)	(2.000, 3.000, 4.000)
C4	(0.333, 0.500, 1.00)	(1.000, 2.000, 3.00)	(0.333, 0.500, 1.00)	(1.000, 1.000, 1.00)	(0.250, 0.333, 0.50)	(0.333, 0.500, 1.00)	(1.000, 1.000, 1.000)
C5	(1.000, 2.000, 3.00)	(2.000, 3.000, 4.00)	(1.000, 2.000, 3.00)	(2.000, 3.000, 4.00)	(1.000, 1.000, 1.00)	(1.000, 2.000, 3.00)	(2.000, 3.000, 4.000)
C6	(1.000, 1.000, 1.00)	(1.000, 2.000, 3.00)	(0.333, 0.500, 1.00)	(1.000, 2.000, 3.00)	(0.333, 0.500, 1.00)	(1.000, 1.000, 1.00)	(1.000, 2.000, 3.000)
C7	(0.333, 0.500, 1.00)	(1.000, 1.000, 1.00)	(0.250, 0.333, 0.50)	(1.000, 1.000, 1.00)	(0.250, 0.333, 0.50)	(0.333, 0.500, 1.00)	(1.000, 1.000, 1.000)

表 3-7　企业能力下三级影响因素的模糊判断矩阵

三级因素	D1	D2	D3	D4	D5	D6	D7	D8
D1	(1.000, 1.000, 1.000)	(1.000, 2.000, 3.000)	(0.250, 0.333, 0.500)	(0.333, 0.500, 1.000)	(0.333, 0.500, 1.000)	(0.333, 0.500, 1.000)	(1.000, 1.000, 1.000)	(1.000, 2.000, 3.000)
D2	(0.333, 0.500, 1.000)	(1.000, 1.000, 1.000)	(0.250, 0.333, 0.500)	(0.333, 0.500, 1.000)	(0.333, 0.500, 1.000)	(0.333, 0.500, 1.000)	(1.000, 1.000, 1.000)	(1.000, 1.000, 1.000)
D3	(2.000, 3.000, 4.000)	(2.000, 3.000, 4.000)	(1.000, 1.000, 1.000)	(1.000, 1.500, 2.000)	(1.000, 1.500, 2.000)	(1.000, 1.500, 2.000)	(1.500, 2.500, 3.500)	(2.000, 3.000, 4.000)
D4	(1.000, 2.000, 3.000)	(1.000, 2.000, 3.000)	(0.667, 0.750, 1.000)	(1.000, 1.000, 1.000)	(1.000, 1.000, 1.000)	(0.333, 0.500, 1.000)	(1.000, 2.000, 3.000)	(1.000, 2.000, 3.000)

续表

三级因素	D1	D2	D3	D4	D5	D6	D7	D8
D5	(1.000, 2.000, 3.000)	(1.000, 2.000, 3.000)	(0.667, 0.750, 1.000)	(1.000, 1.000, 1.000)	(1.000, 1.000, 1.000)	(0.333, 0.500, 1.000)	(1.000, 2.000, 3.000)	(1.000, 2.000, 3.000)
D6	(1.000, 2.000, 3.000)	(1.000, 2.000, 3.000)	(0.667, 0.750, 1.000)	(1.000, 2.000, 3.000)	(1.000, 2.000, 3.000)	(1.000, 1.000, 1.000)	(1.000, 2.000, 3.000)	(1.000, 2.000, 3.000)
D7	(1.000, 1.000, 1.000)	(1.000, 1.000, 1.000)	(0.292, 0.417, 0.750)	(0.333, 0.500, 1.000)	(0.333, 0.500, 1.000)	(0.333, 0.500, 1.000)	(1.000, 1.000, 1.000)	(1.000, 2.000, 3.000)
D8	(0.333, 0.500, 1.000)	(1.000, 1.000, 1.000)	(0.250, 0.333, 0.500)	(0.333, 0.500, 1.000)	(0.333, 0.500, 1.000)	(0.333, 0.500, 1.000)	(0.333, 0.500, 1.000)	(1.000, 1.000, 1.000)

表 3-8　企业组织下三级影响因素的模糊判断矩阵

三级因素	E1	E2	E3	E4	E5	E6	E7	E8	E9	E10	E11
E1	(1.000, 1.000, 1.000)	(2.000, 3.000, 4.000)	(2.000, 3.000, 4.000)	(2.000, 3.000, 4.000)	(1.000, 2.000, 3.000)	(2.000, 3.000, 4.000)	(2.000, 3.000, 4.000)	(1.000, 2.000, 3.000)	(2.000, 3.000, 4.000)	(2.000, 3.000, 4.000)	(2.000, 3.000, 4.000)
E2	(0.250, 0.333, 0.500)	(1.000, 1.000, 1.000)	(0.333, 0.500, 1.000)	(1.000, 1.000, 1.000)	(0.250, 0.333, 0.500)	(0.333, 0.500, 1.000)	(1.000, 1.000, 1.000)	(1.000, 1.000, 1.000)	(1.000, 2.000, 3.000)	(1.000, 1.000, 1.000)	(1.000, 1.000, 1.000)
E3	(0.250, 0.333, 0.500)	(1.000, 2.000, 3.000)	(1.000, 1.000, 1.000)	(1.000, 2.000, 3.000)	(0.333, 0.500, 1.000)	(1.000, 1.000, 1.000)	(1.000, 2.000, 3.000)	(1.000, 2.000, 3.000)	(2.000, 3.000, 4.000)	(1.000, 1.000, 1.000)	(1.000, 1.000, 1.000)
E4	(0.250, 0.333, 0.500)	(1.000, 1.000, 1.000)	(0.333, 0.500, 1.000)	(1.000, 1.000, 1.000)	(0.250, 0.333, 0.500)	(0.333, 0.500, 1.000)	(1.000, 1.000, 1.000)	(1.000, 1.000, 1.000)	(1.000, 2.000, 3.000)	(1.000, 1.000, 1.000)	(1.000, 1.000, 1.000)
E5	(0.333, 0.500, 1.000)	(2.000, 3.000, 4.000)	(1.000, 2.000, 3.000)	(2.000, 3.000, 4.000)	(1.000, 1.000, 1.000)	(1.000, 2.000, 3.000)	(1.000, 2.000, 3.000)	(1.000, 2.000, 3.000)	(1.000, 2.000, 3.000)	(1.000, 1.000, 1.000)	(1.000, 1.000, 1.000)
E6	(0.250, 0.333, 0.500)	(1.000, 2.000, 3.000)	(1.000, 1.000, 1.000)	(1.000, 2.000, 3.000)	(0.333, 0.500, 1.000)	(1.000, 1.000, 1.000)	(1.000, 1.000, 1.000)	(0.250, 0.333, 0.500)	(0.333, 0.500, 1.000)	(1.000, 1.000, 1.000)	(0.333, 0.500, 1.000)
E7	(0.250, 0.333, 0.500)	(1.000, 1.000, 1.000)	(0.333, 0.500, 1.000)	(1.000, 1.000, 1.000)	(0.333, 0.500, 1.000)	(1.000, 1.000, 1.000)	(1.000, 1.000, 1.000)	(0.333, 0.500, 1.000)	(1.000, 2.000, 3.000)	(1.000, 1.000, 1.000)	(0.333, 0.500, 1.000)

续表

三级因素	E1	E2	E3	E4	E5	E6	E7	E8	E9	E10	E11
E8	(0.333, 0.500, 1.000)	(1.000, 1.000, 1.000)	(0.333, 0.500, 1.000)	(1.000, 1.000, 1.000)	(1.000, 1.000, 1.000)	(2.000, 3.000, 4.000)	(1.000, 2.000, 3.000)	(1.000, 1.000, 1.000)	(2.000, 3.000, 4.000)	(1.000, 2.000, 3.000)	(1.000, 2.000, 3.000)
E9	(0.250, 0.333, 0.500)	(0.333, 0.500, 1.000)	(0.250, 0.333, 0.500)	(0.333, 0.500, 1.000)	(0.333, 0.500, 1.000)	(1.000, 2.000, 3.000)	(0.333, 0.500, 1.000)	(0.250, 0.333, 0.500)	(1.000, 1.000, 1.000)	(0.333, 0.500, 1.000)	(0.333, 0.500, 1.000)
E10	(0.250, 0.333, 0.500)	(1.000, 1.000, 1.000)	(1.000, 1.000, 1.000)	(1.000, 1.000, 1.000)	(1.000, 1.000, 1.000)	(1.000, 1.000, 1.000)	(1.000, 1.000, 1.000)	(0.333, 1.000, 2.000)	(1.000, 1.000, 3.000)	(1.000, 1.000, 1.000)	(0.333, 0.500, 1.000)
E11	(0.250, 0.333, 0.500)	(1.000, 1.000, 1.000)	(1.000, 1.000, 1.000)	(1.000, 1.000, 1.000)	(1.000, 1.000, 1.000)	(1.000, 2.000, 3.000)	(1.000, 2.000, 3.000)	(0.333, 0.500, 1.000)	(1.000, 2.000, 3.000)	(1.000, 2.000, 3.000)	(1.000, 1.000, 1.000)

（4）计算各级权重

对模糊判断矩阵中的每个因素对应的综合三角模糊数去模糊化，而后按照 Fuzzy-AHP 方法的计算公式进行层次单排序，依次确定二级因素和三级因素在其层次内部的标准权重，最后进行层次总排序，计算获得因素的总权重。中小型企业数字创新每一级影响因素的权重及因素的总权重，如表 3-9 所示。

表 3-9　中小型企业数字创新影响因素权重

一级因素	二级因素	权重	三级因素	权重	总权重
中小型企业数字创新 O	企业环境 A	0.227	政府政策 A1	0.200	0.045
			政府监管 A2	0.109	0.025
			宏观经济稳定性 A3	0.020	0.005
			数字化生态 A4	0.144	0.033
			数字创新共同体 A5	0.138	0.031
			竞争压力 A6	0.201	0.046
			市场需求 A7	0.092	0.021
			行业创新水平 A8	0.090	0.020
			数字创新合作模式 A9	0.006	0.001

一级因素	二级因素	权重	三级因素	权重	总权重
中小型企业数字创新O	数字技术 B	0.118	数字化模式 B1	0.131	0.015
			数字产生效应 B2	0.112	0.013
			数字化基础水平 B3	0.131	0.015
			数字技术水平 B4	0.054	0.006
			数字兼容性 B5	0.302	0.036
			技术开放性 B6	0.140	0.016
			技术安全性 B7	0.065	0.008
			技术合法性 B8	0.065	0.008
	企业资源 C	0.143	数字化资源 C1	0.190	0.027
			数字化社区或平台 C2	0.065	0.009
			数字化共享网络 C3	0.187	0.027
			数字化投资水平 C4	0.090	0.013
			关系网络 C5	0.270	0.039
			企业数字创新文化 C6	0.168	0.024
			数据资产 C7	0.030	0.004
	企业能力 D	0.370	数字化定位 D1	0.107	0.040
			数字化认知 D2	0.045	0.017
			数字能力 D3	0.215	0.080
			数字产品创新 D4	0.158	0.058
			数字服务创新 D5	0.158	0.058
			商业模式创新 D6	0.188	0.069
			研发队伍 D7	0.084	0.031
			研发模式 D8	0.044	0.016
	企业组织 E	0.143	感知利得 E1	0.247	0.035
			企业组织结构 E2	0.028	0.004
			企业制度 E3	0.135	0.019
			企业盈利水平 E4	0.028	0.004
			数字盈利模式 E5	0.164	0.023
			融资能力 E6	0.054	0.008
			数字知识产权管理 E7	0.034	0.005
			企业家特质 E8	0.148	0.021
			员工执行力 E9	0.019	0.003
			组织学习能力 E10	0.036	0.005
			企业战略支持 E11	0.107	0.015

3.3.2 基于 Fuzzy-DEMATEL 方法的影响因素关系分析

尽管已通过 Fuzzy-AHP 方法计算出中小型企业数字技术采用初始影响因素的权重，已初步呈现各因素的相对重要程度，然而，单纯采用 Fuzzy-AHP 方法得出的因素权重却没有考虑因素之间的因果关系及其在系统中的属性地位。为此，本章在之前的基础上进而采用 Fuzzy-DEMATEL 方法确定每一个因素对系统的影响程度。

3.3.2.1 Fuzzy-DEMATEL 方法的计算过程

采用 Fuzzy-DEMATEL 方法的计算过程具体如下。

（1）构建系统的因素体系，设为 F_1，F_2，$\cdots$，F_n

（2）说明三角模糊函数专家语义量表转化规则

通过问卷调查的方式，确定初始直接影响矩阵。根据影响程度的强弱，用于专家评价的语义量表可划分为五个等级：没有影响（N）、很弱影响（VL）、一般影响（L）、强度影响（H）以及很强影响（VH）。通过语义转化，可将原始量表转化为三角模糊数。三角模糊数一般表示为 $(l，m，u)$，其中，$l \leqslant m \leqslant u$，$l$ 和 u 分别为三角函数的下界值和上界值，m 为最接近实际的值。语义评价与三角模糊数的转换关系如表 3-10 所示。

表 3-10 Fuzzy-DEMATEL 方法中专家语义评价与三角模糊数的转换关系

影响等级的语义表达	语义评价值	三角模糊数
没有影响（N）	0	$(0,0,0.25)$
很弱影响（VL）	1	$(0,0.25,0.5)$
一般影响（L）	2	$(0.25,0.5,0.75)$
强度影响（H）	3	$(0.5,0.75,1)$
很强影响（VH）	4	$(0.75,1,1)$

根据表 3-10 的专家语义评价与三角模糊数的转换规则，可将调查问卷中的专家语义评价转化为三角模糊数，形成模糊矩阵 $\tilde{B}_{ij} = [\tilde{a}_{ij}]_{n \times n}$，其中，$\tilde{a}_{ij} = (l_{ij}，m_{ij}，u_{ij})$ 即为因素 i 对因素 j 影响程度的三角模糊数。

（3）采用 CFCS（Converting the Fuzzy data into Crips Scores）方法对三角

模糊数进行去模糊化处理，得到直接影响矩阵 Z，包括四个环节

①标准化处理三角模糊数。

$$xl_{ij} = \frac{(l_{ij} - \min\limits_{0 \leqslant k \leqslant K} l_{ij}^k)}{\Delta_{\min}^{\max}} \tag{3-15}$$

$$xm_{ij} = \frac{(m_{ij} - \min\limits_{0 \leqslant k \leqslant K} l_{ij}^k)}{\Delta_{\min}^{\max}} \tag{3-16}$$

$$xu_{ij} = \frac{(u_{ij} - \min\limits_{0 \leqslant k \leqslant K} l_{ij}^k)}{\Delta_{\min}^{\max}} \tag{3-17}$$

式中：

$$\Delta_{\min}^{\max} = \max\limits_{0 \leqslant k \leqslant K} u_{ij}^k - \min\limits_{0 \leqslant k \leqslant K} l_{ij}^k \tag{3-18}$$

②将左边值与右边值分别标准化。

左右标准值 $\quad xLs_{ij}^k = \dfrac{xm_{ij}^k}{1 + xm_{ij}^k - xl_{ij}^k} \tag{3-19}$

$$xUs_{ij}^k = \frac{xu_{ij}^k}{1 + xu_{ij}^k - xm_{ij}^k} \tag{3-20}$$

③计算专家打分去模糊后的清晰值。

总标准精确值 $\quad X_{ij}^k = \dfrac{xLs_{ij}^k(1 - xLs_{ij}^k) + xUs_{ij}^k \times xUs_{ij}^k}{1 - xLs_{ij}^k + xUs_{ij}^k} \tag{3-21}$

清晰值 $\quad z_{ij}^k = \min\limits_{0 \leqslant k \leqslant K} l_{ij}^k + m_{ij}^k \times \Delta_{\min}^{\max} \tag{3-22}$

其中，z_{ij}^k 即为专家打分并进行模糊化后得到的清晰值。

④计算专家小组中 K 个专家打分的平均清晰值，即平均影响值。

$$z_{ij} = \frac{1}{n}(z_{ij}^1 + z_{ij}^2 + \cdots + z_{ij}^k) \tag{3-23}$$

由 z_{ij} 构成的矩阵 Z，即为直接影响矩阵。

（4）利用传统 DEMATEL 方法计算综合影响矩阵 T 和"四度"

①将直接矩阵标准化处理，得到标准直接影响矩阵 X：

$$X = [x_{ij}]_{n \times n}, 0 \leqslant x_{ij} \leqslant 1 \qquad (3-24)$$

②计算综合影响矩阵 T：

$$T = X(I - X)^{-1}, T = [t_{ij}]_{n \times n}, (i,j = 1,2,3,\cdots,n) \qquad (3-25)$$

③计算各因素的影响度、被影响度、中心度和原因度：

影响度（D）是综合影响矩阵 T 中各行所对应的因素对于所有其他因素的综合影响值。被影响度（R）是综合影响矩阵 T 中各列所对应的因素受到所有其他因素的综合影响值。中心度（M）是因素 i 的影响度值与被影响度值之和，表示因素 i 对整个系统中其他因素的影响程度，中心度越大，则该因素对其他因素的驱动作用越强。原因度（N）是因素 i 的影响度值与被影响度值之差，表示因素 i 对整个系统的影响趋势，$N_i > 0$ 表明该因素是原因因素，即会对其他因素产生主动影响的因素，$N_i < 0$ 表明该因素是结果因素，即该因素会受其他因素影响。"四度"的计算公式依次如下：

$$D = \left[\sum_{i=1}^{n} t_{ij} \right]_{n \times 1} = [t_i]_{n \times 1} \qquad (3-26)$$

$$R = \left[\sum_{j=1}^{n} t_{ij} \right]_{1 \times n} = [t_j]_{1 \times n} \qquad (3-27)$$

$$M = D + R \qquad (3-28)$$

$$N = D - R \qquad (3-29)$$

3.3.2.2 Fuzzy-DEMATEL 方法的实施过程

首先，确定专家小组，与参加 Fuzzy-AHP 问卷调研的专家小组成员一致。问卷介绍了本次问卷调查的背景、目的和打分规则，并提供了用于专家打分的由 43 个三级因素构成的 43×43 矩阵。专家无异议后，各自开始填写问卷，对因素间的相互影响度进行打分评价。

其次，回收问卷，并对问卷数据进行处理。根据 Fuzzy-DEMATEL 方法中专家语义三角函数转化关系，将专家语义转换为三角模糊数构成的模糊矩阵，去模糊化后，获得 43×43 直接影响矩阵 Z，如表 3-11 所示。

经标准化后，计算得到标准直接影响矩阵 X，如表 3-12 所示。利用 MATLAB R2021 软件进行矩阵运算，由标准直接影响矩阵 X 通过公式（3-25）计算出综合影响矩阵 T，如表 3-13 所示。

最后，利用 Excel 及 MATLAB 软件，通过综合影响矩阵统计得出每一个因素的影响度 D 与被影响度 R，并由公式（3-28）和公式（3-29）计算出每一个因素的原因度与中心度，结果如表 3-14 所示。

3.3.3 基于 Fuzzy-AHP 与 Fuzzy-DEMATEL 方法的结果分析

根据已利用 Fuzzy-AHP 方法确定的中小型企业数字技术采用各影响因素的权重，并基于 Fuzzy-DEMATEL 方法确定了各因素的相互影响度及其对系统的影响程度。为得出中小型企业数字技术采用的关键影响因素，结合前文的数据分析结果，本章将用 Fuzzy-AHP 方法计算得到的中小型企业数字技术采用影响因素权重与用 Fuzzy-DEMATEL 方法计算得到的影响因素原因度和中心度分别相乘，计算出中小型企业数字技术采用的影响因素的综合原因度和综合中心度，结果如表 3-15 所示。

综合原因度表明各个障碍因素之间的相互关联程度，根据其值的正负不同，可将因素分为原因因素（综合原因度>0）和结果因素（综合原因度<0）。综合中心度代表该因素在整个因素系统中的重要程度，综合中心度的值越大，则该因素越重要。

识别中小型企业数字技术采用关键影响因素应遵循以下三项原则。

（1）关键影响因素应属于原因因素，其综合原因度大于 0

因素的综合原因度值代表该因素影响其他因素的作用效果。若因素的综合原因度>0，表明该因素对系统内的其他因素有主动影响的特性，为原因因素；若因素的综合原因度<0，表明该因素对系统内的其他因素有被影响的特性，为结果因素。某因素为原因因素意味着该因素会影响整个系统的运行。因此，寻找中小型企业数字技术采用关键影响因素，即应当寻找影响整个系统运行的根源，在影响中小型企业数字技术采用的原因因素中选取。

表 3-11 直接影响矩阵 Z

因素	A1	A2	A3	A4	A5	A6	A7	A8	A9	B1	B2	B3	B4	B5	B6	B7	B8	C1	C2	C3	C4	C5
A1	0.000	0.733	0.267	0.539	0.267	0.306	0.267	0.267	0.267	0.033	0.228	0.228	0.228	0.306	0.267	0.267	0.500	0.267	0.500	0.500	0.033	0.033
A2	0.306	0.000	0.033	0.267	0.267	0.033	0.033	0.033	0.267	0.033	0.033	0.033	0.033	0.033	0.033	0.267	0.267	0.267	0.267	0.033	0.033	0.033
A3	0.267	0.033	0.000	0.267	0.033	0.267	0.267	0.033	0.033	0.033	0.267	0.033	0.033	0.033	0.033	0.033	0.033	0.033	0.033	0.033	0.267	0.033
A4	0.267	0.033	0.033	0.000	0.267	0.267	0.267	0.267	0.267	0.033	0.267	0.033	0.267	0.694	0.267	0.267	0.033	0.267	0.500	0.500	0.033	0.267
A5	0.267	0.033	0.033	0.228	0.000	0.267	0.033	0.694	0.267	0.033	0.033	0.033	0.267	0.267	0.267	0.267	0.033	0.500	0.267	0.267	0.033	0.694
A6	0.033	0.228	0.033	0.228	0.539	0.000	0.267	0.967	0.539	0.033	0.267	0.033	0.733	0.539	0.500	0.267	0.033	0.033	0.500	0.733	0.500	0.500
A7	0.033	0.033	0.033	0.033	0.228	0.500	0.000	0.033	0.033	0.033	0.033	0.033	0.033	0.267	0.033	0.033	0.033	0.033	0.033	0.033	0.267	0.267
A8	0.033	0.033	0.033	0.033	0.033	0.500	0.033	0.000	0.033	0.000	0.500	0.000	0.033	0.033	0.033	0.033	0.033	0.033	0.033	0.033	0.500	0.267
A9	0.228	0.033	0.033	0.033	0.033	0.267	0.033	0.500	0.000	0.033	0.033	0.033	0.033	0.000	0.267	0.033	0.033	0.267	0.267	0.267	0.033	0.733
B1	0.228	0.033	0.033	0.033	0.033	0.033	0.033	0.033	0.033	0.000	0.000	0.000	0.000	0.267	0.000	0.267	0.033	0.267	0.033	0.033	0.033	0.267
B2	0.033	0.033	0.033	0.033	0.033	0.267	0.033	0.033	0.033	0.033	0.000	0.033	0.500	0.033	0.267	0.033	0.033	0.267	0.228	0.033	0.033	0.267
B3	0.228	0.033	0.033	0.033	0.033	0.267	0.033	0.033	0.033	0.033	0.267	0.000	0.033	0.033	0.033	0.033	0.033	0.033	0.033	0.033	0.033	0.267
B4	0.228	0.033	0.033	0.267	0.033	0.694	0.033	0.033	0.033	0.033	0.267	0.033	0.033	0.267	0.267	0.033	0.033	0.267	0.033	0.267	0.033	0.267
B5	0.267	0.306	0.033	0.500	0.500	0.267	0.500	0.267	0.267	0.267	0.267	0.033	0.033	0.000	0.267	0.033	0.033	0.033	0.500	0.967	0.033	0.033
B6	0.033	0.033	0.033	0.267	0.033	0.500	0.033	0.033	0.267	0.267	0.033	0.033	0.033	0.267	0.000	0.033	0.033	0.228	0.228	0.033	0.033	0.267
B7	0.500	0.733	0.033	0.033	0.033	0.033	0.033	0.033	0.267	0.267	0.033	0.033	0.033	0.033	0.033	0.000	0.033	0.033	0.033	0.033	0.033	0.033
B8	0.500	0.733	0.033	0.033	0.033	0.033	0.033	0.033	0.033	0.033	0.033	0.033	0.033	0.033	0.033	0.033	0.000	0.033	0.033	0.267	0.033	0.033
C1	0.033	0.033	0.033	0.267	0.267	0.694	0.033	0.033	0.267	0.033	0.033	0.033	0.267	0.733	0.267	0.267	0.033	0.000	0.267	0.267	0.033	0.694
C2	0.267	0.033	0.033	0.267	0.267	0.500	0.033	0.267	0.267	0.033	0.267	0.033	0.267	0.733	0.267	0.267	0.033	0.267	0.000	0.267	0.033	0.500
C3	0.267	0.033	0.033	0.267	0.267	0.500	0.033	0.267	0.267	0.033	0.267	0.500	0.267	0.733	0.267	0.033	0.033	0.267	0.267	0.000	0.033	0.733
C4	0.033	0.033	0.033	0.033	0.033	0.033	0.033	0.033	0.033	0.033	0.033	0.033	0.500	0.033	0.033	0.033	0.033	0.267	0.033	0.033	0.000	0.033
C5	0.033	0.033	0.033	0.539	0.733	0.267	0.267	0.267	0.733	0.033	0.033	0.033	0.267	0.033	0.267	0.033	0.033	0.500	0.733	0.733	0.033	0.000

续表

要素	A1	A2	A3	A4	A5	A6	A7	A8	A9	B1	B2	B3	B4	B5	B6	B7	B8	C1	C2	C3	C4	C5
C6	0.033	0.033	0.033	0.033	0.033	0.033	0.033	0.033	0.033	0.033	0.033	0.500	0.500	0.033	0.033	0.033	0.033	0.033	0.033	0.033	0.267	0.267
C7	0.267	0.228	0.033	0.267	0.267	0.733	0.033	0.033	0.267	0.033	0.033	0.033	0.033	0.267	0.267	0.033	0.033	0.033	0.267	0.267	0.033	0.500
D1	0.033	0.033	0.033	0.033	0.033	0.033	0.033	0.033	0.033	0.033	0.033	0.500	0.267	0.267	0.033	0.033	0.033	0.033	0.033	0.033	0.267	0.033
D2	0.033	0.033	0.033	0.033	0.033	0.033	0.033	0.033	0.033	0.033	0.033	0.500	0.267	0.267	0.033	0.033	0.033	0.033	0.033	0.033	0.267	0.267
D3	0.033	0.033	0.033	0.033	0.539	0.733	0.267	0.267	0.267	0.033	0.033	0.033	0.967	0.267	0.539	0.733	0.033	0.500	0.500	0.500	0.033	0.267
D4	0.033	0.033	0.033	0.500	0.733	0.733	0.500	0.733	0.500	0.033	0.267	0.033	0.033	0.267	0.267	0.267	0.033	0.033	0.500	0.733	0.733	0.267
D5	0.033	0.033	0.033	0.500	0.733	0.733	0.500	0.733	0.500	0.033	0.267	0.033	0.033	0.033	0.267	0.267	0.033	0.033	0.500	0.733	0.733	0.267
D6	0.033	0.033	0.033	0.500	0.733	0.733	0.500	0.733	0.500	0.033	0.267	0.033	0.033	0.267	0.267	0.267	0.033	0.033	0.500	0.733	0.733	0.267
D7	0.033	0.033	0.033	0.033	0.033	0.267	0.033	0.033	0.033	0.033	0.267	0.500	0.500	0.033	0.033	0.033	0.033	0.033	0.033	0.033	0.033	0.033
D8	0.033	0.033	0.033	0.033	0.033	0.267	0.033	0.033	0.033	0.033	0.033	0.500	0.500	0.033	0.033	0.033	0.033	0.033	0.033	0.033	0.033	0.033
E1	0.033	0.033	0.033	0.539	0.539	0.033	0.033	0.733	0.733	0.033	0.033	0.033	0.033	0.033	0.033	0.033	0.033	0.033	0.733	0.967	0.967	0.033
E2	0.033	0.033	0.033	0.033	0.033	0.033	0.033	0.033	0.033	0.033	0.033	0.267	0.267	0.033	0.033	0.033	0.033	0.033	0.033	0.033	0.033	0.033
E3	0.033	0.033	0.033	0.033	0.033	0.033	0.033	0.033	0.033	0.033	0.033	0.267	0.267	0.033	0.033	0.033	0.033	0.033	0.033	0.033	0.033	0.267
E4	0.033	0.033	0.033	0.267	0.033	0.267	0.033	0.033	0.033	0.033	0.033	0.033	0.033	0.033	0.033	0.033	0.033	0.033	0.033	0.033	0.267	0.267
E5	0.033	0.033	0.033	0.033	0.033	0.033	0.033	0.033	0.033	0.033	0.033	0.267	0.267	0.033	0.033	0.033	0.033	0.033	0.033	0.033	0.033	0.033
E6	0.306	0.267	0.033	0.033	0.033	0.267	0.033	0.033	0.033	0.033	0.228	0.267	0.267	0.033	0.033	0.033	0.033	0.228	0.228	0.228	0.033	0.033
E7	0.033	0.033	0.033	0.033	0.033	0.267	0.033	0.033	0.033	0.033	0.033	0.033	0.033	0.033	0.033	0.033	0.033	0.033	0.033	0.033	0.267	0.267
E8	0.033	0.033	0.033	0.033	0.033	0.033	0.033	0.033	0.033	0.033	0.033	0.267	0.267	0.033	0.033	0.033	0.033	0.033	0.033	0.033	0.033	0.500
E9	0.033	0.033	0.033	0.033	0.033	0.033	0.033	0.033	0.033	0.033	0.033	0.267	0.267	0.033	0.033	0.033	0.033	0.033	0.033	0.267	0.033	0.033
E10	0.033	0.033	0.033	0.033	0.033	0.033	0.033	0.033	0.033	0.033	0.033	0.500	0.500	0.033	0.033	0.033	0.033	0.033	0.033	0.267	0.267	0.500
E11	0.033	0.033	0.033	0.033	0.033	0.033	0.033	0.033	0.033	0.033	0.033	0.500	0.500	0.033	0.033	0.033	0.033	0.267	0.033	0.267	0.267	0.033

因素	C6	C7	D1	D2	D3	D4	D5	D6	D7	D8	E1	E2	E3	E4	E5	E6	E7	E8	E9	E10	E11
A1	0.033	0.033	0.033	0.500	0.033	0.306	0.306	0.306	0.033	0.033	0.500	0.033	0.033	0.033	0.267	0.033	0.306	0.033	0.033	0.033	0.033
A2	0.033	0.033	0.033	0.033	0.033	0.033	0.033	0.033	0.033	0.033	0.033	0.033	0.267	0.033	0.033	0.033	0.267	0.033	0.033	0.033	0.033
A3	0.033	0.033	0.033	0.033	0.033	0.267	0.267	0.267	0.033	0.033	0.500	0.033	0.033	0.267	0.033	0.267	0.033	0.033	0.033	0.033	0.033
A4	0.267	0.267	0.033	0.306	0.267	0.267	0.267	0.500	0.033	0.033	0.500	0.033	0.033	0.033	0.267	0.033	0.267	0.033	0.033	0.033	0.033
A5	0.267	0.267	0.033	0.267	0.500	0.267	0.267	0.267	0.033	0.267	0.267	0.033	0.033	0.033	0.033	0.033	0.033	0.033	0.033	0.033	0.033
A6	0.267	0.267	0.033	0.500	0.500	0.500	0.500	0.733	0.500	0.500	0.267	0.033	0.033	0.033	0.500	0.500	0.500	0.033	0.033	0.306	0.267
A7	0.033	0.033	0.033	0.500	0.500	0.267	0.267	0.033	0.033	0.033	0.267	0.033	0.033	0.033	0.033	0.033	0.033	0.033	0.033	0.033	0.267
A8	0.267	0.033	0.033	0.267	0.267	0.500	0.500	0.500	0.500	0.033	0.967	0.033	0.033	0.033	0.033	0.033	0.033	0.033	0.033	0.033	0.267
A9	0.033	0.033	0.033	0.033	0.500	0.500	0.500	0.500	0.267	0.267	0.033	0.033	0.033	0.033	0.033	0.033	0.033	0.033	0.033	0.033	0.033
B1	0.033	0.033	0.033	0.033	0.267	0.033	0.033	0.033	0.033	0.267	0.033	0.033	0.033	0.033	0.033	0.033	0.033	0.033	0.033	0.033	0.033
B2	0.033	0.033	0.033	0.033	0.033	0.033	0.033	0.033	0.033	0.033	0.267	0.033	0.033	0.033	0.033	0.033	0.033	0.033	0.033	0.033	0.033
B3	0.033	0.033	0.267	0.033	0.733	0.267	0.267	0.267	0.267	0.267	0.267	0.033	0.033	0.033	0.267	0.267	0.033	0.033	0.033	0.033	0.033
B4	0.033	0.033	0.033	0.033	0.033	0.500	0.267	0.267	0.033	0.033	0.267	0.033	0.033	0.033	0.267	0.267	0.267	0.033	0.033	0.267	0.033
B5	0.267	0.267	0.267	0.267	0.267	0.267	0.267	0.033	0.267	0.267	0.033	0.033	0.033	0.033	0.267	0.033	0.257	0.033	0.033	0.267	0.033
B6	0.033	0.033	0.033	0.033	0.267	0.267	0.033	0.267	0.267	0.267	0.033	0.033	0.033	0.033	0.267	0.033	0.257	0.033	0.033	0.267	0.033
B7	0.033	0.033	0.033	0.033	0.033	0.033	0.033	0.033	0.033	0.033	0.033	0.033	0.033	0.033	0.033	0.033	0.033	0.033	0.033	0.033	0.033
B8	0.033	0.033	0.033	0.500	0.500	0.033	0.500	0.500	0.267	0.267	0.500	0.033	0.033	0.033	0.033	0.267	0.267	0.033	0.033	0.033	0.033
C1	0.033	0.267	0.267	0.033	0.267	0.267	0.267	0.267	0.033	0.267	0.267	0.033	0.033	0.033	0.033	0.033	0.267	0.033	0.033	0.033	0.033
C2	0.267	0.267	0.033	0.033	0.733	0.267	0.267	0.267	0.267	0.267	0.267	0.033	0.033	0.033	0.267	0.033	0.267	0.033	0.267	0.267	0.033
C3	0.033	0.033	0.033	0.033	0.500	0.267	0.267	0.267	0.267	0.033	0.033	0.033	0.033	0.033	0.033	0.033	0.267	0.033	0.033	0.035	0.033
C4	0.033	0.033	0.033	0.500	0.267	0.267	0.267	0.267	0.267	0.267	0.033	0.033	0.033	0.267	0.033	0.033	0.267	0.033	0.033	0.033	0.033
C5	0.267	0.267	0.267	0.500	0.267	0.267	0.267	0.267	0.033	0.267	0.267	0.033	0.033	0.267	0.500	0.967	0.267	0.033	0.033	0.267	0.033

因素	C6	C7	D1	D2	D3	D4	D5	D6	D7	D8	E1	E2	E3	E4	E5	E6	E7	E8	E9	E10	E11
C6	0.000	0.033	0.033	0.033	0.733	0.733	0.733	0.500	0.267	0.033	0.033	0.033	0.267	0.033	0.033	0.033	0.033	0.033	0.267	0.267	0.267
C7	0.033	0.000	0.033	0.033	0.267	0.033	0.500	0.500	0.033	0.033	0.500	0.033	0.033	0.033	0.033	0.267	0.267	0.033	0.033	0.033	0.033
D1	0.500	0.033	0.000	0.267	0.500	0.033	0.033	0.033	0.033	0.033	0.033	0.033	0.267	0.033	0.033	0.033	0.033	0.033	0.033	0.033	0.033
D2	0.500	0.033	0.267	0.000	0.500	0.267	0.267	0.267	0.033	0.033	0.033	0.033	0.267	0.033	0.033	0.033	0.267	0.033	0.033	0.033	0.033
D3	0.267	0.967	0.033	0.033	0.000	0.733	0.500	0.500	0.033	0.033	0.500	0.033	0.033	0.267	0.500	0.500	0.033	0.033	0.033	0.033	0.033
D4	0.500	0.733	0.033	0.033	0.033	0.000	0.267	0.267	0.033	0.033	0.733	0.033	0.033	0.967	0.500	0.500	0.033	0.033	0.033	0.033	0.033
D5	0.500	0.733	0.033	0.033	0.033	0.267	0.000	0.267	0.033	0.033	0.733	0.033	0.033	0.967	0.733	0.500	0.033	0.033	0.033	0.033	0.033
D6	0.500	0.733	0.033	0.033	0.033	0.267	0.267	0.000	0.500	0.033	0.733	0.033	0.033	0.967	0.967	0.500	0.033	0.033	0.033	0.033	0.033
D7	0.033	0.033	0.033	0.033	0.733	0.733	0.267	0.733	0.000	0.033	0.267	0.033	0.033	0.033	0.033	0.033	0.033	0.033	0.033	0.033	0.033
D8	0.033	0.033	0.033	0.033	0.267	0.267	0.267	0.267	0.500	0.000	0.267	0.033	0.267	0.033	0.033	0.033	0.267	0.033	0.033	0.033	0.033
E1	0.967	0.267	0.733	0.500	0.267	0.500	0.267	0.500	0.267	0.500	0.000	0.033	0.267	0.033	0.500	0.733	0.033	0.033	0.033	0.033	0.033
E2	0.033	0.033	0.033	0.033	0.267	0.267	0.267	0.267	0.267	0.267	0.033	0.000	0.267	0.033	0.033	0.033	0.267	0.033	0.267	0.033	0.033
E3	0.306	0.033	0.267	0.033	0.267	0.267	0.267	0.033	0.033	0.033	0.033	0.033	0.000	0.033	0.033	0.500	0.033	0.033	0.500	0.033	0.033
E4	0.033	0.500	0.033	0.033	0.033	0.033	0.033	0.033	0.033	0.033	0.267	0.033	0.033	0.000	0.033	0.033	0.267	0.033	0.033	0.033	0.033
E5	0.033	0.033	0.033	0.033	0.033	0.033	0.033	0.033	0.033	0.033	0.267	0.033	0.033	0.033	0.000	0.033	0.033	0.033	0.033	0.033	0.033
E6	0.033	0.033	0.033	0.033	0.267	0.033	0.033	0.267	0.033	0.033	0.033	0.033	0.033	0.033	0.033	0.000	0.033	0.033	0.033	0.033	0.733
E7	0.033	0.033	0.033	0.033	0.033	0.267	0.267	0.267	0.033	0.267	0.033	0.267	0.033	0.033	0.033	0.033	0.000	0.033	0.033	0.033	0.033
E8	0.267	0.033	0.267	0.500	0.267	0.500	0.267	0.267	0.267	0.033	0.033	0.033	0.267	0.033	0.033	0.267	0.033	0.000	0.267	0.033	0.267
E9	0.033	0.033	0.033	0.033	0.500	0.267	0.267	0.267	0.033	0.033	0.033	0.033	0.033	0.033	0.033	0.033	0.033	0.033	0.000	0.267	0.033
E10	0.033	0.033	0.033	0.033	0.267	0.267	0.267	0.267	0.033	0.033	0.033	0.033	0.033	0.033	0.033	0.033	0.033	0.033	0.033	0.000	0.033
E11	0.267	0.033	0.033	0.033	0.267	0.500	0.500	0.500	0.033	0.267	0.033	0.033	0.033	0.033	0.033	0.033	0.267	0.033	0.033	0.033	0.000

表 3-12 标准直接影响矩阵 X

因素	A1	A2	A3	A4	A5	A6	A7	A8	A9	B1	B2	B3	B4	B5	B6	B7	B8	C1	C2	C3	C4	C5
A1	0.000	0.051	0.019	0.038	0.019	0.021	0.019	0.019	0.019	0.002	0.016	0.016	0.016	0.021	0.019	0.019	0.035	0.019	0.035	0.035	0.002	0.002
A2	0.021	0.000	0.002	0.019	0.019	0.002	0.002	0.002	0.019	0.002	0.002	0.002	0.002	0.002	0.002	0.019	0.019	0.019	0.019	0.002	0.002	0.002
A3	0.019	0.002	0.000	0.019	0.002	0.002	0.019	0.002	0.002	0.002	0.002	0.002	0.002	0.002	0.002	0.002	0.002	0.002	0.002	0.002	0.019	0.002
A4	0.019	0.002	0.002	0.000	0.019	0.019	0.019	0.019	0.019	0.002	0.019	0.002	0.019	0.049	0.019	0.019	0.002	0.035	0.035	0.035	0.002	0.019
A5	0.019	0.002	0.002	0.000	0.000	0.019	0.002	0.049	0.019	0.002	0.002	0.002	0.019	0.019	0.019	0.019	0.002	0.035	0.019	0.019	0.002	0.049
A6	0.002	0.016	0.002	0.016	0.038	0.000	0.019	0.068	0.038	0.002	0.002	0.002	0.051	0.038	0.035	0.019	0.002	0.002	0.035	0.051	0.035	0.035
A7	0.002	0.002	0.002	0.002	0.016	0.000	0.002	0.002	0.002	0.002	0.019	0.002	0.002	0.019	0.002	0.002	0.002	0.002	0.002	0.002	0.019	0.019
A8	0.002	0.002	0.002	0.002	0.002	0.035	0.002	0.000	0.002	0.002	0.002	0.002	0.019	0.002	0.002	0.002	0.002	0.002	0.002	0.002	0.035	0.035
A9	0.016	0.002	0.002	0.002	0.016	0.019	0.035	0.035	0.000	0.002	0.035	0.000	0.019	0.019	0.019	0.002	0.002	0.019	0.019	0.019	0.019	0.019
B1	0.016	0.002	0.002	0.002	0.002	0.019	0.002	0.035	0.000	0.000	0.035	0.000	0.002	0.019	0.002	0.002	0.002	0.002	0.002	0.019	0.002	0.019
B2	0.002	0.002	0.002	0.002	0.002	0.002	0.002	0.002	0.002	0.002	0.000	0.019	0.002	0.002	0.002	0.002	0.002	0.019	0.002	0.002	0.002	0.019
B3	0.016	0.002	0.002	0.002	0.016	0.019	0.019	0.019	0.002	0.002	0.019	0.000	0.035	0.019	0.002	0.002	0.002	0.019	0.002	0.002	0.002	0.019
B4	0.016	0.002	0.002	0.002	0.002	0.049	0.035	0.002	0.002	0.002	0.019	0.000	0.000	0.019	0.000	0.002	0.002	0.002	0.019	0.019	0.002	0.019
B5	0.019	0.021	0.002	0.035	0.035	0.019	0.002	0.019	0.019	0.019	0.002	0.002	0.002	0.000	0.019	0.002	0.035	0.016	0.035	0.068	0.002	0.002
B6	0.002	0.002	0.002	0.019	0.002	0.035	0.002	0.002	0.019	0.019	0.019	0.002	0.002	0.002	0.000	0.002	0.002	0.002	0.016	0.016	0.002	0.002
B7	0.035	0.051	0.002	0.019	0.002	0.002	0.002	0.019	0.019	0.002	0.002	0.002	0.019	0.051	0.000	0.000	0.002	0.000	0.002	0.002	0.002	0.002
B8	0.035	0.051	0.002	0.019	0.002	0.035	0.002	0.019	0.019	0.002	0.019	0.002	0.019	0.051	0.019	0.019	0.002	0.019	0.019	0.019	0.002	0.035
C1	0.002	0.002	0.002	0.002	0.019	0.049	0.002	0.002	0.002	0.002	0.002	0.002	0.019	0.051	0.019	0.019	0.002	0.000	0.019	0.019	0.002	0.049
C2	0.019	0.002	0.002	0.019	0.019	0.035	0.035	0.019	0.019	0.002	0.019	0.002	0.019	0.051	0.019	0.019	0.019	0.019	0.000	0.019	0.002	0.035
C3	0.019	0.002	0.002	0.002	0.002	0.019	0.002	0.019	0.002	0.019	0.002	0.035	0.002	0.002	0.019	0.002	0.002	0.019	0.000	0.000	0.000	0.051
C4	0.002	0.002	0.002	0.002	0.002	0.002	0.002	0.002	0.002	0.002	0.002	0.002	0.002	0.002	0.002	0.002	0.002	0.002	0.051	0.051	0.000	0.002
C5	0.002	0.002	0.002	0.038	0.051	0.019	0.019	0.019	0.051	0.002	0.002	0.002	0.019	0.002	0.002	0.002	0.002	0.035	0.051	0.051	0.002	0.000

续表

因素	A1	A2	A3	A4	A5	A6	A7	A8	A9	B1	B2	B3	B4	B5	B6	B7	B8	C1	C2	C3	C4	C5
C6	0.002	0.002	0.002	0.002	0.002	0.002	0.002	0.002	0.002	0.002	0.002	0.035	0.035	0.002	0.002	0.002	0.002	0.002	0.002	0.002	0.019	0.019
C7	0.019	0.016	0.002	0.019	0.019	0.051	0.002	0.002	0.002	0.002	0.002	0.002	0.002	0.002	0.019	0.002	0.002	0.002	0.019	0.019	0.002	0.035
C8	0.002	0.002	0.002	0.002	0.002	0.002	0.002	0.002	0.002	0.002	0.002	0.002	0.019	0.019	0.002	0.002	0.002	0.002	0.002	0.002	0.019	0.002
D2	0.002	0.002	0.002	0.002	0.002	0.002	0.002	0.002	0.002	0.002	0.002	0.035	0.019	0.019	0.002	0.002	0.002	0.002	0.002	0.002	0.019	0.019
D3	0.002	0.002	0.002	0.002	0.038	0.051	0.019	0.019	0.019	0.002	0.019	0.002	0.068	0.019	0.038	0.051	0.002	0.035	0.035	0.035	0.051	0.019
D4	0.002	0.002	0.002	0.035	0.051	0.051	0.035	0.051	0.035	0.002	0.019	0.002	0.002	0.019	0.019	0.019	0.002	0.002	0.035	0.051	0.051	0.019
D5	0.002	0.002	0.002	0.035	0.051	0.051	0.035	0.051	0.035	0.002	0.019	0.002	0.002	0.002	0.019	0.019	0.002	0.035	0.035	0.051	0.051	0.019
D6	0.002	0.002	0.002	0.035	0.051	0.051	0.035	0.051	0.035	0.002	0.019	0.002	0.002	0.002	0.019	0.019	0.002	0.002	0.035	0.051	0.051	0.019
D7	0.002	0.002	0.002	0.035	0.002	0.019	0.035	0.051	0.035	0.002	0.002	0.035	0.035	0.019	0.019	0.019	0.002	0.002	0.002	0.002	0.051	0.019
D8	0.002	0.002	0.002	0.002	0.002	0.002	0.002	0.002	0.002	0.002	0.002	0.035	0.035	0.002	0.002	0.002	0.002	0.002	0.002	0.002	0.002	0.002
E1	0.002	0.002	0.002	0.038	0.038	0.002	0.002	0.051	0.051	0.002	0.002	0.002	0.002	0.002	0.002	0.002	0.002	0.002	0.051	0.068	0.068	0.002
E2	0.002	0.002	0.002	0.002	0.002	0.002	0.002	0.002	0.002	0.002	0.002	0.019	0.019	0.002	0.002	0.002	0.002	0.002	0.002	0.002	0.002	0.002
E3	0.002	0.002	0.002	0.019	0.002	0.019	0.002	0.002	0.002	0.002	0.002	0.019	0.019	0.002	0.019	0.019	0.002	0.002	0.002	0.002	0.002	0.019
E4	0.002	0.002	0.002	0.002	0.002	0.002	0.002	0.002	0.002	0.002	0.002	0.002	0.019	0.002	0.002	0.002	0.002	0.002	0.002	0.002	0.002	0.002
E5	0.002	0.002	0.002	0.019	0.002	0.019	0.002	0.002	0.002	0.002	0.002	0.002	0.019	0.002	0.002	0.002	0.002	0.002	0.002	0.002	0.019	0.019
E6	0.002	0.002	0.002	0.002	0.002	0.019	0.002	0.002	0.002	0.002	0.002	0.019	0.002	0.002	0.002	0.002	0.002	0.002	0.002	0.002	0.019	0.002
E7	0.021	0.019	0.002	0.002	0.002	0.019	0.002	0.002	0.002	0.002	0.016	0.019	0.019	0.002	0.002	0.002	0.002	0.016	0.016	0.016	0.002	0.002
E8	0.002	0.002	0.002	0.002	0.002	0.002	0.002	0.002	0.002	0.002	0.035	0.019	0.019	0.002	0.002	0.002	0.002	0.002	0.002	0.002	0.019	0.035
E9	0.002	0.002	0.002	0.002	0.002	0.019	0.002	0.002	0.002	0.002	0.002	0.019	0.019	0.002	0.002	0.002	0.002	0.002	0.002	0.019	0.019	0.002
E10	0.002	0.002	0.002	0.002	0.002	0.002	0.002	0.002	0.002	0.002	0.002	0.035	0.035	0.002	0.002	0.002	0.002	0.002	0.002	0.002	0.002	0.002
E11	0.002	0.002	0.002	0.002	0.002	0.002	0.002	0.002	0.002	0.002	0.002	0.035	0.035	0.002	0.002	0.002	0.002	0.019	0.002	0.019	0.019	0.002

续表

因素	C6	C7	D1	D2	D3	D4	D5	D6	D7	D8	E1	E2	E3	E4	E5	E6	E7	E8	E9	E10	E11
A1	0.002	0.002	0.002	0.035	0.002	0.021	0.021	0.021	0.002	0.002	0.035	0.002	0.002	0.002	0.019	0.002	0.021	0.002	0.002	0.002	0.002
A2	0.002	0.002	0.002	0.002	0.002	0.002	0.002	0.002	0.002	0.002	0.002	0.002	0.019	0.002	0.002	0.002	0.019	0.002	0.002	0.002	0.002
A3	0.002	0.002	0.002	0.002	0.002	0.019	0.019	0.019	0.002	0.002	0.035	0.002	0.002	0.019	0.002	0.019	0.002	0.002	0.002	0.002	0.002
A4	0.019	0.019	0.002	0.002	0.019	0.019	0.019	0.035	0.002	0.002	0.035	0.002	0.002	0.002	0.019	0.002	0.019	0.002	0.002	0.002	0.002
A5	0.019	0.019	0.002	0.021	0.035	0.019	0.019	0.019	0.002	0.019	0.035	0.002	0.002	0.002	0.002	0.002	0.002	0.002	0.002	0.002	0.002
A6	0.019	0.019	0.002	0.019	0.035	0.035	0.035	0.051	0.035	0.035	0.019	0.002	0.002	0.002	0.035	0.035	0.035	0.002	0.002	0.021	0.019
A7	0.002	0.002	0.002	0.035	0.035	0.019	0.019	0.002	0.002	0.002	0.019	0.002	0.002	0.002	0.002	0.002	0.002	0.002	0.002	0.002	0.019
A8	0.019	0.002	0.002	0.019	0.019	0.035	0.035	0.035	0.035	0.019	0.068	0.002	0.002	0.002	0.002	0.002	0.002	0.002	0.002	0.002	0.019
A9	0.002	0.002	0.002	0.002	0.035	0.035	0.035	0.035	0.019	0.002	0.002	0.002	0.002	0.002	0.002	0.002	0.002	0.002	0.002	0.002	0.002
B1	0.002	0.002	0.002	0.002	0.019	0.002	0.002	0.002	0.019	0.019	0.002	0.002	0.002	0.002	0.002	0.002	0.002	0.002	0.002	0.002	0.002
B2	0.002	0.002	0.002	0.002	0.002	0.002	0.002	0.002	0.002	0.002	0.019	0.002	0.002	0.002	0.002	0.002	0.002	0.002	0.002	0.002	0.002
B3	0.002	0.002	0.019	0.002	0.051	0.051	0.019	0.019	0.019	0.019	0.019	0.002	0.002	0.002	0.002	0.019	0.032	0.002	0.002	0.002	0.002
B4	0.002	0.002	0.002	0.002	0.002	0.035	0.019	0.019	0.002	0.002	0.019	0.002	0.002	0.002	0.002	0.002	0.032	0.002	0.002	0.002	0.002
B5	0.002	0.019	0.019	0.019	0.019	0.019	0.019	0.019	0.019	0.019	0.019	0.002	0.002	0.002	0.019	0.019	0.019	0.002	0.002	0.019	0.002
B6	0.002	0.002	0.002	0.002	0.002	0.002	0.002	0.002	0.002	0.002	0.002	0.002	0.002	0.002	0.002	0.002	0.002	0.002	0.002	0.002	0.002
B7	0.002	0.002	0.002	0.002	0.002	0.002	0.002	0.019	0.002	0.019	0.002	0.002	0.002	0.002	0.002	0.002	0.002	0.002	0.002	0.002	0.002
B8	0.002	0.002	0.019	0.002	0.002	0.019	0.019	0.019	0.019	0.019	0.035	0.002	0.002	0.002	0.002	0.019	0.019	0.002	0.002	0.002	0.002
C1	0.002	0.019	0.019	0.002	0.035	0.019	0.035	0.035	0.002	0.019	0.035	0.002	0.002	0.002	0.002	0.019	0.019	0.002	0.002	0.002	0.002
C2	0.019	0.019	0.019	0.002	0.019	0.019	0.019	0.019	0.002	0.019	0.019	0.002	0.002	0.002	0.002	0.002	0.019	0.002	0.002	0.002	0.002
C3	0.002	0.019	0.002	0.002	0.051	0.019	0.019	0.019	0.019	0.019	0.019	0.002	0.002	0.002	0.002	0.002	0.019	0.019	0.002	0.002	0.002
C4	0.002	0.002	0.002	0.002	0.035	0.019	0.019	0.019	0.019	0.019	0.019	0.002	0.002	0.019	0.002	0.068	0.019	0.002	0.002	0.002	0.002
C5	0.019	0.019	0.019	0.035	0.019	0.019	0.019	0.019	0.002	0.019	0.019	0.002	0.002	0.019	0.035	0.068	0.019	0.002	0.002	0.019	0.002

续表

因素	C6	C7	D1	D2	D3	D4	D5	D6	D7	D8	E1	E2	E3	E4	E5	E6	E7	E8	E9	E10	E11
C6	0.000	0.002	0.002	0.002	0.051	0.051	0.051	0.035	0.019	0.002	0.002	0.002	0.019	0.002	0.002	0.002	0.002	0.002	0.019	0.019	0.019
C7	0.002	0.000	0.002	0.002	0.019	0.002	0.035	0.035	0.002	0.002	0.035	0.002	0.002	0.002	0.002	0.002	0.019	0.002	0.002	0.002	0.002
D1	0.035	0.002	0.000	0.019	0.035	0.002	0.002	0.002	0.002	0.002	0.002	0.002	0.019	0.002	0.002	0.002	0.002	0.002	0.002	0.002	0.002
D2	0.035	0.002	0.019	0.000	0.035	0.002	0.002	0.002	0.002	0.002	0.002	0.002	0.019	0.002	0.002	0.002	0.019	0.002	0.002	0.002	0.002
D3	0.019	0.068	0.000	0.002	0.000	0.019	0.035	0.035	0.002	0.002	0.035	0.002	0.019	0.019	0.035	0.035	0.019	0.002	0.002	0.002	0.002
D4	0.035	0.051	0.002	0.002	0.002	0.000	0.019	0.019	0.002	0.002	0.051	0.002	0.019	0.068	0.035	0.035	0.002	0.002	0.002	0.002	0.002
D5	0.035	0.051	0.002	0.002	0.002	0.000	0.000	0.019	0.002	0.002	0.051	0.002	0.002	0.068	0.051	0.035	0.002	0.002	0.002	0.002	0.002
D6	0.035	0.051	0.002	0.002	0.002	0.019	0.019	0.000	0.002	0.002	0.051	0.002	0.002	0.068	0.068	0.035	0.002	0.002	0.002	0.002	0.002
D7	0.002	0.002	0.002	0.002	0.002	0.051	0.019	0.051	0.000	0.002	0.019	0.002	0.019	0.002	0.002	0.002	0.002	0.002	0.002	0.002	0.002
D8	0.002	0.002	0.002	0.002	0.019	0.019	0.019	0.019	0.035	0.000	0.019	0.002	0.019	0.002	0.002	0.002	0.019	0.002	0.002	0.002	0.051
E1	0.068	0.019	0.051	0.035	0.019	0.035	0.035	0.035	0.019	0.035	0.000	0.002	0.019	0.002	0.035	0.051	0.019	0.002	0.019	0.002	0.051
E2	0.002	0.051	0.002	0.035	0.019	0.019	0.019	0.019	0.019	0.019	0.002	0.000	0.019	0.002	0.002	0.002	0.019	0.002	0.019	0.002	0.002
E3	0.021	0.002	0.019	0.002	0.019	0.019	0.019	0.019	0.002	0.002	0.002	0.002	0.000	0.002	0.002	0.002	0.019	0.002	0.035	0.002	0.019
E4	0.002	0.002	0.002	0.002	0.002	0.002	0.002	0.002	0.002	0.002	0.019	0.002	0.002	0.000	0.002	0.035	0.002	0.002	0.002	0.002	0.002
E5	0.002	0.035	0.002	0.002	0.002	0.002	0.002	0.002	0.002	0.019	0.019	0.002	0.002	0.002	0.000	0.002	0.019	0.002	0.002	0.002	0.002
E6	0.002	0.002	0.002	0.002	0.002	0.002	0.019	0.019	0.002	0.002	0.002	0.002	0.002	0.002	0.002	0.000	0.002	0.002	0.002	0.002	0.002
E7	0.002	0.002	0.002	0.002	0.002	0.019	0.019	0.019	0.002	0.019	0.002	0.000	0.019	0.002	0.002	0.019	0.000	0.000	0.002	0.002	0.002
E8	0.019	0.002	0.019	0.035	0.019	0.019	0.019	0.019	0.002	0.002	0.002	0.002	0.019	0.002	0.002	0.002	0.002	0.000	0.019	0.019	0.019
E9	0.002	0.002	0.002	0.002	0.035	0.035	0.019	0.019	0.019	0.002	0.002	0.002	0.002	0.002	0.002	0.002	0.002	0.002	0.000	0.000	0.002
E10	0.002	0.002	0.002	0.002	0.019	0.019	0.019	0.019	0.002	0.019	0.002	0.002	0.002	0.002	0.002	0.002	0.002	0.002	0.002	0.000	0.002
E11	0.019	0.002	0.002	0.002	0.019	0.035	0.035	0.035	0.002	0.019	0.002	0.002	0.019	0.002	0.002	0.002	0.019	0.002	0.002	0.002	0.000

表 3-13　综合影响矩阵 T

因素	A1	A2	A3	A4	A5	A6	A7	A8	A9	B1	B2	B3	B4	B5	B6	B7	B8	C1	C2	C3	C4	C5
A1	0.014	0.061	0.022	0.057	0.042	0.051	0.031	0.042	0.039	0.007	0.028	0.025	0.033	0.042	0.033	0.031	0.039	0.032	0.058	0.063	0.024	0.027
A2	0.027	0.006	0.004	0.025	0.026	0.013	0.007	0.011	0.025	0.004	0.007	0.006	0.010	0.010	0.008	0.023	0.021	0.024	0.027	0.012	0.008	0.012
A3	0.023	0.007	0.002	0.029	0.015	0.033	0.025	0.016	0.014	0.004	0.025	0.008	0.012	0.012	0.010	0.008	0.005	0.008	0.015	0.018	0.032	0.014
A4	0.030	0.012	0.006	0.021	0.045	0.051	0.032	0.044	0.040	0.007	0.030	0.012	0.037	0.069	0.035	0.031	0.007	0.032	0.060	0.066	0.025	0.044
A5	0.028	0.010	0.006	0.034	0.025	0.050	0.015	0.071	0.039	0.006	0.014	0.012	0.038	0.037	0.035	0.030	0.006	0.048	0.042	0.047	0.024	0.072
A6	0.019	0.027	0.007	0.044	0.074	0.052	0.038	0.103	0.068	0.009	0.037	0.020	0.082	0.067	0.059	0.037	0.008	0.024	0.069	0.094	0.069	0.072
A7	0.008	0.007	0.004	0.015	0.033	0.052	0.008	0.021	0.018	0.005	0.009	0.010	0.016	0.030	0.012	0.010	0.005	0.011	0.019	0.025	0.037	0.032
A8	0.008	0.007	0.004	0.015	0.021	0.056	0.013	0.018	0.017	0.005	0.027	0.012	0.019	0.014	0.013	0.011	0.005	0.011	0.018	0.023	0.053	0.034
A9	0.024	0.009	0.005	0.021	0.040	0.049	0.015	0.058	0.020	0.006	0.014	0.010	0.037	0.035	0.034	0.014	0.006	0.031	0.041	0.046	0.023	0.072
B1	0.019	0.005	0.004	0.008	0.010	0.011	0.006	0.009	0.008	0.001	0.038	0.005	0.009	0.024	0.007	0.006	0.004	0.007	0.010	0.011	0.008	0.025
B2	0.005	0.005	0.003	0.008	0.010	0.027	0.006	0.010	0.009	0.003	0.003	0.005	0.008	0.007	0.007	0.005	0.003	0.022	0.010	0.011	0.009	0.025
B3	0.022	0.008	0.005	0.015	0.020	0.042	0.012	0.019	0.017	0.005	0.027	0.008	0.051	0.031	0.014	0.012	0.005	0.028	0.019	0.024	0.020	0.034
B4	0.022	0.008	0.005	0.016	0.056	0.067	0.012	0.020	0.017	0.005	0.026	0.008	0.012	0.031	0.029	0.010	0.005	0.010	0.019	0.039	0.018	0.034
B5	0.030	0.029	0.006	0.051	0.056	0.048	0.045	0.040	0.032	0.022	0.014	0.011	0.012	0.022	0.034	0.015	0.007	0.016	0.055	0.091	0.016	0.035
B6	0.009	0.007	0.004	0.030	0.035	0.010	0.006	0.008	0.008	0.021	0.027	0.009	0.017	0.031	0.011	0.011	0.005	0.025	0.031	0.022	0.016	0.008
B7	0.039	0.055	0.004	0.009	0.009	0.009	0.005	0.007	0.007	0.004	0.005	0.005	0.007	0.023	0.006	0.004	0.005	0.007	0.009	0.010	0.007	0.007
B8	0.038	0.055	0.004	0.008	0.008	0.076	0.014	0.007	0.007	0.003	0.005	0.005	0.007	0.007	0.006	0.006	0.003	0.006	0.009	0.009	0.006	0.007
C1	0.011	0.009	0.005	0.036	0.043	0.063	0.014	0.027	0.024	0.006	0.013	0.011	0.022	0.020	0.034	0.014	0.005	0.013	0.042	0.047	0.024	0.069
C2	0.029	0.011	0.005	0.037	0.042	0.068	0.015	0.042	0.038	0.007	0.013	0.011	0.037	0.068	0.034	0.030	0.006	0.031	0.024	0.048	0.022	0.057
C3	0.030	0.012	0.036	0.039	0.046	0.068	0.017	0.044	0.041	0.007	0.031	0.011	0.040	0.070	0.037	0.032	0.007	0.033	0.045	0.034	0.025	0.075
C4	0.008	0.006	0.034	0.011	0.016	0.037	0.010	0.015	0.013	0.004	0.010	0.040	0.047	0.012	0.018	0.004	0.004	0.025	0.014	0.018	0.013	0.015
C5	0.015	0.010	0.006	0.058	0.077	0.056	0.031	0.047	0.073	0.007	0.016	0.015	0.043	0.028	0.038	0.017	0.007	0.051	0.077	0.082	0.027	0.033

因素	A1	A2	A3	A4	A5	A6	A7	A8	A9	B1	B2	B3	B4	B5	B6	B7	B8	C1	C2	C3	C4	C5
C6	0.009	0.007	0.005	0.017	0.024	0.031	0.014	0.023	0.019	0.005	0.013	0.043	0.053	0.016	0.016	0.014	0.005	0.013	0.021	0.027	0.039	0.036
C7	0.028	0.023	0.005	0.037	0.043	0.077	0.015	0.027	0.039	0.006	0.013	0.010	0.020	0.036	0.033	0.014	0.006	0.015	0.042	0.047	0.023	0.056
D1	0.007	0.005	0.004	0.008	0.011	0.015	0.007	0.010	0.009	0.004	0.008	0.041	0.030	0.026	0.009	0.008	0.004	0.008	0.011	0.013	0.028	0.012
D2	0.008	0.007	0.004	0.012	0.017	0.021	0.010	0.015	0.013	0.005	0.010	0.042	0.033	0.028	0.012	0.010	0.004	0.010	0.015	0.019	0.032	0.031
D3	0.018	0.015	0.007	0.030	0.072	0.098	0.036	0.054	0.048	0.008	0.035	0.016	0.093	0.047	0.061	0.067	0.007	0.052	0.067	0.076	0.082	0.056
D4	0.017	0.013	0.007	0.059	0.081	0.090	0.049	0.084	0.062	0.008	0.033	0.016	0.029	0.045	0.039	0.034	0.007	0.020	0.065	0.037	0.080	0.054
D5	0.016	0.012	0.007	0.058	0.081	0.090	0.049	0.083	0.061	0.007	0.033	0.016	0.029	0.029	0.039	0.033	0.007	0.020	0.064	0.086	0.080	0.054
D6	0.017	0.013	0.007	0.059	0.082	0.091	0.050	0.084	0.062	0.008	0.033	0.016	0.029	0.046	0.039	0.034	0.007	0.020	0.065	0.088	0.081	0.055
D7	0.009	0.007	0.004	0.016	0.022	0.043	0.013	0.022	0.018	0.005	0.012	0.040	0.050	0.016	0.015	0.013	0.005	0.011	0.020	0.025	0.022	0.019
D8	0.007	0.006	0.004	0.012	0.015	0.036	0.009	0.016	0.013	0.004	0.009	0.041	0.047	0.012	0.011	0.009	0.004	0.008	0.014	0.018	0.015	0.014
E1	0.017	0.011	0.007	0.060	0.068	0.046	0.019	0.083	0.076	0.008	0.018	0.024	0.036	0.031	0.023	0.019	0.007	0.022	0.079	0.102	0.099	0.038
E2	0.006	0.005	0.004	0.009	0.012	0.017	0.008	0.012	0.010	0.004	0.008	0.024	0.028	0.009	0.009	0.008	0.004	0.007	0.011	0.014	0.012	0.011
E3	0.007	0.006	0.004	0.010	0.013	0.017	0.008	0.013	0.011	0.004	0.008	0.025	0.029	0.010	0.009	0.008	0.004	0.008	0.012	0.015	0.014	0.012
E4	0.005	0.004	0.003	0.007	0.008	0.009	0.005	0.008	0.008	0.003	0.005	0.005	0.007	0.006	0.006	0.005	0.003	0.006	0.008	0.009	0.008	0.023
E5	0.007	0.006	0.004	0.026	0.012	0.030	0.007	0.011	0.011	0.004	0.007	0.006	0.010	0.010	0.008	0.006	0.004	0.008	0.012	0.014	0.026	0.027
E6	0.005	0.004	0.003	0.006	0.008	0.011	0.005	0.007	0.007	0.003	0.006	0.022	0.026	0.007	0.006	0.006	0.003	0.006	0.008	0.009	0.024	0.008
E7	0.025	0.022	0.004	0.011	0.012	0.031	0.008	0.012	0.011	0.005	0.021	0.006	0.010	0.007	0.008	0.008	0.005	0.021	0.025	0.027	0.011	0.012
E8	0.007	0.006	0.004	0.012	0.016	0.020	0.010	0.015	0.014	0.004	0.009	0.028	0.033	0.010	0.009	0.009	0.004	0.010	0.015	0.013	0.032	0.012
E9	0.007	0.006	0.004	0.011	0.016	0.036	0.010	0.015	0.013	0.004	0.014	0.023	0.030	0.012	0.011	0.010	0.004	0.008	0.014	0.018	0.015	0.047
E10	0.007	0.005	0.004	0.010	0.013	0.033	0.008	0.013	0.011	0.004	0.008	0.022	0.028	0.011	0.010	0.008	0.004	0.008	0.012	0.031	0.013	0.014
E11	0.009	0.007	0.004	0.014	0.018	0.025	0.011	0.018	0.015	0.005	0.011	0.041	0.048	0.014	0.013	0.010	0.005	0.026	0.017	0.037	0.034	0.018

续表

因素	C6	C7	D1	D2	D3	D4	D5	D6	D7	D8	E1	E2	E3	E4	E5	E6	E7	E8	E9	E10	E11
A1	0.021	0.022	0.011	0.047	0.027	0.045	0.046	0.047	0.014	0.015	0.059	0.005	0.009	0.016	0.037	0.020	0.035	0.005	0.006	0.008	0.011
A2	0.008	0.009	0.005	0.007	0.012	0.011	0.012	0.013	0.006	0.007	0.011	0.004	0.021	0.006	0.008	0.008	0.024	0.004	0.004	0.004	0.005
A3	0.013	0.013	0.007	0.010	0.014	0.031	0.031	0.032	0.008	0.009	0.049	0.004	0.006	0.027	0.013	0.030	0.009	0.004	0.004	0.005	0.008
A4	0.037	0.040	0.012	0.034	0.044	0.045	0.045	0.061	0.015	0.016	0.060	0.005	0.008	0.017	0.039	0.022	0.033	0.005	0.006	0.009	0.011
A5	0.036	0.039	0.011	0.031	0.058	0.044	0.044	0.045	0.015	0.031	0.042	0.005	0.008	0.016	0.022	0.023	0.015	0.005	0.006	0.009	0.010
A6	0.046	0.051	0.014	0.052	0.074	0.077	0.075	0.092	0.054	0.054	0.056	0.007	0.011	0.025	0.064	0.063	0.054	0.007	0.008	0.031	0.030
A7	0.018	0.016	0.010	0.028	0.035	0.036	0.036	0.021	0.011	0.012	0.081	0.004	0.007	0.011	0.016	0.018	0.012	0.004	0.005	0.007	0.026
A8	0.032	0.019	0.037	0.026	0.036	0.054	0.053	0.054	0.043	0.010	0.021	0.004	0.006	0.016	0.018	0.017	0.011	0.004	0.005	0.007	0.024
A9	0.019	0.024	0.039	0.014	0.056	0.058	0.057	0.059	0.029	0.030	0.026	0.005	0.007	0.018	0.022	0.022	0.014	0.005	0.006	0.009	0.009
B1	0.007	0.008	0.005	0.006	0.025	0.010	0.010	0.010	0.005	0.006	0.010	0.003	0.004	0.006	0.008	0.008	0.006	0.003	0.004	0.005	0.004
B2	0.008	0.008	0.006	0.007	0.010	0.010	0.010	0.011	0.006	0.007	0.025	0.003	0.004	0.006	0.008	0.009	0.007	0.003	0.004	0.005	0.005
B3	0.015	0.019	0.024	0.011	0.067	0.038	0.036	0.037	0.026	0.027	0.037	0.004	0.007	0.013	0.018	0.034	0.011	0.004	0.005	0.007	0.008
B4	0.014	0.017	0.008	0.011	0.017	0.050	0.034	0.035	0.011	0.012	0.035	0.004	0.006	0.013	0.033	0.032	0.012	0.004	0.005	0.007	0.008
B5	0.018	0.037	0.025	0.030	0.044	0.042	0.042	0.027	0.030	0.030	0.027	0.005	0.008	0.014	0.034	0.017	0.031	0.005	0.006	0.024	0.009
B6	0.013	0.017	0.007	0.011	0.035	0.035	0.019	0.037	0.026	0.027	0.019	0.004	0.006	0.011	0.031	0.015	0.027	0.004	0.005	0.023	0.007
B7	0.006	0.007	0.005	0.006	0.008	0.009	0.009	0.009	0.005	0.005	0.009	0.003	0.005	0.005	0.007	0.006	0.007	0.003	0.004	0.007	0.004
B8	0.006	0.006	0.004	0.006	0.008	0.008	0.008	0.008	0.005	0.005	0.008	0.003	0.005	0.005	0.006	0.006	0.007	0.003	0.003	0.004	0.004
C1	0.021	0.039	0.026	0.015	0.057	0.026	0.057	0.059	0.013	0.031	0.057	0.005	0.008	0.016	0.023	0.040	0.031	0.005	0.006	0.009	0.010
C2	0.034	0.038	0.010	0.015	0.041	0.042	0.043	0.043	0.014	0.031	0.041	0.005	0.007	0.015	0.021	0.021	0.031	0.005	0.006	0.009	0.010
C3	0.020	0.041	0.011	0.016	0.075	0.046	0.045	0.047	0.031	0.032	0.044	0.005	0.008	0.017	0.024	0.024	0.033	0.005	0.006	0.010	0.010
C4	0.012	0.015	0.007	0.008	0.048	0.033	0.032	0.034	0.024	0.009	0.017	0.004	0.005	0.011	0.014	0.014	0.025	0.004	0.004	0.005	0.006
C5	0.040	0.043	0.028	0.048	0.051	0.048	0.049	0.051	0.016	0.035	0.048	0.006	0.009	0.033	0.055	0.088	0.034	0.006	0.007	0.026	0.011

续表

要素	C6	C7	D1	D2	D3	D4	D5	D6	D7	D8	E1	E2	E3	E4	E5	E6	E7	E8	E9	E10	E11
C6	0.016	0.023	0.008	0.010	0.069	0.073	0.071	0.056	0.027	0.011	0.025	0.005	0.022	0.019	0.021	0.021	0.011	0.005	0.022	0.023	0.024
C7	0.019	0.019	0.010	0.015	0.040	0.025	0.057	0.058	0.013	0.015	0.056	0.005	0.007	0.016	0.022	0.038	0.031	0.005	0.005	0.009	0.010
D1	0.042	0.011	0.004	0.023	0.047	0.016	0.015	0.014	0.008	0.007	0.012	0.004	0.022	0.008	0.010	0.010	0.008	0.004	0.005	0.005	0.006
D2	0.045	0.016	0.024	0.006	0.050	0.035	0.034	0.034	0.009	0.009	0.017	0.004	0.022	0.012	0.014	0.015	0.025	0.004	0.006	0.006	0.007
D3	0.043	0.096	0.013	0.019	0.035	0.086	0.071	0.073	0.020	0.022	0.071	0.007	0.010	0.039	0.063	0.064	0.023	0.007	0.008	0.012	0.014
D4	0.058	0.076	0.013	0.020	0.039	0.035	0.054	0.055	0.021	0.021	0.083	0.006	0.010	0.082	0.058	0.060	0.021	0.006	0.008	0.011	0.015
D5	0.058	0.076	0.013	0.020	0.038	0.052	0.035	0.055	0.020	0.021	0.083	0.006	0.010	0.082	0.073	0.060	0.021	0.006	0.008	0.011	0.015
D6	0.059	0.077	0.013	0.020	0.039	0.053	0.054	0.037	0.021	0.021	0.084	0.007	0.010	0.083	0.090	0.061	0.022	0.006	0.008	0.012	0.015
D7	0.017	0.021	0.008	0.010	0.066	0.070	0.036	0.069	0.008	0.010	0.039	0.004	0.006	0.017	0.020	0.019	0.010	0.004	0.005	0.006	0.008
D8	0.013	0.014	0.007	0.008	0.032	0.034	0.032	0.034	0.041	0.007	0.033	0.004	0.021	0.011	0.014	0.014	0.009	0.004	0.005	0.005	0.007
E1	0.093	0.047	0.060	0.049	0.060	0.074	0.073	0.074	0.037	0.052	0.033	0.007	0.028	0.023	0.058	0.073	0.037	0.007	0.009	0.011	0.062
E2	0.010	0.012	0.006	0.006	0.029	0.030	0.029	0.030	0.024	0.023	0.014	0.001	0.021	0.010	0.011	0.011	0.007	0.004	0.021	0.005	0.005
E3	0.030	0.012	0.022	0.007	0.031	0.032	0.031	0.031	0.008	0.007	0.014	0.004	0.003	0.011	0.012	0.011	0.023	0.004	0.037	0.006	0.022
E4	0.007	0.007	0.005	0.006	0.009	0.008	0.008	0.009	0.005	0.006	0.024	0.003	0.004	0.003	0.007	0.040	0.006	0.003	0.003	0.004	0.005
E5	0.009	0.042	0.006	0.008	0.012	0.012	0.013	0.014	0.007	0.007	0.028	0.004	0.005	0.007	0.007	0.011	0.025	0.003	0.004	0.005	0.006
E6	0.006	0.008	0.004	0.005	0.026	0.010	0.009	0.010	0.006	0.022	0.009	0.003	0.004	0.006	0.007	0.005	0.005	0.003	0.003	0.004	0.004
E7	0.009	0.011	0.005	0.007	0.012	0.012	0.028	0.029	0.007	0.007	0.013	0.004	0.005	0.008	0.010	0.010	0.006	0.003	0.004	0.005	0.005
E8	0.030	0.015	0.024	0.041	0.035	0.035	0.034	0.034	0.009	0.009	0.016	0.020	0.023	0.012	0.014	0.031	0.010	0.002	0.022	0.007	0.023
E9	0.012	0.015	0.006	0.007	0.046	0.049	0.031	0.032	0.024	0.008	0.016	0.004	0.005	0.012	0.014	0.014	0.008	0.004	0.002	0.022	0.006
E10	0.010	0.012	0.005	0.007	0.029	0.029	0.029	0.029	0.007	0.007	0.014	0.004	0.004	0.010	0.012	0.011	0.007	0.004	0.004	0.003	0.005
E11	0.030	0.018	0.007	0.008	0.034	0.051	0.051	0.051	0.010	0.026	0.020	0.004	0.006	0.015	0.016	0.016	0.026	0.004	0.005	0.006	0.004

表 3-14 "四度"计算结果

因素	影响度 D	被影响度 R	原因度 R	中心度 M
政府政策 A1	1.305	0.713	0.591	2.018
政府监管 A2	0.506	0.571	−0.064	1.077
宏观经济稳定性 A3	0.664	0.221	0.443	0.885
数字化生态 A4	1.301	1.083	0.217	2.384
数字创新共同体 A5	1.201	1.363	−0.162	2.564
竞争压力 A6	2.025	1.871	0.154	3.896
市场需求 A7	0.803	0.734	0.068	1.537
行业创新水平 A8	0.873	1.340	−0.467	2.212
数字创新合作模式 A9	1.106	1.142	−0.036	2.248
数字化模式 B1	0.390	0.259	0.131	0.649
数字产生效应 B2	0.363	0.745	−0.383	1.108
数字化基础水平 B3	0.888	0.777	0.111	1.665
数字技术水平 B4	0.799	1.325	−0.525	2.124
数字兼容性 B5	1.202	1.130	0.073	2.332
技术开放性 B6	0.844	0.899	−0.055	1.742
技术安全性 B7	0.375	0.707	−0.332	1.082
技术合法性 B8	0.340	0.275	0.065	0.614
数字化资源 C1	1.121	0.822	0.299	1.943
数字化社区或平台 C2	1.154	1.338	−0.184	2.492
数字化共享网络 C3	1.305	1.649	−0.344	2.954
数字化投资水平 C4	0.676	1.294	−0.618	1.970
关系网络 C5	1.547	1.461	0.086	3.008
企业数字创新文化 C6	1.011	1.069	−0.058	2.081
数据资产 C7	1.090	1.169	−0.080	2.259
数字化定位 D1	0.557	0.521	0.036	1.078
数字化认知 D2	0.754	0.744	0.010	1.497
数字能力 D3	1.842	1.639	0.203	3.482
数字产品创新 D4	1.730	1.633	0.097	3.363
数字服务创新 D5	1.719	1.603	0.116	3.322
商业模式创新 D6	1.778	1.674	0.104	3.452
研发队伍 D7	0.858	0.748	0.110	1.607
研发模式 D8	0.673	0.769	−0.096	1.442
感知利得 E1	1.857	1.500	0.357	3.358
企业组织结构 E2	0.541	0.213	0.328	0.754

续表

因素	影响度 D	被影响度 R	原因度 R	中心度 M
企业制度 E3	0.601	0.415	0.186	1.017
企业盈利水平 E4	0.323	0.814	−0.491	1.137
数字盈利模式 E5	0.485	1.091	−0.605	1.576
融资能力 E6	0.352	1.147	−0.795	1.499
数字知识产权管理 E7	0.506	0.817	−0.311	1.322
企业家特质 E8	0.785	0.193	0.592	0.978
员工执行力 E9	0.626	0.313	0.313	0.939
组织学习能力 E10	0.518	0.402	0.116	0.919
企业战略支持 E11	0.809	0.506	0.303	1.314

表 3-15　中小型企业数字技术采用影响因素综合原因度和综合中心度排序

因素	总权重	原因度 R	综合原因度	综合原因度排序	中心度 M	综合中心度	综合中心度排序
政府政策 A1	0.045	0.591	0.027	1	2.018	0.092	8
政府监管 A2	0.025	−0.064	−0.002	32	1.077	0.027	21
宏观经济稳定性 A3	0.005	0.443	0.002	17	0.885	0.004	40
数字化生态 A4	0.033	0.217	0.007	7	2.384	0.078	12
数字创新共同体 A5	0.031	−0.162	−0.005	37	2.564	0.080	10
竞争压力 A6	0.046	0.154	0.007	8	3.896	0.178	5
市场需求 A7	0.021	0.068	0.001	20	1.537	0.032	19
行业创新水平 A8	0.020	−0.467	−0.009	42	2.212	0.045	16
数字创新合作模式 A9	0.001	−0.036	0.000	26	2.248	0.003	41
数字化模式 B1	0.015	0.131	0.002	16	0.649	0.010	33
数字产生效应 B2	0.013	−0.383	−0.005	38	1.108	0.015	30
数字化基础水平 B3	0.015	0.111	0.002	18	1.665	0.026	22
数字技术水平 B4	0.006	−0.525	−0.003	36	2.124	0.014	31
数字兼容性 B5	0.036	0.073	0.003	15	2.332	0.083	9
技术开放性 B6	0.016	−0.055	−0.001	28	1.742	0.029	20
技术安全性 B7	0.008	−0.332	−0.003	35	1.082	0.008	35
技术合法性 B8	0.008	0.065	0.000	24	0.614	0.005	38
数字化资源 C1	0.027	0.299	0.008	5	1.943	0.053	13
数字化社区或平台 C2	0.009	0.184	−0.002	33	2.492	0.023	26

续表

因素	总权重	原因度 R	综合原因度	综合原因度排序	中心度 M	综合中心度	综合中心度排序
数字化共享网络 C3	0.027	−0.344	−0.009	41	2.954	0.079	11
数字化投资水平 C4	0.013	−0.618	−0.008	40	1.970	0.025	23
关系网络 C5	0.039	0.086	0.003	14	3.008	0.116	7
企业数字创新文化 C6	0.024	−0.058	−0.001	29	2.081	0.050	15
数据资产 C7	0.004	−0.080	0.000	27	2.259	0.010	34
数字化定位 D1	0.040	0.036	0.001	19	1.078	0.043	17
数字化认知 D2	0.017	0.010	0.000	25	1.497	0.025	24
数字能力 D3	0.080	0.203	0.016	2	3.482	0.278	1
数字产品创新 D4	0.058	0.097	0.006	10	3.363	0.197	3
数字服务创新 D5	0.058	0.116	0.007	9	3.322	0.194	4
商业模式创新 D6	0.069	0.104	0.007	6	3.452	0.240	2
研发队伍 D7	0.031	0.110	0.003	13	1.607	0.050	14
研发模式 D8	0.016	−0.096	−0.002	31	1.442	0.023	25
感知利得 E1	0.035	0.357	0.013	3	3.358	0.119	6
企业组织结构 E2	0.004	0.328	0.001	21	0.754	0.003	42
企业制度 E3	0.019	0.186	0.004	12	1.017	0.020	29
企业盈利水平 E4	0.004	−0.491	−0.002	34	1.137	0.005	39
数字盈利模式 E5	0.023	−0.605	−0.014	43	1.576	0.037	18
融资能力 E6	0.008	−0.795	−0.006	39	1.499	0.012	32
数字知识产权管理 E7	0.005	−0.311	−0.002	30	1.322	0.007	36
企业家特质 E8	0.021	0.592	0.012	4	0.978	0.021	27
员工执行力 E9	0.003	0.313	0.001	22	0.939	0.003	43
组织学习能力 E10	0.005	0.116	0.001	23	0.919	0.005	37
企业战略支持 E11	0.015	0.303	0.005	11	1.314	0.020	28

（2）在原因因素集合中，选择系统中综合中心度较大的因素，作为关键影响因素

综合中心度的值越大，意味着该因素对系统的综合影响越大，该因素在整个系统中有着重要的影响力。对原因因素集合中的因素进行综合中心度排序，综合中心度越高、排名越靠前的原因因素对整个系统的影响度越高。

（3）根据帕累托法则，选取前 20% 的因素作为关键影响因素

帕累托法则认为，在任何特定群体中，重要的因子只占少数，只要能控制具有重要性的少数因子即能够控制全局。因此，在因素体系中，选取其中综合中心度最大的前 20% 的因素作为中小型企业数字技术采用关键影响因素。

基于 Fuzzy-AHP 与 Fuzzy-DEMATEL 结合得到的影响因素综合原因度和综合中心度，根据上述关键影响因素识别原则，得出以下结果。

根据帕累托法则，在 43 个中小型企业数字技术采用影响因素中，应选取 9 个因素（占 20.9%）作为中小型企业数字技术采用的关键影响因素。

选取表 3-15 中综合原因度>0 且综合中心度排序前 9 的影响因素，为中小型企业数字技术采用的关键影响因素。根据 9 个因素的综合中心度排序，可得到中小型企业数字技术采用的关键影响因素为：数字能力 D3、商业模式创新 D6、数字产品创新 D4、数字服务创新 D5、竞争压力 A6、感知利得 E1、关系网络 C5、政府政策 A1、数字兼容性 B5。

3.4　关键影响因素确定及内涵解析

通过分析，本研究确定 9 个中小型企业数字技术采用的关键影响因素，其内涵如下。

（1）政府政策对中小型企业数字技术采用发挥着宏观引导与支持作用

在我国的特殊国情下，各行业的发展与政策支持密切相关，尤其是数字技术带来的新兴数字经济产业正处于快速发展期，更需要政府政策在各方面的支持。对于中小型企业而言，其在我国经济结构调整和转型升级的浪潮中面临更大的风险，在新经济发展格局下也存在更多的机会，但目前，百年未有之大变局加速演进，给中小型企业数字创新带来更大的挑战，政府政策可以为中小型企业数字创新保驾护航，表现在以下几个方面。一是为中小型企业数字技术采用提供方向引导。国家政策为中小型企业数字技术采用提供市场需求，指明技术采用的领域和路径，使其技术采用可以被迅速应用于市

场，转化为企业绩效，促进企业技术采用的可持续性。二是为中小型企业数字技术采用提供财政支持。在中小型企业数字技术采用过程中，资金投入的稳定性保障着数字技术采用的持续性，政府政策可以在中小型企业融资、税收优惠、财政补贴等方面提供诸多支持，降低企业投资风险。三是引导企业进行战略合作，降低技术采用风险。政策有助于促进企业展开技术合作，助推企业间优势互补和资源整合，强化"产学研用"一体化的合作格局，从而提升中小型企业的能力和效率。

（2）竞争压力是中小型企业进行战略决策的重要因素，其在中小型企业经营中不可避免

竞争一方面可以倒逼中小型企业数字技术的不断更新、创新，另一方面对中小型企业数字技术采用也产生诸多威胁。中小型企业面临的竞争一般来源于以下几个方面。一是行业内的竞争者，包括竞争对手的数量、分布区域、企业规模、资金、技术力量等因素，行业内竞争对手对于中小型企业的压力主要表现在销售增长、市场占有、产品的获利能力等，竞争对手的发展方向和产品发展动向都会影响中小型企业数字技术采用及背后得到的产品和服务；二是潜在竞争对手的压力，数字技术的成功采用带来了数字产品和服务的更新，进而会引来许多企业加入，新进入者一方面可以给行业注入新的活力，助推市场竞争发展，另一方面会给行业内企业带来压力，尤其会威胁中小型企业的市场地位；三是替代产品带来的竞争压力，中小型企业数字技术采用并非从一而终就可以，也受到替代产品带来的压力，尤其是各种数字产品层出不穷，同类型产品竞争激烈，中小型企业极有可能遭受来自同类产品的竞争压力；四是供应商带来的压力，供应商的行业密集程度和产品价格谈判能力将会对中小型企业的数字技术采用成本带来影响，尤其是在行业集中程度比较高的情况下，中小型企业的谈判能力较弱，对于其数字技术采用的影响会更大；五是用户带来的竞争压力，用户的需求结构、市场容量、购买力、议价能力会对中小型企业在特定市场的销售和收入带来影响，继而影响其数字技术采用绩效。

（3）关系网络是中小型企业在生产经营活动中有关联的一切相互关系，

也是中小型企业与市场间进行相互作用和相互替代而形成的企业契约关系与制度安排

中小型企业的关系网络可以分为商业关系网络和个人关系网络。因此，关系网络对于中小型企业的数字技术采用的影响分为两方面：一方面，中小型企业可以通过与政府、竞争对手以及用户建立商业关系网络，在网络交互的各环节获得政策、市场动态、用户行为、竞争对手动向、数字技术知识等与数字创新息息相关的有效信息，为中小型企业数字技术采用选择正确的方向、时机提供信息基础，更加精准地满足用户需求，提高数字创新的效率和效果；另一方面，不同于大型企业可以聘请机构为自己调研市场、获取相关信息，中小型企业受资源限制，其管理者通过自己的私人关系与亲友、合作伙伴等建立个人关系网络，从个人的私下交往与互动中可以更为便捷和低成本地获得数字技术采用的市场环境、市场需求、数字技术采用的知识和建议等有效信息，与商业网络产生协同效应，帮助中小型企业更好地进行数字创新。

（4）数字能力是指中小型企业内部理解和深化数字技术与企业运营相融合的意识，推动中小型企业利用数字能力进行数字技术创新、数字技术采用从而产生更高效益的一种能力

在全球数字产业快速发展的背景下，企业首先需要融入数字环境中才能顺应趋势，与市场共存，国家在"十四五"规划中也提出数字中国的建设规划。因此，中小型企业需要在思想和理念上接受数字技术的改造，并以数字技术为契机寻求企业新突破，同时也需要培养企业整体的数字创新文化，让数字技术和数字创新深入人心，这样才能为数字技术的使用和创新提供良好的环境。当企业认可数字技术会带来变化后再进行采用，促进数字技术与企业战略、业务流程、资源、人员进行融合，才能发挥数字技术与企业经营的协同优势，因此，对于中小型企业来说，融合数字技术，充分利用企业现有资源，为企业生产经营全流程带来创新与变革的能力是中小型企业进行数字技术采用的重要影响因素。

（5）数字兼容性是数字技术与其他信息技术、企业创新需求、市场发

展进程、潜在使用者的接受程度等相匹配、相适应的程度

中小型企业在采用数字技术时需要考虑其与其他信息技术的兼容性，以及数字技术产生的衍生技术和产品都要与企业现行的技术、软硬件系统和数字环境进行兼容，这样才能保持技术的稳定性和相互协调。数字技术的使用也需要结合企业目前的发展状况，与中小型企业技术或创新需求相吻合，不能落后或超前于企业目前的技术需求，如果数字技术落后于企业目前的需求，则数字技术采用带来的产品和服务可能无法达到相应标准，也无法满足顾客需求；如数字技术超前于中小型企业发展，中小型企业可能无法有效使用数字技术，无法与中小型企业经营相融合，或产品过于超前，亦无法产生创新效益。数字技术更需要结合市场的发展进程，不能大幅超越市场的发展速度，要以满足市场当前及未来某一时间段的需求为主，不然数字技术采用带来的产品与服务很可能不被市场认可，也无法真正发挥其用途，将会为中小型企业的数字技术采用带来极大损失。

（6）感知利得是指中小型企业对数字技术可为其提供相对优势的认可程度

企业之所以具备感知利得，是因为数字技术采用带来的产品、服务和商业模式创新可以为中小型企业带来创新绩效，不论是革新了中小型企业的业务流程还是为企业运营带来新的方式，又或者是提高管理运营效率等，都是数字技术采用为中小型企业带来的效益。在数字经济的浪潮中，中小型企业只有对数字技术能使其受益认可，才能开始采用数字技术。尤其是中小型企业的管理者，只有充分认识数字技术带来的变革，将数字技术与中小型企业经营各领域相结合，借助数字技术，灵活地应对动态环境中的挑战或预测市场需求，在中小型企业中从上到下推行数字技术的优势，让员工充分认识到数字技术可能带来的效益，整个组织才能接受数字技术的改造，才能在中小型企业中形成数字文化和氛围，中小型企业才能与数字环境相融合，中小型企业的数字技术采用也将能产生更高的绩效。

（7）数字产品创新是中小型企业数字技术采用的重要基础路径之一，数字技术带来的产品创新将表现在产品生产率、产品性能和企业运行效率上

中小型企业数字技术采用的大多产物都是以产品形式表现出来的，对于中小型企业而言，借助采用的数字技术，在几个细分市场创新产品，从而占领更多的市场份额是其通用模式，尤其是在数字经济的背景下，利用数字技术进行产品的数字化改革，创造出与市场环境相符合的产品，并进行产品的不断更新迭代，为产品创造更多功能和附加值，或利用数字技术开拓产品新的细分市场，这样才能在市场中持续发展。产品创新的另一个内涵是中小型企业进行内部产品研发、生产工艺和生产模式的创新，在数字技术的冲击下，各行业的研发和生产方式都在进行颠覆性的变革，中小型企业在欠缺雄厚资源支持的情况下，需要利用数字技术创新其运营流程，采用敏捷开发和制造等方式，提高研发效率，缩短研发周期，降低生产成本，提升企业的整体运行效率，为中小型企业数字创新提供支撑。

（8）数字服务创新是指新的设想、新的数字技术手段转变成新的或者改进的服务方式

数字服务创新通过使用非物质手段增加有形或无形产品的附加价值，这种服务创新活动在信息产业表现得尤为突出，数字技术的飞速发展使产品在功能和技术水平上越来越趋于同质化，对于中小型企业来说，压缩了其简单通过提高产品性能、降低产品生产成本来进行市场竞争的空间，因此，服务创新成了其利润增长点。中小型企业内部的服务创新也紧密围绕组织、研发设计、管理等中小型企业经营活动，通过创新各环节的运行方式，为其他环节提供更优质的服务，在提高中小型企业经营效率的同时也提高企业员工的工作满意度。然而，数字服务创新不断推动着数字技术的发展和进步，引入新的商业模式、技术解决方案和服务模式为中小型企业提供了更多选择和机会。同时，数字服务创新也提供了实际的业务案例和成功经验，证明了数字技术在解决问题和创造价值方面的有效性与可行性。这种实际的证据和案例有助于消除中小型企业对数字技术的不确定性和风险，增强了中小型企业采用数字技术的信心。此外，数字服务创新还推动了数字技术的普及和成本下降，使更多的中小型企业能够承担和采用数字技术。最后，数字服务创新促进了行业和市场的竞争，中小型企业面临着适应和创新的压力，需要采用数

字技术来保持竞争优势、满足客户需求。因此，数字服务创新是影响数字技术采用的关键因素，它为中小型企业提供了动力、信心和机会来采用数字技术，以推动业务发展和创造更大的价值。

（9）商业模式创新是指中小型企业通过进行数字资源的优化配置，协调内部单位与数字要素的关系

数字商业模式创新包括建立符合中小型企业发展的经营业务结构、经营与盈利模式，在外部协调中小型企业产业链及竞争者之间的关系，从而优化中小型企业现有商业模式，达到中小型企业目标的活动。商业模式创新以新的商业思维和模式引领了市场变革，促使中小型企业重新审视和采用数字技术以适应变化的商业环境。这种创新模式的出现提供了新的商业机会和增长路径，使中小型企业意识到数字技术在实现商业目标和创造价值方面的重要性。同时，商业模式创新也要求中小型企业借助数字技术来实现创新的商业模式。数字技术在创造、交付和捕获价值的过程中发挥着关键作用，例如，电子商务平台、智能物流系统、区块链技术等。为了成功实施新的商业模式，中小型企业必须采用适当的数字技术来支持和驱动商业模式创新。与此同时，商业模式创新也推动了数字技术的应用和发展。通过挑战传统商业模式的局限和不足，中小型企业不断寻求创新的解决方案，并借助数字技术来实现这些解决方案。这促使数字技术不断演进和改进，为中小型企业提供更丰富、更灵活和更强大的工具与平台。

第 **4** 章
中小型企业数字技术采用影响机理

数字技术采用对企业的发展起到了至关重要的作用。中小型企业不仅可以借助云计算、大数据、人工智能等新兴技术提升经营管理效率、降低成本和优化资源配置，还可以使其紧跟数字经济时代趋势，不断创新产品、服务和商业模式，提升产业链供应链韧性和弹性，助力现代化产业建设。考虑到数字化转型对国家发展的重要意义，我国政府已制定并出台一系列促进数字化发展的政策。目前，已有不少学者从不同的角度对企业数字化转型进行了研究，但大多都将研究对象聚焦于大型企业，缺乏影响中国中小型企业数字技术采用的相关研究。为此，本章研究基于技术—组织—环境框架理论，建立结构方程模型，通过中国中小型企业的数据进行实证分析，探讨我国中小型企业数字技术采用的影响机理。

4.1 问题提出

近些年，大数据、虚拟现实、云计算、人工智能、区块链等数字技术不断在各个行业应用，这主要归功于数字技术与行业内非数字产品或服务的结合，从而为行业带来新属性，并为跨行业发展提供更多的新机会。由于数字技术在发展中起到的重要作用，中国政府在近些年制定了一系列政策用于改善数字经济的可持续发展。根据中国政府工作报告，2022 年，我国数字经济规模达到 50.2 万亿元，总量稳居世界第二，占 GDP 比重提升至 41.5%。随着数字经济规模的进一步扩大，我国数字化转型将迈入深化应用、创新发展的新阶段。在数字化转型的背景下，中小型企业数字技术采用的影响机理是十分值得探讨的问题。

4.2　中小型企业数字技术采用影响机理分析

技术—组织—环境（Technology‑Organization‑Environment，简称 TOE）理论是研究技术、组织和环境因素对新技术采用及其复杂经济系统演化和发展的作用与影响。该理论最早来源于技术采用理论（Theory of Acceptance of Technology），并随后形成技术采用模型（Technology Acceptance Model，简称 TAM）和整合型信息技术接受与使用模型（Unified Theory of Acceptance and Use of Technology，简称 UTAUT），用于在信息和技术领域解释或者预测信息技术采用的影响机理。随后，Tornatzky 和 Fleischer（1990）基于技术采用理论，加入外部环境维度，从技术、组织、环境三个维度来揭示技术采用的影响机理。

目前已有部分学者对数字技术采用影响机理进行了深入研究（见表4‑1），例如，Rese 等使用 TAM 框架，通过对在线评论内容的分析，证实了虚拟现实技术采用的影响作用；Lai 等（2018）基于创新扩散理论和 TOE 模型，研究了企业在日常运营中大数据技术采用的影响作用。通过对文献进行分析，可以发现：大多数学者通过实证分析了数字技术采用的影响机理，主要是分析了技术和企业影响因素对数字技术采用的直接作用，且研究的对象主要聚焦在大型企业；并且，缺乏对政府政策和竞争压力这两个关键环境因素影响中小型企业数字技术采用的机理研究。甚至，Schoening 等（1998）研究表明政府政策对美国和英国的私营企业新产品创新活动并没有直接影响；Hong 等（2016）研究认为政府政策（例如赠款）也可能对中国高科技产业的创新产生负面影响。那么，在当前全球数字化转型的背景下，中国政府政策和竞争压力是否影响中小型企业的数字技术采用；如果影响，那么其对数字技术采用的影响机理到底是怎样的。

作为系统性的理论框架，TOE 理论可以用于解释中小型企业数字技术采用影响机理。一方面，中小型企业在数字技术采用方面面临独特的挑战和限制。相对于大型企业，它们可能缺乏资源、技术能力和组织结构的支持，因此更需要针对其特定情境进行研究和管理。TOE 理论能够帮助识别和分析这些特定情境下的因素，并提供相应的解决方案。另一方面，TOE 理论强调了技术、组织和环境三个维度的相互作用。对于中小型企业来说，这意味着需要综合考虑技术特性、组织特征和外部环境因素的影响，以更准确地理解数字技术采用的决策过程和结果。这有助于避免片面性的观点和策略，提供更全面和系统的分析框架。此外，TOE 理论还注重组织内外因素的协同作用。在中小型企业的数字技术采用过程中，内部因素（如组织文化、领导支持）和外部因素（如市场需求、行业标准）之间存在相互影响和匹配的关系。应用 TOE 理论，可以帮助我们更好地理解和管理这种相互作用，从而为数字技术的采用和应用提供更合理和有效的策略。因此，TOE 理论能够很好地指导中小型企业数字技术采用问题的研究。这一理论提供了一个系统性的框架，有助于深入分析和理解技术、组织和环境三个维度对数字技术采用的影响，从而指导中小型企业在数字化转型中的决策和实践，提高其数字技术采用的成功率和效果。因此，本章研究基于 TOE 框架建立了数字技术采用模型，通过实证研究来探讨外部环境对中国中小型企业采用数字技术的影响及其路径关系。

表 4-1　数字技术采用实证研究汇总

研究文献	数字技术	决定因素
Low 等	云计算	相对优势/复杂性/兼容性/最高管理层支持/企业规模/技术就绪/竞争压力/交易伙伴压力
Borgman 等	云计算	相对优势/技术复杂性/技术兼容性/企业规模/高层管理支持/企业用户的 IT 专业知识/竞争强度/法规环境
Rese 等	AR 技术	感知的信息量/感知的享受/感知的有用性/感知的易用性/使用态度/行为意图

研究文献	数字技术	决定因素
Oliveira 等	云计算	安全问题/成本节省/相对优势/复杂性/兼容性/技术就绪/高层管理支持/企业规模/竞争压力/监管支持
Sallehudin 等	云计算	相对优势/兼容性/复杂性/可试用性/信息技术人员特征/采用云服务的倾向
Zuiderwijk 等	开放数据	预期绩效/预期工作量/社会影响/使用自愿性/意图/便利条件
Francisco 和 Swanson	区块链	绩效期望/努力期望/社会影响/便利条件/技术信任/企业间信任/行为意图
Lai 等	大数据	感知利得/高层管理支持/竞争对手的采用/政府政策/供应链连接/采用意向
Gangwar	大数据	相对优势/兼容性/复杂性/竞争压力/供应商支持/企业规模/高层管理支持/数据管理/数据隐私

4.3 中小型企业数字技术采用影响机理模型构建与关系假设

4.3.1 中小型企业数字技术采用影响机理模型构建

数字技术被认为是一种可以影响企业竞争力的技术创新和战略资源。通过对 TOE 框架进行理论回顾，结合现有文献，本章将影响中小型企业的数字技术采用因素分为环境层面、技术层面和企业层面三个维度来构建影响模型。但是影响中小型企业的数字技术采用的因素众多，如果直接将全部因素纳入影响模型进行研究显然在研究的复杂性、工作量等方面难以控制。

因此，为了更好地研究企业数字技术采用影响机理，本部分将基于前文得出的数字技术采用的关键因素构建数字技术采用影响模型。一方面，数字技术采用是一个复杂的过程，受到多个因素的影响。基于关键因素的模型能够帮助识别和理解这些因素，从而提供一个全面和系统的分析框架，促进对数字技术采用的综合理解。另一方面，关键因素的构建使模型具有可操作性和实用性。通过对现有研究和实践的综合分析，可以确定哪些对数字技术采用具有最重要和最显著影响的因素。基于这些关键因素的模型可以帮助研究者和实践者更加专注于重点因素，提供更具体和有效的指导。而且，基于关键因素的模型提供了一种通用的框架，适用于不同行业和组织类型。尽管每个组织在数字技术采用方面都有其独特的特点和挑战，但基于关键因素的模型可以提供一个通用的基础，以适应不同情境下的数字技术采用研究和实践需求。所以，基于关键因素构建数字技术采用影响模型能够提供一个全面、实用和适用于不同情境的理论框架，帮助理解数字技术采用的决策和过程，并为决策者提供有效的决策支持。

通过对中小型企业数字技术采用的关键因素研究，我们确定中小型企业数字技术采用的关键影响因素为：数字能力 D3、商业模式创新 D6、数字产品创新 D4、数字服务创新 D5、竞争压力 A6、感知利得 E1、关系网络 C5、政府政策 A1、数字兼容性 B5。基于此，结合 TOE 理论框架，构建的包含环境层面、技术层面和企业层面三类影响模型见图 4-1。这一影响模型，由政府政策和竞争压力通过数字能力、数字兼容性和感知利得作用于数字技术采用。

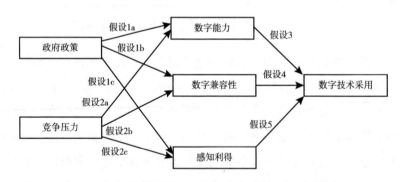

图 4-1　基于 TOE 框架的数字技术采用影响机理模型

4.3.2　中小型企业数字技术采用影响机理关系假设提出

4.3.2.1　环境层面

已有学者研究了政府政策在创新中的重要作用，并揭示了政府政策对创新或企业绩效的影响。有学者认为政府政策，尤其是减税、低息贷款或知识产权法规等方面的政策，可以增强企业竞争优势并提高企业绩效，特别是对于与大型企业相比缺乏资源和财务支持的中小型企业，政府政策通过中介因素（企业的意愿、能力和变革机会）可以起到促进和维持创新的作用。基于上述文献，本章提出政府政策对中小型企业的数字能力、数字兼容性以及企业的感知利得具有积极影响。原因主要有两点：其一，政府政策可帮助中小型企业与更多的利益相关者建立合作关系或以低息贷款为其融资，这两者都会直接或间接地改善它们的数字能力和数字兼容性；其二，相对宽松的政府政策可以吸引企业，因为企业普遍认为数字技术的发展使其可以通过遵守国家支持的优先政策而获得收益。据此，提出以下假设。

H1a：政府政策对中小型企业的数字能力产生积极影响。

H1b：政府政策对中小型企业的数字兼容性产生积极影响。

H1c：政府政策对中小型企业的感知利得产生积极影响。

竞争压力是指企业从商业竞争对手处感受到的压力程度，该压力迫使企业采用新技术以保持竞争优势。已有许多实证研究表明，当采用新技术的竞争者增多时，企业会感知到竞争压力，并快速将技术采用的构想转变为战略需求。Meutia 等（2015）分析并实证检验了竞争压力对印度尼西亚蜡染中小型企业的创新创造力和竞争力的影响，得出竞争压力在商业环境中将促使企业家在开发产品和提高中小型企业竞争力上更具创造力的结论。据此，提出以下假设。

H2a：竞争压力对中小型企业的数字能力产生积极影响。

H2b：竞争压力对中小型企业的数字兼容性产生积极影响。

H2c：竞争压力对中小型企业的感知利得产生积极影响。

4.3.2.2 技术层面

在数字化转型背景下，技术能力尤其是数字技术极大地影响了企业是否采用和使用数字技术。数字能力是指企业内部理解、使用和利用数字技术的能力，即如果企业具有数字能力，那么该企业很容易在全球数字化的背景下使用数字技术。需要注意的是，采用的数字技术必须与企业的现有资源或策略兼容；否则，企业可能因担心不兼容带来的负面影响而放弃采用数字技术。数字兼容性被认为是"数字技术与潜在采用者的现有价值、先前的实践和当前需求相适应的程度"。据此，提出以下假设。

H3：数字能力对数字技术采用产生积极影响。

H4：数字兼容性对数字技术采用产生积极影响。

4.3.2.3 企业层面

感知利得是指对技术可以为企业提供的相对优势的认可程度。在数字技术背景下，感知利得是采用者认为数字技术可以使企业受益的程度。企业具有感知利得的根本原因是数字技术具备为企业带来创新和绩效的优势。现有研究观点普遍认为，将数字技术与服务创新的其他部分相结合，可确保企业从服务创新的投资中实现最大价值。该领域的最新研究主要专注于数字化转型，即将数字技术嵌入各种产品中。更重要的是，借助数字技术，企业可以更灵活地应对动态环境中的挑战或预测市场需求。考虑到企业可能接受或使用数字技术带来的好处，提出以下假设。

H5：感知利得对数字技术采用产生积极影响。

4.3.2.4 技术因素和企业因素的中介作用

从以上假设中，还可推断出通过技术因素和企业因素显著影响了环境因素与数字技术采用之间的关系。这种中介作用符合资源基础理论，其基本逻辑为：在考虑政府政策和竞争压力影响数字技术采用时，必须为中小型企业提供足够的数字能力和数字兼容性以支持其采用数字技术的决定。因此，正是通过这些技术因素，政府政策和竞争压力才能有效地影响中小型企业采用决策。据此，提出以下假设。

H6a：政府政策通过数字能力显著影响数字技术采用。

H6b：竞争压力通过数字能力显著影响数字技术采用。

H7a：政府政策通过数字兼容性显著影响数字技术采用。

H7b：竞争压力通过数字兼容性显著影响数字技术采用。

另外，环境因素也会作用于数字技术采用所带来的可观收益方面。尽管本书提出的政府政策和竞争压力会对数字技术采用产生积极影响，但在此过程中可能会遇到许多困难，中国中小型企业必须认识到政府政策和竞争压力会为其带来相对优势或产生潜在利益。据此，提出以下假设。

H8a：政府政策通过感知利得显著影响数字技术采用。

H8b：竞争压力通过感知利得显著影响数字技术采用。

4.4 中小型企业数字技术采用影响机理关系检验

4.4.1 变量测量和问卷设计

为检验上述研究模型和假设，本研究在文献回顾的基础上设计调查问卷。基于已有研究采用的量表，对各题项逐一进行评估和修改，使之适应数字技术的特定环境。目前大多数研究将技术采用行为视为一个简单的二进制变量，然而本研究遵循 Thiesse 等的方法对因变量进行测量，根据以下两项题项来测量数字技术采用：企业当前数字技术部署的阶段，以及从构想到实施数字技术所需的时间。在本章中，感知利得的测度题项来自 Lai 等（2018）；数字能力的测度题项来自 Zhu 和 Kraemer（2002）；数字兼容性的测度题项来自 Zhu 等（2002）；竞争压力的测度题项来自 Low 等（2011）；政府政策的测度题项来自 Bossink（2002）。上述量表的所有项目均采用李克特五级量表进行测量，两端的选项为"完全不同意"和"完全同意"。

通过实施以下过程来保证内容的有效性：首先，由专业翻译人员将英语撰写的初步调查问卷翻译成中文，为了确保两种语言的度量相当，翻译后的调查问卷由第三方审核，然后再重新翻译成英语进行比对；其次，由 5 位来自研究机构的专家审查每个项目的内容、范围和目标，根据专家观点修改量表的表达方式与问卷的总体设计；最后，将修改后的调查问卷发送给 15 位在中国数字技术企业工作的高级管理人员，他们将不再参与后续的问卷调查。来自不同企业的高管对问卷进行评估，并提出进一步改进的建议。完成上述三个步骤后，本问卷才被认定是可靠和有效的。

4.4.2 数据收集和描述性统计

通过电子邮件将在线问卷调查表发送给 1680 家中小型数字企业的总裁、副总裁、董事和总经理等高层管理人员。上述企业在中国的雇员数量不超过 100 名，其企业信息和联系方式来源于中国各地省区市高新技术产业开发区的官方网站。2018 年 6~12 月，采用在线问卷的方式收集数据。为使参与调查者完全理解，本问卷对数字技术进行了清晰地描述，并向所有参与者保证反馈最终研究结果。

在 6~9 月的第一轮调查问卷收集过程中，共收到 155 个回复。第二轮向未答复者再次发送电子邮件，收到 98 个回复。综上，本调查共获得 253 个回复，总有效响应率为 15%，与此前研究一致（Thiesse 等，响应率为 13%；Oliveira，响应率为 18.5%）。对问卷进行筛查发现，有 46 位回复者非高级管理人员，经剔除无效问卷后，共计 207 份有效样本。

对上述 207 家数字企业的调查结果进行描述性统计，如表 4-2 所示。问卷中涉及的数字技术包括大数据（17.87%）、VR/AR（19.32%）、云计算（9.18%）、区块链（6.76%）和人工智能（11.59%），其中同时选取两种或以上数字技术的中小型企业占比最大（32.37%）。Yoo（2010）等将数字技术归为四类分层结构，分别为设备层、网络层、服务层和内容层。从表 4-2 可见，有 16.91% 的受访者所在中小型企业采用的数字技术属于设备层，20.77% 所采用的数字技术属于网络层，有 37.68% 和 24.64% 所采用的数字技术分别属于内容层和服务层，该结论也与 Yoo（2010）等的研究一致。

4.4.3 模型检验与结果讨论

本节采用 SPSS25.0 和 AMOS25.0 软件分析得到数字技术采用模型的结果。首先，使用基于最大方差因子旋转法的探索性因子分析（EFA）评估测量值的单维性，然后使用 Cronbach's Alpha 系数来检验量表的信度。其次，

表 4-2　样本描述性统计

单位：份，%

项目	数量	百分比
数字技术采用		
大数据	37	17.87
VR/AR	40	19.32
云计算	19	9.18
区块链	14	6.76
人工智能	24	11.59
多种技术	67	32.37
其他	6	2.91
总计	207	100.00
架构层		
设备层	35	16.91
网络层	43	20.77
服务层	51	24.64
内容层	78	37.68
总计	207	100.00
受访者职务		
总裁	68	32.85
副总裁	34	16.43
董事	41	19.81
总经理	64	30.92
总计	207	100.00

采用验证性因子分析（CFA）确定收敛效度和判别效度，以检验模型的结构。最后，展示了模型和假设检验总体的拟合程度。

4.4.3.1　测量模型

表 4-3、表 4-4 和表 4-5 分别展示了单维性、信度和效度（Cronbach's α、因子载荷、CR、AVE 和相关性）的测量模型结果。最大方差因子旋转的结果表明，每个测度项对其旨在测量的构件都具有较高的因子载荷水平，而对其他不测量变量的载荷水平较低。但是，政府政策变量中的题项 4 的载荷值为 0.59，低于 0.6 的最低标准，因此删除该题项。另外，对数据进行

了样本充分性 KMO 检验，结果为 0.89，验证了变量的单维性。模型中 6 个
变量的 Cronbach'α 值都大于 0.80，满足了 Nunnally 和 Bernstein 建议的临界
值 0.70，表明变量的测度项是可靠的。下文将对模型有效性、模型拟合和
假设检验的结果进行分析。

表 4-3　因子载荷和交叉载荷

题项	因子					
	数字 兼容性	竞争 压力	数字 能力	政府 政策	感知 利得	数字技术 采用
dca_1	0.702	0.358	0.040	0.249	0.225	0.153
dca_2	0.763	0.190	0.211	0.244	0.121	0.021
dca_3	0.740	0.334	0.203	0.065	0.118	0.255
dca_4	0.757	0.065	0.158	0.122	0.306	0.104
cp_1	0.208	0.762	0.139	0.078	0.344	0.169
cp_2	0.275	0.776	0.045	0.196	0.218	0.085
cp_3	0.195	0.762	0.157	0.165	0.250	0.027
dcp_1	0.140	0.042	0.703	0.190	0.278	0.126
dcp_2	0.140	0.105	0.842	0.171	0.099	0.129
dcp_3	0.166	0.145	0.800	0.082	0.092	0.182
gp_1	0.201	0.142	0.214	0.788	0.212	-0.045
gp_2	0.200	0.206	0.097	0.805	0.055	0.275
gp_3	0.125	0.085	0.187	0.778	-0.013	0.370
pb_1	0.264	0.331	0.171	0.023	0.671	0.101
pb_2	0.171	0.239	0.153	0.090	0.814	0.079
pb_3	0.210	0.264	0.175	0.141	0.787	0.155
adopt_1	0.190	0.089	0.167	0.349	0.193	0.785
adopt_2	0.174	0.160	0.392	0.182	0.139	0.740
样本充分性 Kaiser-Meyer-Olkin 检验	0.89					
总方差说明	77.39%					

为确保模型具有足够的效度，需检验题项的可靠性、复合可靠性（CR）
和提取平均方差（AVE）。从表 4-4 可以看出，所有标准化回归权重项目的
载荷都大于 0.6，并且统计上处于 0.01 的显著性水平。同时，计算出的 CR
和 AVE 值分别超过 0.7 和 0.5，说明所有题项在较大程度上可以很好地衡量
其测度的变量。

　　本研究使用提取平均方差值以检验判别效度。结果显示，所有建构的 AVE 平方根均大于建构之间的相关性系数。综上所述，本研究的测量模型通过了收敛效度与判别效度的检验，具有可靠性。

表 4-4　测量模型（CFA）结果 1

因素	题项	载荷	S. E.	C. R.	P-value	CR	AVE	Alpha
数字技术采用（ADOPT）	adopt_1	0.88	0.12	10.56	***	0.81	0.67	0.81
	adopt_2	0.77	–	–	a			
数字能力（DCP）	dcp_1	0.79	0.09	11.40	***	0.81	0.59	0.86
	dcp_2	0.86	0.09	11.93	***			
	dcp_3	0.80	–	–	a			
数字兼容性（DCA）	dca_1	0.84	0.10	11.21	***	0.86	0.62	0.87
	dca_2	0.76	0.11	10.30	***			
	dca_3	0.82	0.12	10.99	***			
	dca_4	0.72	–	–	a			
感知利得（PB）	pb_1	0.75	–	–	a	0.84	0.64	0.84
	pb_2	0.80	0.10	11.13	***			
	pb_3	0.85	0.10	11.76	***			
政府政策（GP）	gp_1	0.69	–	–	a	0.85	0.65	0.84
	gp_2	0.87	0.11	10.79	***			
	gp_3	0.85	0.10	10.58	***			
竞争压力（CP）	cp_1	0.86	–	–	a	0.85	0.65	0.84
	cp_2	0.80	0.08	13.05	***			
	cp_3	0.76	0.09	12.10	***			

注：*** $P < 0.001$。

表 4-5　测量模型（CFA）结果 2

因素	DCA	GP	DCP	ADOPT	CP	PB
数字兼容性（DCA）	0.79					
政府政策（GP）	0.57	0.81				
数字能力（DCP）	0.53	0.50	0.78			
数字技术采用（ADOPT）	0.60	0.71	0.67	0.82		
竞争压力（CP）	0.73	0.47	0.44	0.50	0.81	
感知利得（PB）	0.67	0.39	0.53	0.53	0.77	0.80

4.4.3.2 结构模型

本节对模型的拟合度进行分析以检验研究假设，依据 Breivik 和 Olsson (2001) 提出的标准，拟合优度的推荐值为：$\chi^2/df<2$，$GFI>0.9$，$AGFI>0.8$，$NFI>0.9$，$CFI>0.95$，$RMSEA<0.06$，$SRMR<0.08$。结果如表 4-6 所示，可以看出，理论模型能较好地拟合数据（$\chi^2/df = 1.74$；$GFI = 0.91$；$AGFI = 0.87$，$NFI = 0.91$；$CFI = 0.96$；$RMSEA = 0.05$；$SRMR = 0.05$）。

表 4-6　测量模型拟合优度

拟合优度	推荐值	结果
卡方（χ^2）	N/A	186.31
自由度（df）	N/A	107
χ^2/df	<2	1.74
拟合优度指数（GFI）	>0.9	0.91
调整后的拟合优度指数（AGFI）	>0.8	0.87
规范拟合指数（NFI）	>0.9	0.91
比较拟合指数（CFI）	>0.95	0.96
近似均方根误差（RMSEA）	<0.06	0.05
标准化残差均方根（SRMR）	<0.08	0.05

注：＊推荐值依据来自 Breivik 和 Olsson。

表 4-7 汇总了模型的路径系数与相应的 P 值结果。模型整体具有良好的拟合优度，分析结果支持了大部分的研究假设。政府政策与数字能力的路径系数（$\beta = 0.41$，$P<0.001$）和政府政策与数字兼容性的路径系数（$\beta = 0.30$，$P<0.001$）均达到显著性水平，完全支持假设 1a（H1a）和假设 1b（H1b）。竞争压力作为数字能力和数字兼容性预测指标的假设 2a（H2a）（$\beta = 0.30$，$P<0.001$）和假设 2b（H2b）（$\beta = 0.61$，$P<0.001$）均得到证实。此外，竞争压力与感知利得相关的假设 2c（H2c）（$\beta = 0.78$，$P<0.001$）也得到了证实，数字能力、数字兼容性与数字技术采用相关联的假设路径系数与 P 值水平分别为 $\beta = 0.54$，$P<0.001$ 和 $\beta = 0.29$，$P<0.01$，说明假设 3（H3）和假设 4（H4）均成立。而结果还表明，政府政策对中小型企业的感知利

得产生积极影响的假设 1c（H1c）和感知利得对数字技术采用产生积极影响的假设 5（H5）不成立。

表 4-7　模型结构荷载

预测变量	结果	假设	标准化参数估算	S. E.	C. R.	P 值
政府政策	数字能力	H1a 成立	0.41	0.08	4.42	***
	数字兼容性	H1b 成立	0.30	0.06	4.05	***
	感知利得	H1c 不成立	0.04	0.05	0.56	0.58
竞争压力	数字能力	H2a 成立	0.30	0.07	3.41	***
	数字兼容性	H2b 成立	0.61	0.07	7.31	***
	感知利得	H2c 成立	0.78	0.07	8.47	***
数字能力	数字技术采用	H3 成立	0.54	0.11	5.94	***
数字兼容性		H4 成立	0.29	0.12	3.09	**
感知利得		H5 不成立	0.06	0.12	0.72	0.47

注：*** P<0.001，** P<0.01。

为了检验是否可以通过多种中介作用更好地解释政府政策和竞争压力对中小型企业数字技术采用的影响，本研究采用了一种方法，即非参数重采样法，该方法不对采样分布的正态性做出任何假设。表 4-8 列出了总体和具体的间接影响，结果表明，政府政策和竞争压力通过数字能力和数字兼容性显著影响数字技术采用。

表 4-8　中介作用结果

总体和具体的间接影响					假设
路径	计量	95% 置信区间		P 值	
		Lower	Upper		
总体 GP→ADOPT	0.332	0.111	0.730	***	
途径 DCP	0.236	0.046	0.785	**	H6a 成立
途径 DCA	0.093	0.006	0.244	**	H7a 成立
途径 PB	0.003	-0.011	0.053	0.478	H8a 不成立
总体 CP→ADOPT	0.424	0.246	0.694	**	

总体和具体间接影响					假设
路径	计量	95%置信区间		P 值	
		Lower	Upper		
途径 DCP	0.174	0.070	0.382	***	H6b 成立
途径 DCA	0.195	0.020	0.412	**	H7b 成立
途径 PB	0.054	−0.128	0.216	0.520	H8b 不成立

注： *** P<0.001， ** P<0.01。

4.4.3.3 结果讨论

一方面，本研究证明了政府政策对中小型企业数字能力和数字兼容性具有重大影响，该结果与先前的研究一致。这一结论意味着政府政策能够提高中小型企业的数字能力和数字兼容性。例如，中国政府已经推广了包括与更多研究机构建立合作关系或为中小型企业提供低息贷款在内的多种举措。与大型企业相比，中小型企业通过政府政策可获得更多有关数字技术采用的知识，并获取财务支持，帮助企业拥有高质量的数字技术能力。另一方面，研究结果表明，政府政策对数字技术的采用具有间接影响，这意味着在中国背景下的中小型企业数字技术采用可能受到政府政策的极大影响。

竞争压力与数字能力、数字兼容性和感知利得之间均呈现积极显著的关系。面对数字化转型进程中日益激烈的市场竞争，中小型企业必须考虑如何利用数字能力和数字兼容性来维持其在市场上的竞争地位，进而确保企业的长远发展。然而，许多大型企业都已经在大规模地使用新技术，因此对于中小型企业而言，就必须衡量新技术可为它们带来的实际收益或优势。综上，竞争压力也是决定中国中小型企业数字技术采用的环境因素之一。

数字能力或数字兼容性对数字技术采用具有正向影响，这与先前使用TOE 框架研究技术采用的结果一致。无论是否采用数字技术作为企业战略，中小型企业首先都应当具备强大的数字能力，这样才能面对数字化带来的挑战。与此同时，数字兼容性也是一个关键因素，即中小型企业采用的数字技术必须与企业现有的资源或策略兼容，否则，中小型企业将面临不兼容导致的负面影响，而不得不放弃采用数字技术。此外，研究发现，数字能力和数字兼容性的中介作用可以显著影响政府政策和竞争压力与数字技术采用之间的关系，这一结论展现了技术预测的重要作用。

与预期不同，本研究结论不能充分支持和解释感知利得与数字技术采用之间存在的关系，其原因分析如下。第一，可从样本受访者的结构角度解释不显著的原因：参与调查的总经理为 30 人，占受访者的比例为 91%，在他们看来，感知利得可能不是考虑采用数字技术时最为重要的因素，主要是因为感知利得或许会使企业在技术应用上的花费更多。例如，将人工智能或大数据分析用于业务活动将是一项繁复且花费昂贵的工作。第二，不显著的结果也说明，也许不是技术本身产生价值，而可能是技术与内容或产品相结合，才能为企业带来收益并创造价值。例如，虚拟现实技术与娱乐或者教育行业的内容相结合，可以赋能这些行业，从而产生价值。第三，相比拥有大量可支配资源的大中型企业，中小型企业实际上面临着更为严峻的形势。中小型企业选择采用数字技术的一部分原因可能是它们担心自身在数字化趋势中失去竞争优势，成为市场竞争中的落后者。

第 5 章

中小型企业数字技术采用的
价值链路径

在数字化转型背景下，对于缺乏资源的中小型企业而言，如何通过采用数字技术实现价值，不仅是中小型企业面临的机遇与挑战，也是数字技术研究领域的重要议题。为此，本章研究基于创新价值链和网络理论，建立了中小型企业数字技术采用价值模型；应用结构方程模型（SEM）和模糊集定性比较分析（fsQCA），通过中小型企业的数据对模型进行实证检验，探究中小型企业数字技术采用的价值链路径。

5.1　问题提出

在数字化转型背景下，大数据、区块链、人工智能、虚拟现实与增强现实等数字技术在各行各业的广泛应用，使中小型企业不得不思考如何采用数字技术来进行创新活动以实现价值。因此，对中小型企业数字技术采用后的价值链路径展开研究是非常必要的。中小型企业数字技术采用后价值链路径研究不仅能够帮助企业评估和规划数字技术采用的价值回报，揭示成功因素和关键环节，促进创新和竞争力提升，推动中小型企业的数字化转型；同时也为政策制定者提供决策支持和指导，实现经济高质量发展。

传统制造企业是通过增加产品特性从而提高产品质量以创造价值，而创新价值链为传统行业从组织学习角度解释了创新活动来源、转化和利用的过程。通过清晰地展示创新各个环节之间的活动，识别创新过程中的复杂结构，从而帮助企业识别创新活动的关键因素。尽管已有学者从企业创新知识来源的多样性角度对创新价值链展开了丰富的研究，但在数字环境中，数字技术的关联性与融合性使得企业的创新活动边界不再受限。在数字背景下，技术采用后的价值创造过程并不是单一企业做出贡献的线性序列，而是多家中小型企业通过与外界共享网络，为企业整合内外部资源创造新的机会，从根本上改变了中小型企业实现创造价值的方式。因此，引入创新价值链模型与网络理论，有助于更好地研究数字技术采用帮助中小型企业产生价值，更为深入地解释其影响作用，并为中小型企业制定数字化战略和管理决策提供重要的指导与参考。

鉴于此，本章基于创新价值链模型与网络理论，从数字化网络、数字化转化和数字化利用三个阶段出发，构建中小型企业数字技术采用价值链路径理论框架，并采用结构方程模型（SEM）与模糊集定性比较分析（fsQCA），利用 207 家中小型企业的数据对模型进行实证检验。

5.2　中小型企业数字技术采用的价值链路径模型

为探究中小型企业数字技术采用价值链路径，本研究基于创新价值链模型与网络理论，将中小型企业数字技术采用价值活动划分为数字化网络、数字化转化和数字化利用三个阶段，并以此构建中小型企业数字技术采用价值链路径模型，如图 5-1 所示。其中，第　阶段为数字化网络，是指中小型企业采用数字化技术后搭建数字化网络的过程；第二阶段为数字化转化，是指中小型企业借助数字化网络进行数字化创新的过程；第三阶段为数字化利用，是指中小型企业将数字化创新的结果用于提升其商业绩效的过程。

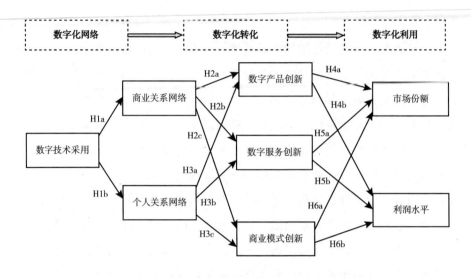

图 5-1　中小型企业数字技术采用价值链路径模型

5.2.1　数字化网络阶段

传统技术或知识来源的参与者多是同质性的，且同质参与者之间很少进行资源互换。这是由于这些知识只有适应参与者具体的要求，才能提高创新的协调性和效率以及资源的流动速度。由于数字技术采用能够增加关联性，与之互动的参与者的数量和多样性也会增加。因此，与更多不同参与者的互动不仅增强了数字技术追踪和引导创新的资源能力，还在潜在中改善了数字技术采用后的投入和产出的同质性。此外，即使数字技术采用的参与者非常多而且涉及的领域广泛，但数字技术的渗透性可保证其输入和输出的可靠性。

除此之外，数字技术采用具有广泛关联的特性使得价值创造过程并非由单一参与者集中参与而成的，而是由众多参与者通过网络共同进行产品的创造与增值。中小型企业已越来越多地连接各行业内外的参与者，推动建立商业关系网络和个人关系网络等多层面的数字化网络，并从中创造价值。数字技术采用不仅可以促进中小型企业建立与政府机构、行业内部和外部机构、竞争对手和客户等的网络关系，也可以促进中小型企业同社会团体组织、行业内外的亲属和朋友等建立网络关系。为此，本研究认为数字技术的采用有助于中小型企业建立商业关系网络和个人关系网络。据此，提出以下假设。

H1a：数字技术采用对中小型企业的商业关系网络具有正向影响。

H1b：数字技术采用对中小型企业的个人关系网络具有正向影响。

5.2.2 数字化转化阶段

数字技术具有融合性的特性使中小型企业在数字技术采用过程中，不是仅由企业就能决定数字技术采用的成果，而是通过商业网络将外部更多参与者聚集在创新的过程中。在这一过程中，中小型企业可通过与政府、竞争对手和顾客建立商业关系网络而获得市场知识和数字创新等方面的有效信息来促进数字创新。其中，数字创新包括数字产品创新、数字服务创新和商业模式创新。据此，提出以下假设。

H2a：商业关系网络对中小型企业的数字产品创新具有正向影响。

H2b：商业关系网络对中小型企业的数字服务创新具有正向影响。

H2c：商业关系网络对中小型企业的商业模式创新具有正向影响。

相较于大型企业，中小型企业所拥有的资源和资金十分有限，因此，中小型企业在市场上难以获得占有竞争性优势的机会。中小型企业可以通过个人关系网络，获得数字创新的有效知识。例如，在现实中，大型企业有足够的资源和经费用于聘请市场调研机构以获取关于企业新产品或提供的新服务的市场反馈，然后产生企业的创新知识；但对于中小型企业而言，通过市场调研机构来获取产品或服务反馈的方式所需要的花费是巨大的。中小型企业管理者通过与身边或亲近的个人关系可以更为便捷地获取市场环境信息以及有关数字创新的知识与建议。据此，提出以下假设。

H3a：个人关系网络对中小型企业的数字产品创新具有正向影响。

H3b：个人关系网络对中小型企业的数字服务创新具有正向影响。

H3c：个人关系网络对中小型企业的商业模式创新具有正向影响。

5.2.3 数字化利用阶段

数字创新是决定中小型企业竞争力大小的关键因素，也是中小型企业在进入新市场的过程中保持和发展竞争优势的必然选择。数字创新具有促进微观和宏观双层面增长的潜力和能力。因此，数字创新是经济变革的关键，也是中小型企业提高生产力的重要来源。

在提升绩效方面，创新发挥着至关重要的作用。一些实证研究表明，创新对企业绩效有显著的正向影响。Evangelista 等（2010）的研究表明，产品创新通过利用新技术来提高效率、生产率和产品性能，从而为企业带来效益。而服务创新则是通过引入更有效的服务方式以促进效率和生产率的提高，并缩短响应时间、提高服务质量和降低成本，从而提升绩效。Ou 等的研究显示，创新能够极大地改善生产操作，从而降低成本、提高绩效。他们进一步指出，产品创新通过提高新的能力来促进有效应对变化的能力，从而带来更好的绩效结果。

数字创新活动影响着企业的整体绩效，随着数字创新转化为竞争优势，数字创新也对企业商业绩效产生积极影响。对于正处在成长阶段的中小型企业而言，通过创新数字产品、数字服务与商业模式，可快速获得和保持市场竞争优势、提高中小型企业的利润水平。据此，提出以下假设。

H4a：中小型企业的数字产品创新对市场份额具有正向影响。

H4b：中小型企业的数字产品创新对利润水平具有正向影响。

H5a：中小型企业的数字服务创新对市场份额具有正向影响。

H5b：中小型企业的数字服务创新对利润水平具有正向影响。

H6a：中小型企业的商业模式创新对市场份额具有正向影响。

H6b：中小型企业的商业模式创新对利润水平具有正向影响。

5.3　中小型企业数字技术采用的价值链路径检验

5.3.1 数据收集与变量测量

在本研究中，选取采用数字技术相关行业的中小型企业作为调查对象。根据 Grinstein 等（2006）的定义，将企业雇员不超过 100 人的企业认定为中小型企业。第 4 章详细论述了数据的收集过程及描述性统计，这里不再赘述。

针对具体的变量测量，本研究基于数字技术和数字技术采用领域相关文献，在已有研究量表的基础上，对各题项逐一进行评估和修改，使之适应我国数字化的特定环境。根据 Thiesse 等的方法，依据企业当前数字技术部署的阶段与企业从构想到实施数字技术的时间两个维度测量企业数字技术的采用行为；测量商业关系网络和个人关系网络的题项来源于 Ge 等；测量数字产品创新的题项来源于 Fichman 等（2014）、Lyytinen 等（2016）；测量数字服务创新的题项来源于 Avlonitis 等（2001）和 Lusch 等（2015）；测量商业模式创新的题项来源于 Fichman 等（2014）；测量市场份额和利润水平的题项来源于 Roth 等（2007）和 Kristal 等（2010）。上述量表的所有题项均采用李克特五级量表进行测量，两端分别代表"完全不同意"和"完全同意"。

5.3.2　信度与效度检验

运用 SPSS 25.0 和 AMOS 25.0 软件对测量模型进行信度和效度检验，结果如表 5-1 和表 5-2 所示。变量的 Cronbach's α 值和组合信度均大于 0.7，表明量表具有较好的信度。变量的 KMO 值分别为 0.917、0.886、0.904、0.756、0.832、0.954、0.746、0.906，表明适合对量表进行因子分析。采用主成分分析法提取因子，并通过最大方差法计算各个题项的因子载荷。各个因子的平均方差（Average Variance Extracted，AVE）均大于 0.5，表明各量表均具有良好的收敛效度。所有变量的 AVE 平方根均大于该变量与其余的相关系数，表明各量表具有良好的判别效度。

表 5-1　测量模型信效度检验

变量	题项	因子载荷	C. R.	Esti-mates	P-value	Cronbach's α	组合信度	AVE
数字技术采用(ADT)	adt_1	0.745	–	0.791	a	0.716	0.719	0.562
	adt_2	0.745	9.804	0.706	***			
商业关系网络(BN)	bn_1	0.684	–	0.773	a	0.866	0.872	0.578
	bn_2	0.717	13.238	0.795	***			
	bn_3	0.736	13.956	0.835	***			
	bn_4	0.730	12.023	0.730	***			
	bn_5	0.684	10.658	0.655	***			
个人关系网络(PN)	pn_1	0.745	–	0.791	a	0.863	0.860	0.606
	pn_2	0.682	13.196	0.776	***			
	pn_3	0.745	13.348	0.796	***			
	pn_4	0.727	12.398	0.750	***			
数字产品创新(DPI)	dpi_1	0.701	–	0.747	a	0.877	0.878	0.644
	dpi_2	0.770	13.341	0.822	***			
	dpi_3	0.781	13.197	0.813	***			
	dpi_4	0.741	13.397	0.825	***			
数字服务创新(DSI)	dsi_1	0.688	–	0.783	a	0.897	0.899	0.597
	dsi_2	0.728	13.461	0.775	***			
	dsi_3	0.767	14.558	0.826	***			
	dsi_4	0.687	13.849	0.793	***			
	dsi_5	0.645	12.158	0.712	***			
	dsi_6	0.657	12.736	0.741	***			
商业模式创新(BMI)	bmi_1	0.688	–	0.722	a	0.842	0.851	0.657
	bmi_2	0.782	12.894	0.853	***			
	bmi_3	0.770	12.853	0.849	***			
市场份额(MS)	ms_1	0.733	–	0.741	a	0.825	0.827	0.615
	ms_2	0.795	12.188	0.802	***			
	ms_3	0.765	12.253	0.807	***			
利润水平(PL)	pl_1	0.781	–	0.852	a	0.903	0.903	0.700
	pl_2	0.803	17.112	0.851	***			
	pl_3	0.817	17.636	0.869	***			
	pl_4	0.759	14.760	0.772	***			

注：*** $P<0.001$，** $P<0.01$，* $P<0.05$。下同。

表 5-2　变量的相关系数矩阵

变量	ADT	BN	PN	DPI	DSI	BMI	MS	PL
数字技术采用（ADT）	0.750							
商业关系网络（BN）	0.497	0.760						
个人关系网络（PN）	0.538	0.535	0.778					
数字产品创新（DPI）	0.637	0.446	0.684	0.802				
数字服务创新（DSI）	0.596	0.539	0.705	0.680	0.773			
商业模式创新（BMI）	0.733	0.412	0.609	0.642	0.591	0.810		
市场份额（MS）	0.487	0.510	0.754	0.608	0.601	0.592	0.784	
利润水平（PL）	0.318	0.245	0.543	0.637	0.596	0.446	0.488	0.837

5.3.3　基于 SEM 与 fsQCA 的数字技术采用价值链路径实证检验

5.3.3.1　基于结构方程模型的数字技术采用价值链路径检验

（1）拟合度分析

运用 AMOS 25.0 软件对结构模型的拟合度进行分析，结果如表 5-3 所示，可得本模型具有较好的拟合度。

表 5-3　结构模型拟合度

拟合指标	拟合标准	检验结果
χ^2/df	<2	1.711
拟合优度指数（GFI）	>0.9	0.904
调整后的拟合优度指数（AGFI）	>0.8	0.831
规范拟合指数（NFI）	>0.9	0.909
比较拟合指数（CFI）	>0.9	0.950
近似均方根误差（RMSEA）	<0.06	0.052
标准化残差均方根（SRMR）	<0.08	0.048

（2）路径分析

对结构模型进行路径分析，变量之间的路径系数和显著性水平如表 5-4 所示。结果显示，在数字化网络阶段，数字技术采用对中小型企业商业关系网络和个人关系网络具有显著正向影响（分别为 $\beta=0.536$，P<0.001 和 $\beta=0.742$，P<0.001），H1a、H1b 成立；在数字化转化阶段，商业关系网络与数字服务创新之间存在显著的正相关关系（$\beta=0.264$，P<0.001），但与数字产品创新和商业模式创新之间的关系不显著（分别为 $\beta=0.139$，P>0.05 和 $\beta=0.141$，P>0.05），因而 H2b 成立但 H2a、H2c 不成立，个人关系网络与数字产品创新、数字服务创新以及商业模式创新之间均存在正相关关系（分别为 $\beta=0.750$，P<0.001；$\beta=0.609$，P<0.001；$\beta=0.769$，P<0.001），H3a、H3b 和 H3c 均成立；在数字化利用阶段，中小型企业数字产品创新与市场份额和利润水平呈正相关关系（分别为 $\beta=0.307$，P<0.001 和 $\beta=0.368$，P<0.001），数字服务创新与市场份额和利润水平之间也存在正相关关系（分别为 $\beta=0.327$，P<0.001 和 $\beta=0.257$，P<0.05），商业模式创新对市场份额有正向影响（$\beta=0.209$，P<0.001）但与利润水平之间无显著相关关系（$\beta=0.152$，P>0.05），支持 H4a、H4b、H5a、H5b 和 H6a，但应拒绝 H6b。

表5-4 结构方程模型路径分析结果

预测变量	结 果	假设结论	路径系数	S. E.	C. R.	P-value
数字技术采用（ADT）	商业关系网络（BN）	H1a 成立	0.536	0.078	6.890	***
	个人关系网络（PN）	H1b 成立	0.742	0.096	7.713	***
商业关系网络（BN）	数字产品创新（DPI）	H2a 不成立	0.139	0.072	1.924	0.054
	数字服务创新（DSI）	H2b 成立	0.264	0.063	4.200	***
	商业模式创新（BMI）	H2c 不成立	0.141	0.082	1.705	0.088
个人关系网络（PN）	数字产品创新（DPI）	H3a 成立	0.750	0.084	8.932	***
	数字服务创新（DSI）	H3b 成立	0.609	0.069	8.844	***
	商业模式创新（BMI）	H3c 成立	0.769	0.095	8.093	***
数字产品创新（DPI）	市场份额（MS）	H4a 成立	0.307	0.071	4.311	***
	利润水平（PL）	H4b 成立	0.368	0.095	3.884	***
数字服务创新（DSI）	市场份额（MS）	H5a 成立	0.327	0.079	4.122	***
	利润水平（PL）	H5b 成立	0.257	0.102	2.512	*
商业模式创新（BMI）	市场份额（MS）	H6a 成立	0.209	0.060	3.465	***
	利润水平（PL）	H6b 不成立	0.152	0.081	1.886	0.059

5.3.3.2　基于模糊集定性比较分析的数字技术采用价值链路径检验

结构方程分析结果证实了提出的大部分研究假设，基于此构建的构型理论模型对商业绩效的总体解释方差为适中水平（30%）。因此，应用模糊集定性比较分析方法（fsQCA）通过组态的因果关系能够更好地解释总体商业绩效。

fsQCA 由 Ragin（1987）提出，已经应用在多个领域，近年来该方法在创新和战略研究中的应用引起了学者们广泛的关注。fsQCA 使用集合论来检验因果复杂性和可能的多种条件组合的各种解。例如，传统的回归分析结果无论正相关还是负相关，均为线性关系，但 fsQCA 的结果为包含因果条件组合的多个构型。fsQCA 的因果条件具有必要性和充分性，如果在具备某条件的情况下才能产生结果，那么该条件是必要的；如果一个条件在没有具备其他条件的情况下就可以产生结果，那么该条件就是充分的。fsQCA 包含三个用于解释复杂现象的重要含义。首先，fsQCA 假设可能有多种路径产生相同的结果（称为等效性）。其次，假设每条路径可能由多个条件组合所构成，因此，该方法是寻求条件组合的影响效果，而不是寻求每个条件的净影响或同等重要性的单独条件的净影响。最后，fsQCA 需要充分利用相关理论知识将数据转换为条件组合。

此外，回归分析由于假设模型中结构之间的关系为线性而存在争议，但 fsQCA 方法能够检验前提条件和结果之间的非对称关系。目前，关于创新和战略管理的研究也表明，越来越多的学者开始关注 20 世纪 70 年代发展起来的定性比较分析等配置方法。应用 fsQCA 方法不仅能够描述各种条件如何共同产生某种结果，还可以分析与结果相关的条件之间的联合效应和因果关系。因此，根据研究模型和 SEM 结果，本章对 fsQCA 分析提出了以下命题。

命题：中小型企业的总体商业绩效可以解释为数字技术采用、商业关系网络、个人关系网络、数字产品创新、数字服务创新和商业模式创新的多组态构型。

应用 fsQCA 分析数据中的复杂因果关系，包含以下几个主要步骤。

（1）校准

第一步是通过将李克特量表连续标度转换为 0 和 1 之间的模糊集隶属度值，对条件和结果条件进行校准。"0"表示不隶属于该集合（也称为完全不隶属或完全不在集合中），"1"表示完全隶属于该集合（或完全在集合中）。Ragin（1987）指出，可以设置三个定序等级来评估每个条件的隶属度：完全隶属（模糊得分为 0.95）、完全不隶属（模糊得分为 0.05）和交叉点（模糊得分为 0.50）。

本章根据测量模型计算属于每个潜在构型项目的平均值，为每个潜在变量建立一个因子得分作为校准的输入项，并且在 fsQCA 模型中输入与 SEM 模型相同的数据。按照 Douglas 等（2020）的研究，将范围在 1~5 的聚合分数值转换为模糊集，完全隶属设置为最大值，交叉点设置为平均值，完全不隶属设置为最小值（见表 5-5）。

表 5-5 潜在变量的校准值

变量	ADT	BN	PN	DPI	DSI	BMI	MS	PL
完全隶属(0.95)	1.00	2.80	1.75	1.50	1.83	1.33	2.00	1.00
交叉点(0.50)	4.11	4.45	3.98	3.92	4.03	3.93	3.90	3.58
完全不隶属(0.05)	5.00	5.00	5.00	5.00	5.00	5.00	5.00	5.00

（2）必要条件分析

第二步是检验是否有任一条件是产生结果所必需的条件，这一过程认为是一种必要性分析。本研究需要检验所采用的六个条件中是否存在导致结果的必要条件。具体地说，需要评估在所有产生或没有产生结果的情况下，是否有一个条件总是存在或不存在。进行必要性分析时，分别计算每个条件存在和不存在时的一致性与覆盖率，当值较高时表示存在该条件是产生预期结果所必需的。其中，一致性是评估案例与特定规则的一致性程度，对于必要条件而言，不符合该规则的案例越多，一致性值就越低。当一致性值大于 0.9 的阈值时，该条件变量为必要的。表

5-6 结果显示，每一个条件变量对中小型企业商业绩效结果的一致性均低于 0.9，表明中小型企业的商业绩效并非依赖于单一的某个条件变量，而是各种因素共同作用的结果。鉴于此，接下来有必要对各条件变量的组合效应进行分析。

表 5-6　条件变量的必要性分析

条件	市场份额（MS）		利润水平（PL）	
	一致性	覆盖率	一致性	覆盖率
数字技术采用（ADT）	0.647567	0.586500	0.667218	0.967950
商业关系网络（BN）	0.832200	0.748671	0.776134	0.850946
个人关系网络（PN）	0.555385	0.556609	0.530904	0.787744
数字产品创新（DPI）	0.762116	0.739624	0.648213	0.886955
数字服务创新（DSI）	0.842127	0.817990	0.545734	0.880584
商业模式创新（BMI）	0.663544	0.626620	0.555041	0.780280

（3）条件组态结果分析

第三步是检验因果条件组合不同构型的一致性。首先，本章研究构建了真值表，并应用 Quine-McCluskey 最小化来识别产生结果的不同组合方案。该过程中需设置可接受的一致性值最低水平，有研究提出将一致性阈值设置为 0.80。在 fsQCA3.0 软件中分别输入市场份额和利润水平作为结果变量对真值表进行计算，得到三种不同的解决方案：简约型、中间型和复杂型。根据 Fiss 的研究，按照组合配置将条件分为核心条件和辅助条件。核心条件既存在于简约解中，也存在于中间解中，而辅助条件仅存在于中间解中。表 5-7 为基于 6 个条件的 fsQCA 因果配置结果。其中，黑色圆点（●）表示条件存在，空白圆圈（○）表示条件不存在。空格表示构型中该因果条件可存在、可不存在。一致性衡量的是条件组合与结果相对应的程度。覆盖率衡量的是通过特定路径实现结果的个案占所有个案的百分比，体现了已确定组态的经验重要性。

表 5-7　中小型企业商业绩效的前因条件组态

条件组态	市场份额（MS）			利润水平（PL）		
	S1a	S1b	S2	S3a	S3b	S4
数字技术采用（ADT）	●	●	○	●	●	○
商业关系网络（BN）			●	●	●	
个人关系网络（PN）	●	●				●
数字产品创新（DPI）	●			●		
数字服务创新（DSI）		●			●	
商业模式创新（BMI）			●			●
原始覆盖率	0.6681	0.3638	0.4132	0.4538	0.4489	0.3437
特有覆盖率	0.0184	0.0013	0.0036	0.0039	0.0114	0.0143
一致性	0.9842	0.9692	0.8934	0.8324	0.8620	0.8039
总体覆盖率	0.8920			0.7328		
总体一致性	0.9865			0.8165		

　　结果显示，上述方案的总体覆盖率分别为 0.8920 和 0.7328，意味着六种因果条件配置解释了 89.20% 的市场份额和 73.28% 的利润水平，解释程度较好。上述方案的总体一致性分别为 0.9865 和 0.8165，高于 Ragin 建议的一致性应达到 0.75 的标准，故接受上述六种方案。

　　根据 fsQCA 的分析结果，方案 S1a 表明了数字技术采用、个人关系网络和数字产品创新三者的存在能够产生理想的市场份额结果，并拥有最高的一致性值（0.9842）；方案 S1b 的结果表明，数字技术采用、个人关系网络和数字服务创新三者的存在也能够产生理想的市场份额结果。方案 S1a 和 S1b 的结果共同表明，数字技术采用和个人关系网络是中小型企业获得市场份额的核心条件。方案 S2 的结果显示了数字技术采用的缺失与商业关系网络和商业模式创新的存在能够产生预期的市场份额结果，但其一致性值相对较低（0.8934）。方案 S3a 的结果表明，数字技术采用、商业关系网络和数字产品创新三者的存在足以实现利润水平；方案 S3b 的结果表明，数字技术采用、商业关系网络和数字服务创新三者的存在是实现利润水平的充分条件。方案 S3a 和 S3b 的结果共同表明，数字技术采用和商业关系网络是中小型企业实现利润水平的核心条件。而方案 S4 表明，数字技术采用的缺失以及个人关系网络和商业模式创新的存在也能产生预期的利润水平结果，但在上述所有方案中的一致性值最低（0.8039）。

（4）结果讨论

中小型企业数字技术采用与其数字化网络之间存在显著的正相关关系。这一结论意味着数字技术采用是使中小型企业与创新价值过程中其他参与者建立起数字化网络的一种有效方式。数字技术的作用是探索各种低成本市场和技术，能够识别潜在需求，并提出满足这些需求的想法，从而帮助中小型企业获取和积累必要的关系网络；同时，这些关系中包含更多固有资源渠道，数字技术采用使中小型企业在建立关系过程中，能够与这些固有资源的关系产生更多的交集，从而获得并积累它们的资源。

个人关系网络对中小型企业的数字创新均产生了正向影响；而商业关系网络仅对中小型企业的数字服务创新具有正向影响，而与企业数字产品创新和商业模式创新的关系并不显著。因此，相比于商业关系网络而言，个人关系网络对中小型企业数字创新的影响更大，这也意味着中小型企业在发展商业关系网络的同时，也要重视个人关系网络的搭建。通过数字技术，中小型企业能够与外部建立共享网络关系，从而将各种资源聚集在一起，并通过网络关系来产生新的数字化创新成果；同时，数字技术可以利用高效、可扩展的系统及路径的杠杆作用来生产、营销或者改进在先前阶段所开发的产品或者服务。

数字产品创新与数字服务创新对中小型企业的商业绩效均具有显著的正向影响，这一结论与先前的研究一致。而商业模式创新仅对中小型企业的市场份额具有显著正向影响，而与利润水平的关系并不显著，该结论与先前的研究并不一致，这是由于需要考虑与其他因素的交互作用。例如，基于客户的商业模式是中小型企业利润水平的关键所在，但在数字化的背景下，客户的需求必然会发生变化，从而导致商业环境的变化并带来新的市场。因此，商业模式创新与客户需求之间的相互作用有可能会影响中小型企业的利润水平，而不是商业模式创新本身。此外，商业模式创新与数字产品创新和数字服务创新之间的关系也需要进一步检验，这也解释了研究结果中商业模式创新与中小型企业的利润水平之间的不显著关系。

　　在影响中小型企业商业绩效的充分性条件方面，数字技术采用和个人关系网络是中小型企业获得市场份额的核心条件，数字技术采用和商业关系网络是中小型企业实现利润水平的核心条件；但在缺少数字技术采用的情况下，商业关系网络和商业模式创新的同时存在也能够使企业产生预期的市场份额结果，个人关系网络和商业模式创新的同时存在亦能够使企业产生预期的利润水平结果，不过相比于企业数字技术采用而言，其效果略低。

实践篇

第 6 章

农业中小型企业
数字技术采用价值链

　　随着技术的不断进步和市场的变化，农业领域的中小型企业逐渐认识到数字化转型的迫切性，并积极探索如何应用数字技术以提升竞争力和业绩。本章深入研究农业领域中小型企业数字技术采用的价值链，从农作物数据资产、数字化平台到创新的管理模式、数字技术、产品与服务，以及商业模式和数字标准，探讨数字化转型对农业中小型企业的影响和作用。通过探索，本章旨在为农业领域中小型企业提供实践指南和决策支持，推动数字技术的广泛应用与采用，助力农业领域实现智能化、高效化和可持续发展。

　　农业领域中小型企业数字化转型的压力与速度因企业类型和行业而异。面向个人消费者的企业，如农产品零售企业、果蔬配送企业和农副产品加工企业等，面临着较大的数字化转型压力，而面向企业客户的企业，如农业装备制造企业和农资供应企业等，数字化转型步伐相对较缓。无论企业类型如何，每个农业中小型企业都需要制定数字化转型战略，因为数字技术的深度应用将对其商业模式、运营方式、决策机制、组织架构和企业文化产生深远的影响。

　　本章将对农业领域中小型企业数字技术采用的来源、转化过程以及价值实现阶段的绩效评估进行深入研究。通过学术角度的探讨和实践案例的分析，以期为农业中小型企业的管理者和决策者提供有益的借鉴与启示。深入探究农业中小型企业数字化转型的理论基础和实践应用，将有助于推动农业中小型企业朝着更加智能、高效和可持续的方向发展，为农业现代化的推进做出贡献。

6.1 农业中小型企业数字技术采用价值来源

本节将深入探讨农业领域中小型企业数字技术采用价值来源，关注数据资产和数字化平台两个方面。在数据资产部分，将剖析农作物数据要素的分类及应用领域，帮助企业最大限度地利用农作物数据资产，提升生产效率和质量。同时，挖掘数据要素的潜在应用价值，为中小型企业带来新机遇。在数字化平台探讨中，介绍建设目标与原则、内容与模块，并详细介绍每个模块的功能特点，以帮助企业构建适应需求的数字化平台。

6.1.1 农业领域中小型企业数据资产

6.1.1.1 中小型企业农作物数据要素分类和应用领域

当前，中小型企业农作物数据要素的分类存在许多不同视角。例如，从农作物生长阶段视角，按照农作物不同生长阶段的特点和需要，将数据要素划分为播种阶段数据、生长阶段数据、成熟阶段数据等。从农作物功能视角，按照农作物不同的功能和用途，将数据要素分为食用类作物数据、饲料类作物数据、经济作物数据等。从农作物属性视角，按照农作物的属性和类别，将数据要素划分为谷物类、蔬菜类、果树类、茶叶类等。然而，这些分类方式虽然通俗易懂且有其合理性，但可能会忽略其他与农作物生产相关的重要数据要素，限制了数据的综合应用。因此，考虑到农业生产的复杂性和综合性，为了更好地把握农作物数据的应用场景和需求，本节从全面了解和有效管理农作物生产的视角出发对数据要素进行分类，将常见的农作物数据分为生长环境数据、土壤状况数据、生长状态数据、病虫害数据、农作物品质数据、生产过程数据和市场需求数据七类。

（1）生长环境数据

农业中小型企业的生长环境数据是指对农作物牛长所处的环境因素进行实时监测和记录的数据。这些环境因素包括气温、湿度、光照、降雨量等。生长环境数据的应用领域涵盖了农作物种植管理、农业生产调控以及灾害风险预警等多个方面。例如，通过实时监测气温和湿度等因素，根据不同作物的生长特性和需求，合理调整种植环境，创造适宜的生长条件，提高作物的产量和质量。或是，通过监测光照和气温等因素，精确控制温室或大棚的温度和光照强度，为农作物提供良好的生长环境，从而延长种植时间，实现多季度种植，提高产量和经济效益。此外，还能通过实时监测降雨量等数据，及时预警并采取应对措施，避免因暴雨或洪涝等自然灾害造成的作物损失，保障农业生产的稳定性和可持续发展。

（2）土壤状况数据

土壤状况数据是指对农作物种植区域土壤的相关指标进行实时监测和记录的数据。这些指标包括土壤的 pH 值、养分含量、有机质含量等。土壤状况数据的应用领域涵盖了农作物种植管理、施肥决策以及土壤保护等多个方面。例如，通过实时监测土壤的 pH 值和养分含量等指标，了解土壤的酸碱性和养分供应状况，针对不同作物的生长需求，科学调整土壤的 pH 值和施肥方案，为农作物提供适宜的生长环境，提高产量和品质。或是，通过监测土壤的养分含量，精确判断土壤中不同养分的缺乏情况，制定精准的施肥方案，避免过度或不足施肥对农作物生长造成的不良影响，提高施肥的效果和利用率。此外，还能通过实时监测土壤的有机质含量和其他指标，了解土壤的健康状况，采取措施防止土壤退化和水土流失等问题，保护农田的生态环境，实现可持续农业发展。

（3）生长状态数据

生长状态数据是指对农作物生长状态进行实时监测和记录的数据。这些数据包括农作物的生长阶段、生长速率、发育情况等信息。生长状态数据的应用领域涵盖了农作物种植管理、生产决策以及优化种植策略等多个方面。例如，通过实时监测农作物的生长阶段和发育情况，精确掌握不同作物的生长周期，合理安排种植时间和管理措施，提高农作物的产量和质量。或是，通过监测农作物的生长速率和健康状况，及时采取相应措施，如增加施肥量、调整灌溉水量等，促进农作物的生长和发育，避免生长过程中的问题和风险。此外，还能通过对不同作物的生长状态进行比较和分析，评估不同作物的适应性和经济效益，选择更适合当地环境和市场需求的作物种植，实现农业生产的多元化和可持续发展。

（4）病虫害数据

病虫害数据是指对农作物病虫害发生情况进行实时监测和记录的数据。这些数据包括病虫害种类、发生程度、防治措施等信息。病虫害数据的应用领域涵盖了农作物保护、防治决策以及科学施药等多个方面。例如，通过实时监测病虫害种类和发生程度，及时发现和识别病虫害问题，采取有效的防治措施，减少病虫害对农作物产量和品质的影响。或是通过对病虫害数据的分析和研究，了解病虫害的季节性变化和传播规律，制定科学的防治方案，选择合适的农药和防治措施，提高防治效果，减少农药的使用量，保护农业生态环境。此外，还能通过实时监测病虫害发生情况，准确判断病虫害的防治时机和防治强度，避免因过度施药或不及时施药导致的农药残留和环境污染，保障农产品的质量和安全。

（5）农作物品质数据

农作物品质数据是指对农作物的营养成分、口感指标、品质等关键信息进行实时监测和记录的数据。这些数据的应用领域广泛，涵盖了农作物品质控制、产品定位、市场营销等多个方面。例如，通过实时监测农作物的营养成分，如蛋白质、维生素、矿物质等，确保农产品的营养价值和健康特性。同时，监测农作物的口感指标，如甜度、酸度、口感细腻度等，可以提高产品口感的一致性和稳定性，满足消费者对于品质的要求。或是通过对农作物品质数据的分析和评估，确定产品的特点和优势，进行产品差异化定位，满足不同消费群体的需求。同时，将农作物品质数据作为市场营销的依据，可以加强产品宣传和推广，提高产品竞争力，拓展市场份额。此外，还能通过实时监测农作物品质数据，了解产品的优缺点，有针对性地开展研发工作，推出更加符合市场需求和消费者偏好的农产品，实现持续创新和升级。

（6）生产过程数据

生产过程数据是指对农作物生产过程中各个环节的关键数据进行实时监测和记录。这些数据包括种植、施肥、灌溉、防治等环节的操作和效果数据。生产过程数据的应用领域广泛，涵盖了生产效率提升、资源优化利用、成本控制等多个方面。例如，通过实时监测种植、施肥、灌溉等生产环节的数据，掌握生产过程的效率和质量，发现问题和瓶颈，及时采取措施进行改进，提高生产效率和产量。或是通过对生产过程数据的分析和统计，合理配置资源，如水资源、肥料、农药等，减少浪费，提高资源利用率，降低生产成本，提高经济效益。此外，还能通过监测生产过程中的成本数据，控制生产成本，优化决策，降低生产成本，提高农产品的竞争力。同时，通过对生产过程数据的追踪和记录，农业中小型企业可以实现农产品的质量溯源，保障农产品的质量安全，满足消费者对农产品质量的需求。

（7）市场需求数据

市场需求数据是指对农产品市场需求情况进行实时监测和记录的数据。这些数据包括消费者需求、市场趋势、产品竞争情况等信息。市场需求数据的应用领域广泛，涵盖了产品定位、市场营销、产品创新等多个方面。例如，通过实时监测消费者需求和市场趋势，了解不同消费群体对农产品的需求和喜好，准确把握市场的定位和定位策略，有针对性地开发符合市场需求的农产品。或是通过对市场需求数据的分析和研究，制定有效的市场营销策略，选择合适的营销渠道和宣传方式，提高产品的知名度和认知度，提高市场份额。此外，还能通过实时监测市场需求，了解市场上的竞争产品和差异化机会，开发具有创新特点的农产品，满足市场的新需求，提升产品附加值和竞争力。

本小节对农业中小型企业常见的农作物数据进行分类，将常见的农作物数据分为生长环境数据、土壤状况数据、生长状态数据、病虫害数据、农作物品质数据、生产过程数据和市场需求数据七类。进而，对每类数据在农业中小型企业的运营中可能的应用领域进行具体分析（见图6-1）。在接下来

中小型企业数字技术采用
基于价值链视角

的一节中，将深入研究农业中小型企业农作物数据要素的潜在应用价值，进一步明确、辨析数字化的重要意义。

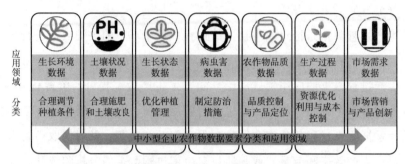

图 6-1 中小型企业农作物数据要素分类和应用领域

6.1.1.2 中小型企业农作物数据要素潜在应用价值

通过对农作物数据要素的分类和应用领域进行分析，已经对这些数据在农业中小型企业中的具体应用场景和效果有了初步了解。然而，这些数据要素的应用并不仅限于当前已经应用的领域，还可能存在更多未被充分利用的潜在价值。本小节将进一步研究和分析，探索这些数据要素可能在其他领域和环节产生的影响，发现数据要素在新领域和新场景下的应用潜力。

（1）智能化农业管理

通过收集农作物生长环境数据、土壤状况数据和生长状态数据，农业中小型企业可以实现智能化农业管理。利用物联网技术和传感器设备，实时监测农作物的生长环境和土壤状况，结合人工智能算法进行数据分析和预测，从而精准调控灌溉、施肥和病虫害防治措施。通过自动化的农事操作和精准的农业生产控制，农业中小型企业可以提高生产效率、节约资源、减少浪费，并最终提高农产品的产量和品质。

（2）农作物优质品种选育

农作物品质数据是衡量农产品品质和特性的重要依据。通过深入分析农作物品质数据，农业中小型企业可以挖掘出与特定品质相关的基因信息和特点。这些数据为育种专家提供了重要参考，帮助选育更优质和具有抗逆性的农作物品种。通过优质品种的选育，农业中小型企业可以提高农产品的市场

104

竞争力，满足消费者对高品质农产品的需求，实现产品附加值的提升。

（3）农产品供应链追溯

生产过程数据和农产品品质数据是构建农产品供应链追溯体系的重要数据来源。通过记录和分析生产过程数据，农业中小型企业可以实现对农产品从种植、加工到运输的全程监控和追溯。消费者可以通过扫描追溯码了解农产品的生产过程和品质信息，供应链追溯体系增加产品的透明度和可信度。这有助于提高消费者对农产品的信任，打造品牌形象，扩大市场份额。

（4）精准市场营销

市场需求数据为农业中小型企业提供了消费者需求和市场趋势的重要信息。通过对市场需求数据的深入分析，农业中小型企业可以准确把握消费者的喜好和购买习惯，有针对性地制定营销策略。利用数字化营销手段，农业中小型企业可以进行个性化推广和定向营销，提高农产品的销售量和市场份额。

（5）节能减排和资源优化利用

生产过程数据和生长环境数据为农业中小型企业实现节能减排和资源优化利用提供了依据。通过实时监测和分析生产过程数据，农业中小型企业可以精确控制农业生产所需的能源消耗和化肥农药的使用，降低农业生产对环境的影响。同时，利用生长环境数据，农业中小型企业可以优化土地利用和灌溉管理、提高资源的利用效率，实现农业生产的可持续发展。

（6）农业科研和创新

农作物数据要素的收集和分析为农业科研和创新提供了重要的数据支持。科学家和研究人员可以利用这些数据开展农业技术研究和创新，探索新的农作物种植模式、病虫害防治方法、农产品加工技术等。这有助于推动农业产业的现代化和创新发展，提高农业的竞争力和可持续发展。

本小节对中小型企业农作物数据要素的潜在应用价值进行了阐述。这些数据要素在农业生产中有着广泛的应用领域与潜在的应用价值（见图 6-2），有助于中小型企业实现更高效、智能和可持续的农业生产，从而提高农产品质量、拓展市场份额，并推动农业生产模式的转型、升级，实现更高效、智能和可持续发展。

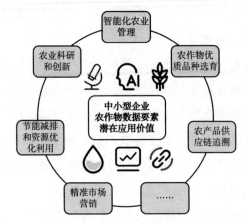

图 6-2　中小型企业农作物数据要素潜在应用价值

6.1.2　农业领域中小型企业数字化平台

6.1.2.1　建设目标及原则

在农业领域，中小型企业数字化平台是为农业领域中小型企业提供一个定制化、高效便捷、全流程、专业化的数字化转型服务平台，以助力企业实现数字化转型、提升竞争力和实现可持续发展。在农业领域，中小型企业数字化平台建设需参考与发展需求相适配的内容，用好市场资源和公共服务，因"企"制宜推进数字化转型。适时评估转型成效，优化转型规划实践，以数字化转型促进提质、增效、降本、降耗、绿色和安全发展。具体而言，针对农业中小型企业的数字化平台建设，可遵循以下五个原则。

（1）以企业需求为导向

农业中小型企业数字化平台的建设应充分考虑农业中小型企业的特点和需求，针对农业生产、经营和管理等方面的具体需求，定制化开发平台功能，确保企业数字化转型与发展相适配。

（2）以提供小型化、快速化、轻量化、精准化服务为目的

平台应该致力于提供小型化、快速化、轻量化、精准化（"小快轻准"）的服务，以适应农业中小型企业的实际情况。平台功能应简洁易用、操作便捷，以降低中小型企业数字化转型的门槛，加快转型进程。

（3）以提供全流程专业化服务为目标

农业中小型企业数字化平台应逐渐覆盖数字化转型全流程，从评估、规划、实施到优化，为农业中小型企业提供全方位的数字化转型服务。平台应配备专业化的团队和资源，确保企业能够得到高质量的服务。

（4）以政府引导和政策支持为保障

政府在数字化转型中应起到引导和支持的作用。在建设过程中，应该充分应用政府为农业中小型企业数字化平台建设提供的资金和资源支持，并加强协调管理，推动平台与各方主体的协同联动，形成共同促进农业中小型企业数字化转型的合力。

（5）以融合创新和学习提升为态度

农业中小型企业数字化平台应不断进行融合创新，吸取先进技术和经验，不断优化平台的功能、提升服务水平。同时，平台也应鼓励农业中小型企业之间的学习交流，促进数字化转型经验的共享和传播。

6.1.2.2　建设内容及模块

农业中小型企业数字化平台的建设通常可分为三个层面，分别是应用层、功能服务层与数据池，这三个层面可由五个模块涵盖，分别是数据采集模块、数据存储与管理模块、数据分析与应用模块、数据共享与合作模块、培训与技术支持模块，如图 6-3 所示。其中，数据采集模块通过部署传感器设备实时采集农作物生长环境、土壤状况、生长状态、病虫害、农作物品质、生产过程和市场需求等数据。数据存储与管理模块负责建立稳定的数据库，对采集的数据进行分类、整理和清洗，确保数据的安全性和完整性。数据分析与应用模块运用数据挖掘技术提取有价值的信息，开发数据应用模块如农作物生长预测、病虫害预警、智能控制等，帮助企业做出科学决策。数据共享与合作模块促进农业中小型企业间的信息共享和合作，实现资源优化配置和协同创新。培训与技术支持模块为农业中小型企业提供培训服务和技术支持，提升员工数字化技能水平和解决技术问题的能力。整合这五个模块，农业中小型企业数字化平台能够全面解析农作物生产环节，提高生产效率和产品质量，实现数字化转型，推动企业可持续发展。

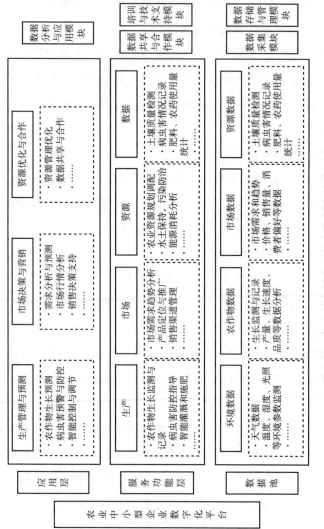

图 6-3　农业中小型企业数字化平台模块组成

6.1.2.3 模块功能分析

（1）数据采集模块

农业中小型企业数字化平台的数据采集模块是指通过部署先进的传感器设备，实时、自动地采集农作物生产过程中的各类关键数据。这些数据包括但不限于农作物的生长环境数据，如温度、湿度、光照等；土壤状况数据，如土壤湿度、土壤营养成分等；农作物的生长状态数据，如生长速度、生长阶段等；病虫害数据，如病虫害种类、病害程度等；农作物品质数据，如颜色、重量、口感等；生产过程数据，如灌溉、施肥、采摘等操作的记录；以及市场需求数据，如需求量、价格等。数据采集模块通过精密的传感器和数据采集系统，能够准确地获取这些数据，并将其传输到数据存储与管理模块进行处理和存储。在功能分析方面，数据采集模块的主要作用是实现对农作物生产过程中的各类数据的实时监测和采集，为后续的数据分析与应用提供可靠的数据基础。通过采集大量的数据，平台可以对农作物的生长状况、土壤状况、病虫害情况等有全面、准确的了解，为农业生产提供科学的决策依据。此外，数据采集模块还具备数据传输的功能，可以将采集到的数据实时传输到后台服务器，确保数据的及时性和完整性。数据采集模块的高效运作对于农业中小型企业的数字化转型至关重要，它能够帮助企业实现对农作物生产过程的全面监测和数据采集。

（2）数据存储与管理模块

农业中小型企业数字化平台的数据存储与管理模块是指负责建立稳定的数据库，对从数据采集模块获取的各类农作物生产数据进行分类、整理和清洗，并进行安全、高效存储和管理的功能模块。这个模块担负着整合和处理大量数据的任务，确保数据的安全性、完整性和可靠性。在功能分析方面，数据存储与管理模块具有以下重要作用。首先，它能够对从数据采集模块获取的各类数据进行分类整理，建立规范的数据结构，使数据的存储和管理更加有序和高效。其次，该模块能够对数据进行清洗和预处理，去除数据中的噪声和异常值，提高数据的质量和准确性。再次，数据存储与管理模块能够采用高效的数据库技术，对数据进行安全存储，防止数据丢失和泄露。同时，它还可以实现数据备份和恢复，确保数据的可靠性和持久性。最后，该模块还具备数据管理的功能，包括数据权限管理、数据访问控制等，确保只有授权的人员可以访问和操作数据，保障数据的安全和隐私。数据存储与管理模块的高效运作对于农业中小型企业的数字化转型至关重要，它能够保障农作物生产数据的安全和准确性，为后续的数据分析与应用提供可靠的数据基础，助力企业做出科学决策。

（3）数据分析与应用模块

农业中小型企业数字化平台的数据分析与应用模块是指利用先进的数据分析技术，对从数据采集模块和数据存储与管理模块获取的农作物生产数据进行深度挖掘和分析，以获得有价值的信息和见解，并将这些信息应用于农业生产管理和决策的功能模块。在功能分析方面，数据分析与应用模块具有以下关键作用。首先，它能够对农作物生产数据进行全面、多维度的分析，发现潜在的数据关联和规律，为企业提供科学的数据支持和参考。其次，该模块可以利用数据挖掘和机器学习技术，对历史数据和实时数据进行预测和模拟，帮助企业预判潜在的风险和机遇。再次，数据分析与应用模块能够提供数据可视化和报表功能，将复杂的数据呈现为直观的图表和图形，方便企业管理层和决策者快速了解数据情况，做出明智的决策。最后，该模块还可以对农作物生产过程中的各个环节进行优化和调整，提供智能化的建议和方案，帮助企业实现生产效率和质量的提升。数据分析与应用模块的高效运作对于农业中小型企业的数字化转型至关重要，它能够将海量的农作物生产数据转化为有用的信息和见解，为企业提供决策支持。

（4）数据共享与合作模块

农业中小型企业数字化平台的数据共享与合作模块是指为不同农业中小型企业和相关利益方提供数据共享和协作机制的功能模块。它旨在促进农业中小型企业之间的信息共享、数据交流和合作互动，打破信息孤岛，促进资源共享和优势互补。在功能分析方面，数据共享与合作模块具有以下重要作用。首先，它能够建立统一的数据交换平台，将不同农业中小型企业采集的数据进行标准化和整合，实现数据的互联互通。其次，该模块可以支持不同农业中小型企业之间的数据共享，允许合作伙伴在获得授权的前提下访问和使用数据，促进数据的流动和共享。再次，数据共享与合作模块还能够提供数据合作的功能，支持多方企业在特定项目或领域上进行合作，共同开展数据分析和应用，实现合作共赢。最后，该模块可以建立合作机制和奖惩机制，鼓励企业参与数据共享和合作，保护数据共享的安全和数据隐私。数据共享与合作模块的高效运作对于农业中小型企业的数字化转型至关重要，它能够促进资源整合、优化生产流程、提高生产效率，推动农业产业链的协同发展，促进农业中小型企业的共同进步。

（5）培训与技术支持模块

农业中小型企业数字化平台的培训与技术支持模块是指为农业中小型企业提供数字化转型所需的培训和技术支持的功能模块。它旨在帮助农业中小型企业提升数字化技术应用能力，提供专业的培训课程和技术支持，以推动企业数字化转型的顺利实施。在功能分析方面，培训与技术支持模块具有以下重要作用。首先，它能够提供数字技术培训课程，包括数据采集、存储、分析与应用等方面的培训，帮助企业员工掌握数字技术的基本知识和操作技能。其次，该模块可以提供个性化的培训方案，根据企业的具体需求和发展阶段，定制适合的培训计划，提高培训的针对性和实效性。再次，培训与技术支持模块还能够提供在线学习资源和培训工具，方便企业员工随时随地地进行学习和培训。最后，该模块还可以提供专业的技术支持服务，解决企业在数字化转型过程中遇到的技术问题和困难，确保数字化平台的顺利运行和应用。培训与技术支持模块的高效运作对于农业中小型企业的数字化转型至关重要，它能够提高企业员工的数字化技能水平，促进数字化技术的广泛应用，助力企业实现数字化转型的持续发展。

通过上述分析，能够发现，这五个模块共同构成了农业中小型企业数字化平台的核心要素、相互之间紧密配合，共同促进数字化转型的全面展开。数据采集模块负责收集各类农作物数据，为后续的分析和应用提供数据基础；数据存储与管理模块则负责将采集到的数据进行整理和存储，确保数据的安全和完整性；数据分析与应用模块在基于存储的数据上，进行深度分析和挖掘，为农业中小型企业提供数据驱动的决策支持；数据共享与合作模块则在数据分析的基础上，促进企业之间的合作和共享，打破信息孤岛；培训与技术支持模块则为农业中小型企业提供数字化技术的培训和支持，助力其提升数字化技术应用能力。这五个模块相互依存、相互支撑，形成了一个完整的数字化生态系统。将农业中小型企业带入数字化转型的新时代，推动其实现更高效、更智能、更可持续的发展。

6.2 农业中小型企业数字技术采用价值转化

本小节将深入探讨农业中小型企业数字技术采用的价值转化过程，围绕数字技术采用价值转化评估与数字技术采用价值转化的创新路径展开分析。首先，分析农业中小型企业数字技术采用价值转化评估，介绍评估目标与原则、评估指标体系与评估的通用流程方法，以提高农业中小型企业数字技术价值转化评估实践的科学性、客观性和可操作性。其次，分析农业中小型企业数字技术采用价值转化的创新路径，分别是管理创新、技术创新与服务创新，以帮助农业中小型企业更全面地认识数字技术的应用潜力，为企业提供适合的创新路径和策略选择。

6.2.1 农业中小型企业数字技术采用价值转化评估

6.2.1.1 评估目标和原则

农业中小型企业在数字化时代面临着前所未有的机遇和挑战。数字技术的广泛应用为农业中小型企业带来了生产效率提高、资源配置优化、成本降低、市场份额拓展等诸多利好。然而，数字技术的采用需要投入大量资源，因此必须进行全面的评估，以确保其价值能够得到充分转化。所以，农业中小型企业数字技术采用价值转化评估的目标通常可被总结为提高生产效率、降低企业成本、提升产品质量、增加市场份额、改进决策过程五点。

（1）提高生产效率

评估目标之一是衡量数字技术在农业中小型企业中是否能够显著提高生产效率。数字技术的应用，如物联网、自动化生产系统和智能化管理软件的应用，有望优化生产流程、减少人工操作，从而提高农产品的产量和质量。

（2）降低企业成本

数字技术的引入应能够带来成本的降低，包括人力成本、能源成本以及物资采购成本等。通过数字化管理和自动化生产，企业能够更加高效地利用资源、减少浪费，实现成本的有效控制。

（3）提升产品质量

数字技术应用的另一个重要目标是提升农产品的质量。通过数据监测和智能控制，企业能够更好地把握生产过程中的关键环节，确保产品符合质量标准，增强产品竞争力。

（4）增加市场份额

数字技术的成功应用应该能够帮助农业中小型企业拓展市场份额。借助数字化营销手段，企业能够更好地了解消费者需求，提供个性化产品和服务，从而增强市场竞争力，占据更多市场份额。

（5）改进决策过程

数字技术在提供数据分析和决策支持方面具有独特优势。评估目标之一是确定数字技术是否能够为农业中小型企业提供准确、实时的数据信息，帮助决策者制定更加科学、精准的经营决策。

明确评估目标有助于准确衡量数字技术的价值，而评估原则的遵循则保证了评估过程的科学性与可靠性。因此，在进行农业中小型企业数字技术采用价值转化评估时，必须遵循一系列评估原则，以确保评估的科学性和可靠性。一般而言，需遵循以下原则。

（1）客观性

评估过程中应该严格基于客观数据和事实，避免主观臆断对评估结果的影响。评估者应该采用科学的研究方法，确保评估结果客观可信。

（2）综合性

农业中小型企业数字技术采用价值转化评估不应只关注于某一方面的效益，而应综合考虑其对企业各个方面的影响。评估指标体系应该全面覆盖生产、经营、市场等多个维度。

（3）可比性

评估结果应具有可比性，使不同数字技术方案的优劣势能够清晰对比。评估指标的选择应该具备可比性，便于企业进行技术选择和决策。

（4）实用性

评估应该关注实际应用和操作可行性。评估结果应该为农业中小型企业提供实用的决策依据，帮助企业合理选择和应用数字技术。

（5）可持续性

数字技术采用应该具备可持续性。评估过程应该考虑数字技术的长期效益和长远影响，避免短视行为导致投入无法回收或者资源浪费。

本小节对农业中小型企业数字技术采用价值转化评估的目标与原则进行了阐述。在下一节中，将着重介绍评估指标体系以及具体的评估流程方法，为农业中小型企业数字技术的有效应用提供更加全面的指导。

6.2.1.2 评估指标体系构建

数字技术采用价值转化评估是农业中小型企业了解数字技术应用效果的关键步骤。通过构建科学合理的指标体系，可以系统地评估数字技术采用对企业的影响，帮助企业了解数字技术的实际效果和潜在问题，为决策提供科学依据。指标体系的构建能够全面、客观、定量地评估数字技术采用的效果，帮助企业发现优势和不足，进而优化数字技术应用，实现价值最大化。

因此，本小节从经济效益、运营效率、市场份额、创新能力、风险评估五个维度给出通用的农业中小型企业数字技术采用价值转化评估指标体系供企业参考，如表6-1所示。在实践中，农业中小型企业可基于此处给出的通用评估指标体系，结合企业自身发展目标进行选取，构建有针对性的评估指标体系。

表 6-1　农业中小型企业数字技术采用价值转化评估指标体系

一级指标	二级指标	指标内涵
经济效益	年度销售额增长率	数字技术采用后企业年度销售额的增长百分比
	年度净利润增长率	数字技术采用后企业年度净利润的增长百分比
	数字技术采用后成本降低比例	数字技术采用后企业成本的降低百分比
	投资回报率（ROI）	数字技术采用后企业的投资回报率
	客单价提升比例	数字技术采用后企业客单价的提升百分比
运营效率	农产品生产效率提升比例	数字技术采用后农产品生产效率的提升百分比
	资源利用率改善比例	数字技术采用后资源利用率的改善百分比
	数字技术应用后人工成本降低比例	数字技术采用后企业人工成本的降低百分比
	生产计划调整响应速度	数字技术采用后企业生产计划调整的响应速度
市场份额	市场份额增长率	数字技术采用后企业市场份额的增长百分比
	新客户增加比例	数字技术采用后企业新客户数量增加的百分比
	客户满意度评价	客户对企业产品和服务的满意度评价
	产品覆盖市场的比例	数字技术采用后企业产品在市场中的覆盖程度
创新能力	新产品研发数量	数字技术采用后企业推出的新产品数量
	创新投入占比	数字技术采用后企业创新投入占总投入的百分比
	创新成果转化率	数字技术采用后企业创新研发成果成功转化的百分比
	企业在数字技术领域的专利申请数量	数字技术采用后企业在相关领域的专利申请数量
风险评估	数字技术采用的投入产出比	数字技术采用后的投入与产出之间的比例
	数字化转型的难度评估	数字化转型过程中所面临的困难程度
	应对数字化风险的准备程度	企业对数字化风险做好准备和应对措施的程度

6.2.1.3　评估流程与方法

构建完善合理的评估指标体系后，需要基于评估指标体系对农业中小型企业数字技术采用价值转化进行系统科学的评估。然而，农业中小型企业数字技术采用价值转化评估作为一个系统性的过程，需要逐步进行数据收集、分析和解释。一般而言，这一过程可细分为明确评估目标和范围、确定评估指标体系、数据收集与准备、数据分析与指标计算、评估结果解释、编写评估报告、结果应用与优化、定期追踪与更新 8 个步骤，如图 6-4 所示。

图 6-4　农业中小型企业数字技术采用价值转化评估流程

具体步骤如下。

（1）明确评估目标和范围

首先，对所要评估的目标和范围加以明确，分析要评估的数字技术方案。了解数字技术的具体应用领域、采用规模和预期效果，确保评估的焦点明确。

（2）确定评估指标体系

根据农业中小型企业数字技术的特点和前述的评估目标，构建评估指标体系。指标体系应涵盖生产效率、成本效益、产品质量、市场影响、决策改进和社会与环境效益等方面的指标。确保指标体系可量化、可比。

（3）数据收集与准备

收集与评估指标相关的数据。数据来源包括企业内部的生产记录、财务报表、销售数据等，也可以进行市场调研和问卷调查，获取外部数据。确保数据的准确性和完整性，可能需要进行数据清洗和处理，以消除异常值和缺失数据。

（4）数据分析与指标计算

对收集到的数据进行分析和计算。根据评估指标体系，计算各个指标的数值，比较数字技术采用前后的差异和趋势。采用适当的统计方法和分析工具，如 SPSS、Excel 等，对数据进行处理和展示。

（5）评估结果解释

在数据分析的基础上，对评估结果进行解释和分析。评估者应客观地说明数字技术采用对企业的影响，明确其优势和潜在问题，指出数字技术采用的成功点和改进空间，为决策提供科学依据。

（6）编写评估报告

根据评估结果和分析，撰写评估报告。报告应包括评估目标、评估方法、数据收集过程、分析结果、结论和建议等内容。报告应以清晰简洁的方式呈现，同时使用图表和图形直观展示数据和结果。

（7）结果应用与优化

将评估结果提供给决策者，协助他们做出有针对性的决策。根据评估结果，决策者可以对数字技术方案进行调整和优化，以实现更好的效益。同时，评估结果也可以作为农业中小型企业数字化发展的参考依据，指导后续数字技术采用和优化措施的实施。

（8）定期追踪与更新

数字技术采用和业务环境都在不断变化，因此评估是一个持续的过程。农业中小型企业应定期追踪数字技术采用的效果，并更新评估指标体系，以适应新的需求和挑战。持续地评估和优化可以确保数字技术的长期有效应用。

本部分介绍了农业中小型企业数字技术采用价值转化评估的详细流程与方法。从明确评估目标到数据收集与准备，再到数据分析与解释，每一步都是评估的重要环节。通过科学的评估流程和方法，农业中小型企业能够全面了解数字技术应用的价值，提高决策的科学性和决策的有效性。

6.2.2 农业中小型企业管理创新

管理创新是指企业在组织、运营、决策和管理等方面引入新的理念、方法、工具和制度，以提高企业绩效和适应变化环境的一系列活动。在数字化时代，农业中小型企业面临着日益激烈的市场竞争和快速变化的经营环境，通过数字技术的采用使企业管理创新成为其持续发展的重要动力。

数字技术在农业中小型企业管理创新实践中具有多种应用。

6.2.2.1 数据驱动的决策

数字技术为农业中小型企业提供了更多的数据收集和分析手段。通过采集实时生产和销售数据，企业可以进行更精准的决策，避免主观决策带来的风险。数据分析工具的应用也可以帮助企业发现市场趋势和客户需求，从而调整产品策略和市场定位，提高企业的市场占有率。通常数据驱动决策包含五个关键方面。①数据收集。在数字化时代，农业中小型企业可以利用各种传感器、监测设备和软件应用收集大量的实时数据。例如，通过自动化的气象站和土壤监测器，企业可以获取天气、温度、湿度等环境数据，帮助农民更好地了解作物生长环境。此外，还可以通过销售系统、客户反馈等途径收集市场数据和客户需求，以支持决策制定。②数据整理和分析。一旦数据被收集，农业中小型企业需要对数据进行处理、整理和分析，以提取有价值的信息和洞察力。这可以通过数据分析工具、人工智能和机器学习算法来实现。通过对数据进行统计、可视化和模型建立，企业可以深入了解市场趋势、消费者行为以及生产过程中的关键变量。这样，企业就能更好地评估不同决策选项的影响和潜在风险。③决策制定和执行。基于数据收集和分析的结果，农业中小型企业可以做出更加客观、准确的决策。数据驱动的决策不仅基于经验和直觉，还依赖于科学的数据支持。例如，在产品定价方面，企业可以通过分析市场需求和竞争对手的定价策略来制定合理的价格，并根据市场反馈进行调整。在供应链管理方面，企业可以利用实时数据来优化库存管理、订单处理和物流安排，提高供应链的效率和透明度。④决策评估和调整。数据驱动的决策过程是一个循环迭代的过程。企业需要持续监测和评估决策的执行结果，并根据反馈信息进行调整和优化。数据的不断收集和分析使得企业能够及时发现问题和机会，从而灵活调整战略和运营决策，确保企业的持续发展和成功。⑤决策评估和调整。数据驱动的决策过程是一个循环迭代的过程。企业需要持续监测和评估决策的执行结果，并根据反馈信息进行调整和优化。

数据驱动的决策使农业中小型企业能够更加客观、科学地进行决策制定。通过数据收集、整理和分析，农业中小型企业可以深入了解市场需求、生产环境和客户行为，从而做出更准确的决策。这将帮助企业提高生产效率、降低成本、提升产品质量，并更好地满足客户需求。

6.2.2.2　智能化的生产管理

数字技术的智能化应用可以提高农业生产的效率和质量。自动化农机设备和无人机技术的应用可以减少人工劳动、提高农业生产的效率。同时，智能农业系统可以实时监测作物的生长情况和病虫害情况，提前预警并采取措施，降低生产风险，提高农产品的质量和产量。通常智能化的生产管理包含五个关键方面。

（1）自动化生产

智能化的生产管理借助自动化设备和机器人技术，实现生产环节的自动化。例如，生产线上的机器人可以负责材料的搬运、加工和组装，大大减少了人力成本和生产时间。此外，通过自动化设备和传感器的应用，企业可以实时监测生产数据，并及时做出调整，提高生产效率和产品质量。

（2）数据驱动的决策

智能化的生产管理基于大数据和人工智能算法，对生产过程中的各项指标进行监控和分析。通过收集和分析生产数据，企业能够了解各个环节的运行状态、资源消耗情况和产品质量等信息。这样，企业可以基于数据做出更加准确、科学的决策，提高生产计划的准确性和响应能力。

（3）优化生产流程

智能化的生产管理通过数据分析和模拟仿真等手段，对生产流程进行优化。通过建立模型，企业可以分析不同环节之间的关联性，找到瓶颈和优化空间，并提出改进措施。例如，通过优化生产调度和物料配送，企业可以减少生产线上的闲置时间和等待时间，提高生产效率和资源利用率。

（4）质量控制和预测

智能化的生产管理可以实现实时质量监控和预测。通过传感器和图像识别技术，企业可以对产品质量进行在线监测，及时发现问题并采取措施进行调整。此外，通过数据分析和机器学习算法，企业还可以预测潜在的质量问题，并提前进行预防和干预，从而提高产品质量、降低不良率。

（5）智能化的生产管理还可以实现与供应链的集成和协同

通过智能化的物流管理和供应链协同平台，企业能够实现供应链中各个环节的信息共享、协同决策和资源优化，提高供应链的响应速度和灵活性。

智能化生产管理通过自动化、数据分析和智能决策等手段，提高了生产效率、质量控制和供应链协同能力。它能够帮助企业更好地应对市场需求变化、降低生产成本、提高产品质量，并实现持续的创新和改进。随着技术的不断进步和应用，智能化的生产管理将在未来发挥更为重要的作用。

6.2.2.3 优化供应链管理

数字技术在供应链管理中的应用可以实现信息的共享和协同，提高供应链的透明度和效率。通过数字化的供应链管理系统，农业中小型企业可以更好地掌握原材料采购、生产进度、库存状况等信息，确保生产和销售的高效衔接，减少库存积压和资源浪费。通常优化供应链管理包含五个关键方面。

（1）数字化供应链可视化

通过建立数字化的供应链管理系统，企业可以实时监控和掌握供应链各个环节的信息，包括原材料采购、生产进度、库存状况、物流运输等。通过数据的可视化展示，管理者可以更直观地了解供应链的运行情况，及时发现问题并采取相应措施。同时，数字化的供应链管理系统可以实现信息共享和协同，各个环节之间可以实时交流和协作，提高供应链的整体效率和协调能力。

（2）智能化供应链预测与规划

通过应用人工智能和大数据分析技术，企业可以对市场需求进行精准预测，从而实现更准确的生产计划和库存规划。智能化的供应链预测和规划可以降低供应链的成本，减少库存积压和缺货现象，提高客户满意度和市场竞争力。

（3）数字化供应链协同与物流优化

通过数字化技术，供应链各个环节之间可以实现信息的共享和协同决策。例如，供应商可以通过数字化平台了解到销售情况和需求变化，进而调整生产和库存策略；物流公司可以实时获取订单信息和运输需求，优化运输路线和配送计划。数字化的供应链协同和物流优化可以提高物流效率、减少运输时间和成本，并提升服务水平。

（4）供应链风险管理与灾备计划

数字化技术可以帮助企业提前识别和评估供应链中的潜在风险，并制定相应的应对措施和灾备计划。例如，通过数据分析和模拟仿真，企业可以对供应商延误、自然灾害、政策变化等风险进行预测和评估，从而及时采取措施降低风险影响，并确保供应链的稳定性和可持续性。

（5）数字化供应链绩效评估与改进

通过建立绩效评估体系和指标体系，企业对供应链的成本、服务水平、质量和响应速度等进行定量评估。基于评估结果，企业可以识别供应链中的问题和瓶颈，并制定改进措施。通过持续的反馈、纠正和改进，实现供应链的持续优化和卓越运营。

综上所述，优化供应链管理需要充分利用数字技术，包括数字化供应链可视化、智能化供应链预测与规划、数字化供应链协同与物流优化、供应链风险管理与灾备计划以及数字化供应链绩效评估与改进等方面。这些策略和方法的应用可以帮助企业提高供应链的透明度、效率和协同能力，从而增强市场竞争力和可持续发展能力。随着数字技术的不断创新和应用，供应链管理将进一步实现智能化和数据驱动，为企业创造更大的价值和竞争优势。

6.2.2.4 客户关系管理

数字技术的应用也可以改善企业与客户之间的沟通和互动。建立客户关系管理系统，可以帮助企业了解客户需求和反馈，提供个性化的产品和服务。通过数字化营销手段，企业可以更精准地推送产品信息，提高客户满意度和忠诚度，增加重复购买率。通常客户关系管理包含五个关键方面。

（1）数字化客户数据管理

传统的客户关系管理主要依靠手工记录和人工处理，效率低下且易出错。而通过数字化技术，企业可以建立客户关系管理系统，集中存储和管理客户的相关信息，包括联系方式、购买历史、偏好喜好等。通过这些数据，企业能够更深入地了解客户，精确分析客户的需求和行为模式，从而为客户提供更加个性化的产品和服务。

（2）数字化营销与推广

数字化技术为企业提供了更多的渠道和方式来与客户进行互动和沟通。通过社交媒体、电子邮件、手机应用等多种数字化平台，企业可以更灵活地向客户推送产品信息，进行定向营销和促销活动。同时，通过数字化平台的互动功能，客户可以方便地提供反馈和意见，与企业进行实时的互动和沟通。这有助于企业更好地理解客户需求、及时解决问题、建立更为紧密的客户关系。

（3）数字化客户服务与支持

数字技术的应用使客户服务变得更加便捷和高效。例如，企业可以建立在线客服系统，通过文字聊天或语音视频通话等方式与客户进行实时沟通，解答问题和提供支持。此外，企业还可以通过客户自助服务平台，让客户自主查询订单状态、申请退换货等。这种数字化的客户服务可以有效提升客户满意度，缩短响应时间，提高服务质量。

（4）数据分析与预测

通过数字技术，企业可以对客户数据进行深入分析和挖掘，从中发现潜在的客户需求和消费行为模式。通过数据分析工具和算法，企业可以预测客户的购买倾向和购买周期，为企业做出更准确的销售预测和市场决策。此外，通过数据分析，企业还可以发现客户群体中的重要细分市场，并根据不同市场的特点制定相应的营销策略，提高市场竞争力。

（5）客户参与与忠诚度管理

数字化技术在客户关系管理中的一个重要作用是提升客户的参与度和忠诚度。通过数字化平台，企业可以运用虚拟现实、增强现实等技术，提供更加丰富和个性化的客户体验。例如，通过直播等方式，企业增加客户对产品和品牌的参与感和忠诚度。此外，企业还可以通过数字化技术建立客户积分制度、会员等级等激励机制，提高客户忠诚度，并促使客户持续购买和推荐。

综上所述，数字化技术为客户关系管理带来了巨大的创新和发展机遇。通过数字化客户数据管理、数字化营销与推广、数字化客户服务与支持、数据分析与预测、客户参与与忠诚度管理等方面的应用，企业可以更好地理解客户需求，提供个性化的农业产品和服务，增强客户满意度和忠诚度，从而实现持续增长和盈利。随着数字技术的不断发展和应用，客户关系管理将进一步实现个性化、智能化和数据驱动，为企业创造更大的价值和竞争优势。

6.2.3　农业中小型企业技术创新

技术创新是指企业引入新的科学技术、工艺或方法，以提高生产效率、产品质量和创造新的产品、服务等创新活动。在数字技术时代，农业中小型企业面临着日益激烈的市场竞争和不断变化的消费者需求，技术创新成为其实现可持续发展和提升竞争力的重要手段。

数字技术在农业中小型企业技术创新实践中具有多种应用。①智能农机和自动化技术。数字技术的应用推动了农业机械化水平的提升，智能农机和自动化技术的发展为农业中小型企业带来了新的机遇。自动化农机设备可以减少人工劳动、提高生产效率，同时也降低了对人工劳动力的依赖。智能农机通过传感器和控制系统，可以对作物生长和农田环境进行实时监测和调控，提高生产的精确性和稳定性。②数字化农业管理系统。数字技术的发展促进了农业管理的数字化转型。数字化农业管理系统可以实时采集、处理和分析农田、作物和气象等数据，为农业生产提供精准的决策支持。通过智能化的农业管理，农业中小型企业可以更好地应对气候变化和自然灾害，降低生产风险，提高农产品的质量和产量。③生物技术和种植品种改良。生物技术的应用为农业中小型企业带来了种植品种改良的新途径。基因编辑技术可以增强作物的抗病虫害能力、提高产量和品质，同时也可以培育适应性更强的新品种。这些技术的创新为企业提供了更多的种植选择，有助于企业扩大市场份额、增加收益。④智能化的农业灌溉和节水技术。数字技术的应用推动了农业灌溉和节水技术的智能化。传感器和物联网技术可以实时监测土壤水分和植物需水量，实现智能化的农田灌溉，减少水资源的浪费。同时，数字技术也支持农业中小型企业采用雨水收集、滴灌等节水技术，提高水资源利用效率，降低生产成本。

从技术的角度分析，带来农业中小型企业数字技术创新的数字技术大致分为以下几类。

（1）农业物联网技术

农业物联网技术是将各类传感器、设备和物体连接到互联网，实现数据的实时监测、采集和共享，以优化农业生产和管理的技术。在农业中小型企业中，物联网技术可以应用于农田的环境监测、农作物的生长监测、农机设备的远程控制等方面。通过物联网技术，农业中小型企业可以实时获取土壤水分、温度、湿度等信息，精准控制灌溉和施肥，提高农产品的产量和质量。

（2）农业大数据技术

农业大数据技术是对农业生产、销售、供应链等方面产生的大量数据进行采集、存储、处理和分析的技术。通过农业大数据技术，农业中小型企业可以从海量数据中挖掘出有价值的信息，优化农产品的品种选择、生产计划和市场营销策略。同时，大数据技术还可以帮助农业中小型企业进行风险评估和预测，降低经营风险，提高企业的决策水平。

（3）农业云计算技术

农业云计算技术是将农业生产和管理中的数据和应用程序存储和处理在云端服务器上，通过互联网进行访问和共享的技术。农业中小型企业可以利用云计算技术进行资源的集中管理和共享，实现数据的快速备份和恢复，降低了数据存储和处理的成本。此外，云计算技术还支持农业中小型企业进行协同办公和远程管理，提高工作效率和生产效益。

（4）农业信息化技术

农业信息化技术是将农业生产和管理过程中的各种信息进行数字化、网络化和智能化处理的技术。农业中小型企业可以通过信息化技术实现企业内部各个环节的信息共享和流通，提高生产和经营的协调性和一体化水平。信息化技术还可以帮助农业中小型企业实现订单管理、库存管理、销售跟踪等业务的自动化，提高企业的运营效率和服务质量。

（5）农业智能化技术

农业智能化技术是将人工智能、机器学习等技术应用于农业生产和管理，实现农业系统的自动化和智能化的技术。在农业中小型企业中，智能化技术可以应用于农业机械的自动驾驶、农作物的智能识别和病虫害的预警等方面。通过智能化技术，农业中小型企业可以提高生产的自动化程度，降低人工成本，同时也能更准确地识别和解决生产过程中的问题。

（6）农业机器人技术

农业机器人技术是指应用于农业生产中的机器人和自动化设备技术。农业中小型企业可以利用农业机器人完成种植、施肥、除草、采摘等农业生产环节。农业机器人可以在无人操控的情况下，完成重复性、高强度和高精度的作业，提高农业生产效率和品质。农业机器人技术还可以帮助农业中小型企业解决人工劳动力短缺的问题，提高农业生产的稳定性和可持续性。

本小节讨论了农业中小型企业技术创新的重要性和数字技术在技术创新中的应用。基于农业物联网技术、农业大数据技术、农业云计算技术、农业信息化技术、农业智能化技术、农业机器人技术等，带来智能农机和自动化、数字化农业管理系统、农业种植品种改良、农业灌溉和节水等数字化应用，促进了企业科技竞争力提高、创新能力增强、产品质量改善、产品种类多样、品牌形象优化、市场份额拓展等，最终助力企业提质增效（见图6-5）。

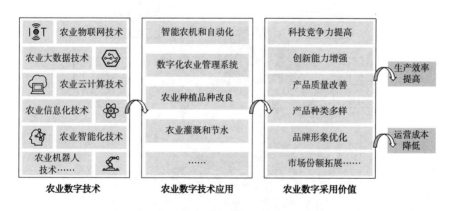

图6-5 农业中小型企业数字技术创新价值链

6.2.4 农业中小型企业数字服务创新

农业中小型企业数字服务创新指的是农业中小型企业在采用数字技术

后，通过引入新的服务方式、优化现有服务过程或创造全新的服务内容，以满足不断变化的市场需求和消费者期望，从而实现更高质量和效率的服务。这些创新可能涉及生产、销售、物流、营销、客户关系管理等方面，旨在提供更加个性化、便捷和满足多样化需求的服务体验。采用数字技术后，常见的农业中小型企业数字服务创新有以下几类（见图6-6）。

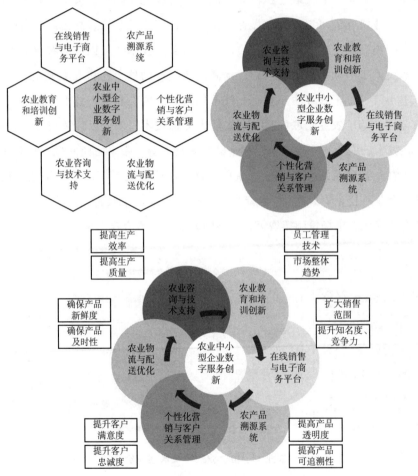

图 6-6　农业中小型企业数字服务创新

（1）农业教育和培训创新

数字技术为农业中小型企业的员工提供了学习和培训的机会。在线课程和培训资源使员工能够学习最新的农业管理技术和市场趋势，提升综合素质，为企业发展注入新动力。

（2）在线销售与电子商务平台

农业中小型企业可以通过建立自己的网上销售渠道或在第三方电子商务平台上销售产品，实现与全国甚至国际市场的连接。这将带来更大的销售范围、更多的机会，同时消费者也可以方便地购买到农产品，提高企业知名度和竞争力。

（3）农产品溯源系统

借助数字技术，农业中小型企业可以建立农产品溯源系统，让消费者了解产品的生产过程、产地、质量等信息。这样的透明度和可追溯性将增加消费者对产品的信任，提升品牌价值，并在食品安全问题上赢得优势。

（4）个性化营销与客户关系管理

数字技术为农业中小型企业提供了更多获取消费者数据的渠道。企业可以借助数据分析和人工智能技术，了解消费者的需求和偏好，并进行个性化的营销活动。这样的精准营销将吸引更多忠实客户和重复购买，提升客户满意度和忠诚度。

（5）农业物流与配送优化

数字技术可以帮助农业中小型企业优化物流和配送系统，实现更高效的供应链管理。通过智能调度和路线规划，企业可以减少运输时间和成本，确保产品新鲜度和及时性，满足消费者的快速送达需求。

（6）农业咨询与技术支持

数字化转型为农业中小型企业提供了获取专业咨询和技术支持的途径。通过在线平台或应用，农民可以获取农业领域的专家知识、种植技术、病虫害防治等信息，提高生产效率和产量。

6.2.5 农业中小型企业数字商业模式创新

农业中小型企业数字商业模式创新指的是在数字化转型的基础上，通过重新设计和整合企业的业务流程、价值链和利润模式，以适应数字化时代的市场需求，提高企业的竞争力和盈利能力的创新过程。数字商业模式创新不仅是单纯地利用数字技术替代传统流程，更是重新思考农业中小型企业的商业逻辑，打造全新的商业模式。采用数字技术后，常见的农业中小型企业数字商业模式创新有以下几类（见图 6-7）。

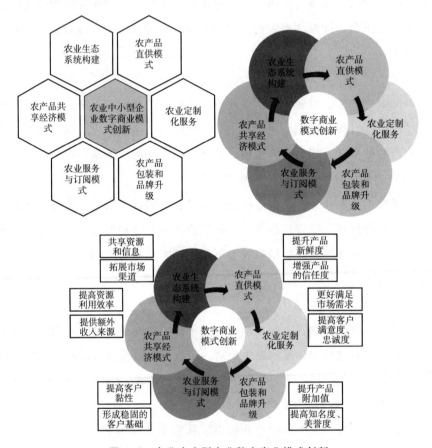

图 6-7　农业中小型企业数字商业模式创新

（1）农产品直供模式

传统农业产业链中，农产品经过多个中间环节才能到达终端消费者手中，使农民和消费者之间的连接较弱。数字技术的应用使农民可以直接与消费者建立联系，形成农产品直供模式。通过电商平台或社交媒体，农民可以宣传自己的产品，接受消费者的订单，并直接进行配送。这种模式不仅减少了中间环节的成本，还提高了产品的新鲜度和品质，增强了消费者对产品的信仟。

（2）农业定制化服务

数字技术为农业中小型企业提供了更多了解消费者需求的机会。企业可以通过数据分析和市场调研，了解消费者的喜好和偏好，有针对性地推出定制化的产品和服务。这样的个性化服务能够更好地满足消费者的需求，提高客户满意度和忠诚度。

（3）农产品包装和品牌升级

数字化转型为农业中小型企业提供了更多品牌建设的可能性。通过数字技术，企业可以设计更具吸引力的产品包装，提升产品的附加值和竞争力。同时，通过社交媒体和电子商务平台，农业中小型企业可以进行品牌宣传和推广，提高品牌知名度和美誉度。

（4）农业服务与订阅模式

在数字化时代，农业中小型企业可以推出各种订阅服务模式，例如，定期提供农产品、农业技术咨询或农场体验等。这种模式不仅为企业带来稳定的收入，还增加了客户黏性，形成更为稳固的客户基础。

（5）农产品共享经济模式

共享经济在农业领域也有应用的可能。农业中小型企业可以借助数字技术平台，将农场闲置资源进行共享，例如共享农机设备、农田、渔船等。这样的模式不仅提高了资源的利用效率，还为农民提供了额外的收入来源。

（6）农业生态系统构建

数字化转型为农业中小型企业提供了构建农业生态系统的机会。企业可以与其他相关企业或服务提供商合作，共享资源和信息，形成合作共赢的生态系统。例如，农产品生产企业可以与物流公司合作，实现更高效的配送；农产品销售企业可以与餐饮企业合作，拓展市场渠道。

6.2.6 农业中小型企业数字标准

上一小节已经对农业中小型企业数字技术采用后，在管理、技术、服务与商业模式方面可能带来的创新进行了深入讨论。然而，要确保数字化转型的顺利推进和有效应用，农业中小型企业需要建立相应的数字标准。本节将着重探讨农业中小型企业数字标准的重要性、构建原则、过程以及可能带来的影响。

6.2.6.1　农业中小型企业数字标准构建原则

数字标准对农业中小型企业的数字化转型和发展具有重要意义，它通过制定一系列规范和指南，促进不同系统和平台之间的数据互通和共享，避免信息孤岛，提高数据的价值和利用效率。此外，数字标准注重数据安全和隐私保护，确保客户信息和企业敏感数据得到妥善保护，增强消费者对企业的信任。遵循数字标准可以帮助企业更好地遵守相关监管和合规要求，减少潜在的违规风险，提升企业的声誉。统一的数字标准有助于不同农业中小型企业之间进行合作和协同发展，形成良好的产业生态系统，推动整个行业的发展。

然而，在数字化转型过程中，农业中小型企业面临着复杂多样的业务情境和快速变化的技术环境。因此，为了保证数字标准的切实可行且有效，在构建的过程中离不开一定的原则。一般而言，农业中小型企业数字标准构建需满足以下原则。

（1）科学性与实用性原则

标准的制定应基于科学研究和技术发展的前沿，充分考虑数字化转型的实际需求和实践经验。确保标准的科学性，使其具备可操作性和实际应用性。

（2）灵活性与适应性原则

数字标准应具备一定的灵活性，能够适应不同农业中小型企业的特殊情况和需求。考虑到企业规模、业务模式和资源状况的差异，确保标准的灵活性，避免刻板和僵化的规定。

（3）前瞻性原则

标准的构建应具备应对未来发展的能力，考虑到快速变化的数字技术和市场需求，标准应该持续跟踪行业发展趋势，保持前瞻性，以适应不断变化的技术和市场环境。

（4）安全性与隐私保护原则

数字化转型涉及大量敏感信息和数据，数字标准应注重数据安全和隐私保护。确保标准对数据能进行有效的保护，保障企业和消费者的信息安全。

（5）多方参与与共识原则

标准的制定应该征求农业中小型企业、技术专家、行业组织以及政府监管部门的意见和建议。多方参与能够确保标准的全面性和合理性，使各方达成广泛共识，提高标准的接受度和执行力。

6.2.6.2　农业中小型企业数字标准构建过程

在数字化时代，农业中小型企业不仅需要适应快速变化的技术和市场环境，还要应对日益复杂的业务挑战。因此，制定科学、全面且适用的数字标准显得尤为重要。这一过程必须经过深入的研究和细致的规划，同时结合多方专业知识和实践经验，以确保标准的科学性和实用性，为农业中小型企业数字化转型提供准确的指引和大力的支持。

农业中小型企业数字标准的构建是一个复杂而系统的过程，需要多方参与和广泛征求意见，以确保标准的科学性和实用性。一般而言，农业中小型企业数字标准构建包含五个通用过程步骤。

（1）需求调研与问题分析

构建农业中小型企业数字标准的第一步是进行需求调研和问题分析。调研团队将与农业中小型企业代表、技术专家和相关行业组织进行沟通，了解数字化转型的现状、面临的问题和需求。通过深入分析行业状况和企业实际情况，明确数字标准构建的目标和重点。

（2）制定标准框架与内容

在需求调研和问题分析的基础上，构建团队将制定数字标准的总体框架和具体内容。标准框架包括标准的基本结构、范围和适用领域，而具体内容则包括数据标准、技术标准、管理标准等方面。标准的制定应遵循前述的构建原则，确保标准的科学性、实用性和适应性。

（3）征求意见与修订

制定初步的数字标准后，构建团队将征求各方意见和建议。这包括向农业中小型企业、技术专家、行业组织和政府监管部门发布征求意见稿，以及组织专题研讨会和座谈会。多方参与和广泛征求意见，收集各方反馈和建议，为标准的完善和修订提供了依据。

（4）发布与实施

在经过多次修订和完善后，农业中小型企业数字标准将正式发布。发布后，相关政府部门可以将其列入相关监管和合规要求中。同时，需要制定配套措施和培训计划，以确保农业中小型企业能够正确理解和有效执行数字标准。数字标准的实施将为农业中小型企业提供有效的指导和规范，促进数字化转型的顺利进行。

（5）监督与持续优化

数字标准的实施不应是一次性的，构建团队需要设立监督机制，定期检查标准的执行情况，并收集实践中的反馈意见。根据实施情况和行业发展趋势，进行持续优化和修订，确保标准与时俱进，持续为农业中小型企业的数字化转型提供支持和指导。

通过上述分析，能够发现，农业中小型企业数字标准构建的五个主要过程步骤之间形成一个连续的循环过程（见图6-8）。需求调研与问题分析为标准构建提供了基础信息，制定标准框架与内容为征求意见与修订提供了依据，发布与实施将标准付诸实践，而监督与持续优化确保标准不断完善和更新，以适应不断变化的数字化环境和农业中小型企业的发展需求。这五个过程步骤相互关联、相互促进，共同推动农业中小型企业数字标准的构建与发展。

6.2.6.3 农业中小型企业数字标准构建影响

农业中小型企业数字标准的构建对企业和整个农业行业都将带来多方面的影响。这些影响涵盖了企业内部管理、技术应用、市场竞争以及行业发展等方面。一般来说，这些影响可以总结为农业中小型企业管理水平与技术应用、市场竞争力与协同发展、行业数字化转型与农产品质量安全三方面内容。

（1）提升农业中小型企业管理水平，促进技术应用

数字标准的制定将推动农业中小型企业在信息化、数字化管理方面

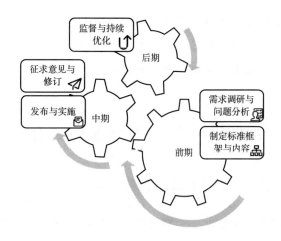

图6-8 农业中小型企业数字标准构建过程

迈出重要一步。标准化的管理模式和流程将帮助企业优化资源配置、提高生产效率和质量，从而提升管理水平，降低成本，增强企业竞争力。此外，标准化的技术规范和数据交换格式将简化数字技术的应用和集成，促进农业中小型企业在物联网、大数据、人工智能等领域的应用，提升生产效率和决策水平。

（2）增强农业中小型企业市场竞争力，加强协同发展

遵循数字标准的农业中小型企业将能够更好地满足市场需求，提供符合标准的产品和服务。标准化的产品质量和服务水平将增强企业在市场上的竞争力，增加企业的市场份额，拓展新的业务领域。同时，农业中小型企业数字标准的制定将促进农业行业内部各个环节的协同发展。标准化的数据交换和信息共享将有助于优化供应链和产业链的管理，加强农业中小型企业之间的合作，形成更加高效的产业生态系统。

（3）推动农业中小型企业数字化转型与农产品质量安全

数字标准的推行将对农业中小型企业的数字化转型产生重要推动作用。标准化的指导和规范将帮助企业明确数字化转型的方向和目标，减少试错成本，加速转型进程，让企业更快地适应数字化时代的发展。此外，数字标准

的应用将有助于监控农产品生产和流通的全过程、加强农产品的质量和安全管理。通过数据追溯和监测系统,农业中小型企业能够更有效地控制风险,提高农产品的质量和安全水平,增强消费者信心。

6.3 农业中小型企业数字技术采用价值实现

6.3.1 农业中小型企业数字治理成效

数字治理作为推动农业中小型企业数字化转型的重要手段,其成效直接影响着企业的发展和竞争力。本小节将重点探讨农业中小型企业数字治理的目标、原则和方式。数字治理作为推动农业中小型企业数字化转型的重要手段,其成效直接影响着企业的发展和竞争力。本小节将重点探讨农业中小型企业数字治理的目标、原则和方式。

6.3.1.1 农业中小型企业数字治理目标

农业中小型企业数字治理的目标在于借助信息技术和数字化手段,全面提升企业的管理水平和运营效率。首先,数字治理旨在实现农业中小型企业内部各项业务的数字化、信息化管理,从而提高农业生产、销售、供应链等关键业务环节的效率和准确性。其次,数字治理的目标也包括加强企业内外部信息的共享和交流,实现与相关合作伙伴、政府部门以及客户之间的无缝衔接,促进农业生态系统的合作共赢。最后,数字治理也致力于强化企业对海量数据的处理和分析能力,通过数据洞察和智能决策,提升企业的战略规划、市场预测和资源配置等方面的决策水平。所以,农业中小型企业数字治理的目标是推动企业数字化转型,提升管理效率,优化业务流程,加强信息共享与合作,实现智能决策,从而为企业的持续发展和竞争力的增强奠定坚实基础。

6.3.1.2 农业中小型企业数字治理原则

农业中小型企业在数字化转型中面临着复杂多变的挑战,数字治理过程可能涉及大量的技术、数据和信息交换,涵盖范围广泛。在这样的背景下,制定原则就有助于明确行动方向和底线，确保数字治理过程的高效性和风险可控性，还可以使企业在数字化转型中遵循统一的准则，避免盲目行动和过度依赖技术，保证数字治理与企业战略的一致性，以及数据隐私和信息安全的保护。通常，农业中小型企业数字治理原则主要包括数据安全与隐私保护、信息共享与开放、技术与业务融合等方面。

（1）数据安全与隐私保护原则

数据是数字化转型的核心资源，因此，农业中小型企业应确保敏感数据的安全和隐私保护。在数字治理过程中，企业应建立健全数据保护机制，采取加密、权限控制等技术手段，防止数据被非法获取、篡改或泄露。同时，企业要遵循相关法律法规，尊重用户隐私，明确数据使用范围，并征得用户的明确同意，以保障数据的安全性和合法性。

（2）信息共享与开放原则

数字治理强调信息共享与开放，农业中小型企业应积极参与信息交流，与合作伙伴、政府部门和客户建立信息共享渠道。通过开放数据和信息，企业能够获取更多有价值的信息资源，优化资源配置，推动农业产业链的协同发展。同时，信息开放还可以增进企业间的合作与信任，促进共同创新，实现互利共赢。

（3）技术与业务融合原则

农业中小型企业数字治理要求将数字技术与业务实践紧密结合，而不只是简单地引入技术。企业需要深入了解自身业务流程和需求，选择合适的数字技术进行应用。通过技术与业务的融合，企业能够优化业务流程，提高生产效率和产品质量。此外，技术与业务融合也有助于提升企业的管理水平和决策能力，实现数字化转型的战略目标。

（4）适应性与灵活性原则

在数字治理的过程中，农业中小型企业要保持适应性与灵活性。由于数字技术和业务环境不断变化，企业应随时调整数字治理策略，根据实际情况进行灵活部署。同时，企业要有开放的思维，接纳新技术和新观念，主动适应数字化转型的趋势和要求，实现持续创新和发展。

（5）参与和共享原则

农业中小型企业数字治理不是孤立的过程，而是需要多方参与和共同推进的。企业应鼓励员工参与数字化转型，培养数字化素养，增强数字化意识。此外，企业还应与技术供应商、行业组织等建立合作关系，共同探索数字治理的最佳实践和创新应用，形成数字治理经验和资源的共享。

6.3.1.3 农业中小型企业数字治理方式

在数字化时代的大潮中，农业中小型企业数字化转型已成为提升竞争力和实现可持续发展的关键要素。数字化转型不仅涉及技术应用的改变，更需要建立相应的数字治理体系来指导和规范企业的数字化转型过程。数字治理体系是实现数字化转型的基础和保障，它不仅是数字化转型战略的重要组成部分，更是企业在数字化转型中实现长期发展和成功的关键所在。一般来说，农业中小型企业数字治理存在多种方式，例如，制定数字治理战略、设立数字治理领导机构、确定数字治理框架、建设数字化平台、培养数字化人才、引入数字技术与工具以及持续优化改进等。在此处，对最常见的三种治理方式进行介绍。

（1）制定数字治理战略

农业中小型企业数字治理体系的基石是制定明确的数字治理战略。数字治理战略应与企业整体战略相契合，明确数字化转型的愿景、目标和优先领域。在制定数字治理战略时，企业需要充分了解自身的业务特点、市场需求和技术趋势，以科学规划数字化转型的发展方向。战略的明确制定将为数字治理体系的构建提供明确的指引和目标，使数字化转型更加有序和高效。

（2）设立数字治理领导机构

一个有效的数字治理体系需要建立专门的领导机构来推动数字化转型的全面实施。这个领导机构应由高层管理人员、技术专家和业务代表组成，形成跨部门的协作机制。该领导机构的主要职责是监督和评估数字治理的进展和效果，及时调整数字化转型的策略和方向。有效的领导机构将成为数字治理体系的有力推动者，确保数字化转型取得持续、长期的影响。

（3）建设数字化平台

数字化平台是农业中小型企业数字治理体系的核心支撑。企业需要建设一个全面、开放的数字化平台，整合和管理企业内外部的信息资源。数字化平台将为企业提供数据存储、数据处理和数据分析等功能，实现信息的共享与流通，支撑数字治理的各项活动。数字化平台的建设应以实际需求为导向，灵活运用数字技术和管理工具，提高数字治理的效率和效果。通过数字化平台，农业中小型企业能够更好地应对挑战，实现数字化转型的可持续增长。

通过以上三种主要方式，农业中小型企业可以构建一个全面、稳健的数字治理体系，推动数字化转型取得长期、全面的影响。数字治理体系的建立将加速企业数字化转型的进程，提高农业中小型企业的竞争力和市场适应能力，实现数字化时代的可持续发展。同时，数字治理体系的完善和持续优化将成为企业数字化转型成功的关键所在，助力农业中小型企业实现更好发展。

6.3.2　农业中小型企业数字技术采用价值绩效

在农业中小型企业中，数字技术采用价值绩效是指通过引入和应用数字技术后，企业所取得的效益和成果，这包括在提高生产效率、降低生产成本、优化资源利用、提升产品质量、改善环境可持续性等方面所表现出的绩效。对农业中小型企业数字技术采用价值绩效进行评价能够帮助企业全面了解数字技术在企业中的影响和作用，帮助企业决策者更好地认识数字化转型带来的利益和潜在问题，并为进一步优化和调整农业生产经营提供依据和参考。

因此，本小节从提质、增效、降本、降耗、绿色和安全六个维度给出通用的农业中小型企业数字技术采用价值绩效评价体系供企业参考（见表6-2）。在实践中，农业中小型企业可基于此处给出的通用评价体系，结合企业自身发展目标进行指标选取，构建有针对性的评价体系。

表6-2　农业中小型企业数字技术采用价值绩效评估指标体系

一级指标	二级指标	指标内涵
提质	产品品质	数字技术是否提高了产品的品质和安全性,产品质量是否得到消费者认可和好评
	品种创新	数字技术是否促进了新品种或改良品种的研发,扩大了产品种类,增强了市场竞争力
	营养价值	数字技术是否提高了农产品的营养价值,增加了健康产品的供给
	食品安全	数字技术是否有助于提高农产品的食品安全水平,减少了食品安全风险
增效	生产效率	数字技术是否提高了生产过程的效率,是否减少了人力投入、缩短了生产周期
	产量增长	数字技术是否促进了农产品产量的提升,是否增加了销售收入
	产出稳定性	数字技术是否降低了生产波动性、提高了农产品产出的稳定性
	决策精准性	数字技术是否提供了数据支持、帮助农业决策者做出更准确的决策
降本	生产成本	数字技术是否降低了生产成本,包括用工成本、能源成本、农资成本等
	劳动力成本	数字技术是否减少了用工量、降低了劳动力成本
	资源利用效率	数字技术是否优化了资源利用、减少了资源浪费
	农资使用效率	数字技术是否提高了农资的使用效率、减少了浪费和过量使用
降耗	能源耗费	数字技术是否减少了能源的消耗,包括电力、燃料等
	水资源耗费	数字技术是否优化了水资源利用、减少了用水浪费
绿色	环境友好	数字技术是否有助于减少农业生产对环境的污染和破坏
	生态保护	数字技术是否有利于保护生态平衡和生物多样性
	农药、化肥使用减量	数字技术是否促进农药、化肥的精准使用,减少使用量
安全	农产品安全	数字技术是否有助于提高农产品的食品安全水平
	生产安全	数字技术是否改善了生产过程中的安全条件、降低了事故风险
	数据安全	数字技术是否保障了企业数据的安全和隐私、防范了数据泄露风险

第 7 章
制造业中小型企业数字技术采用价值链

随着技术的迅速进步和市场的不断变化，数字化转型对制造业中小型企业的重要性日益凸显，这也使企业逐渐认识到数字化转型是提升竞争力和绩效的关键。在数字技术的应用方面，制造业中小型企业从供应链管理到生产过程优化，从营销和销售到客户关系管理，都在积极探索并采用数字技术，以开发新的机会、创造更多的价值。

对于制造业而言，面向个人消费者的行业，例如，家电、家居、汽车等行业的企业，数字化转型的压力巨大，转型也相对迅速；而面向企业客户的行业，例如，装备制造、能源、零部件、原材料等行业，数字化转型的步伐则相对迟缓。无论属于何种类型或行业，每个制造业中小型企业都应该积极思考并制定数字化转型战略。数字技术的广泛应用将对企业的商业模式、业务运营、决策方式、组织形态和企业文化等方面产生深远的影响。通过数字化转型，企业可以实现更高效的生产和运营，提高产品质量和服务水平，优化供应链管理，增强市场竞争力。同时，数字化转型也带来了更多的数据驱动决策机会，使企业能够更准确地洞察市场变化和客户需求、更灵活地调整战略和运营模式，实现持续创新和持续发展。因此，制造业中小型企业应当认真思考数字化转型的战略定位和目标，积极应用数字技术，把握未来的机遇。

本章通过深入研究制造业中小型企业数字技术采用的价值链，可以更好地理解数字化转型对企业的影响和作用，为制造业中小型企业提供实践指导和决策支持，进一步推动数字技术的采用，为制造业中小型企业创新突破、提升竞争力提供参考，并助力其实现可持续发展。

7.1 制造业中小型企业数字技术采用价值来源

7.1.1 制造业中小型企业车间数据资产

7.1.1.1 中小型企业车间数据要素分类和应用领域

数据作为新型生产要素，对传统生产方式变革具有重大影响，要构建以数据为关键要素的数字经济。随着数据相关技术和产业的发展，数据逐渐具备规模大、价值高等特征，演变为推动生产效率提升的重要因素。"数据要素"一词是面向数字经济，是在生产力和生产关系语境下，根据特定生产需求汇聚、整理、加工而成的计算机数据及其衍生形态，投入生产的原始数据集、标准化数据集、各类数据产品及以数据为基础产生的系统、信息和知识均可纳入数据要素讨论的范畴。本章按照数据所提供的功能和用途，将中小型企业车间数据要素划分为设备数据、生产工艺数据、质量检测数据、物料和库存数据、工人和员工数据、运输和物流数据、环境和能源数据。具体说明与应用领域如图7-1所示。

图7-1 制造业中小型企业车间数据要素分类和应用领域

（1）设备数据

设备数据是与企业设备和设备运行状态相关的数据，包括设备状态、运行时间、故障记录、能源消耗等。这些数据可以应用于设备维护、故障预测、设备升级等决策中。设备数据可用于监测设备的运行状态和健康状况；通过评估设备的利用率、能耗和性能，实现设备故障预测、维护和保养的定期计划和预测性维护，提高设备可靠性和生产效率。同时，设备数据的分析可以帮助中小型企业评估设备的寿命周期和性能，及时识别老旧设备的更新需求，优化设备升级和替换决策，提高设备的现代化水平和生产能力。

（2）生产工艺数据

生产工艺数据是与产品制造过程和工艺参数相关的数据，包括生产计划、工序数据、工艺参数、生产记录等。这些数据可以应用于生产计划和调度、生产过程控制、过程改进和优化。基于生产工艺数据，可以进行生产计划、生产任务和工序的制定，提高生产效率和交付能力。通过实时监测和分析生产工艺数据，可以对生产过程进行控制和调整，确保产品质量、降低废品率、提高工艺稳定性。更进一步地，分析和挖掘生产工艺数据可以帮助识别生产过程中的瓶颈、异常和改进机会，实施持续改进和优化，提高产品质量和生产效率。

（3）质量检测数据

质量检测数据是通过对产品进行检测和测试得到的与产品质量相关的数据，如尺寸测量、检验结果、缺陷数据等。这些数据可以用于质量控制和质量改进，及时发现和处理质量问题，预防缺陷的发生，确保产品符合标准和客户要求。同时，通过分析质量检测数据，了解产品质量的变化趋势和问题的根源，建立质量管理指标和反馈机制，实现数据驱动的质量管理，持续改进质量管理体系和流程。

（4）物料和库存数据

物料和库存数据是与企业原材料采购、库存管理和供应链相关的数据，包括原材料库存量、采购订单、供应商信息、物料需求计划等信息。应用物料和库存数据，可以帮助企业优化供应链管理，实现即时供应和库存控制，减少缺货风险和库存成本。不仅如此，还可以通过分析物料和库存数据，优化采购策略，评估供应商绩效，建立合作伙伴关系，确保供应链的稳定性和质量可控。

（5）工人和员工数据

工人和员工数据是与企业员工管理、工时管理和绩效评估相关的数据，涉及员工信息、工时记录、绩效、薪酬等数据。这些数据可以用于管理员工信息、薪酬福利、考勤和绩效评估等，帮助企业进行人力资源规划、人员配置和绩效管理。通过分析工人和员工数据，企业可以了解员工的培训需求和绩效表现，制订培训计划和晋升规划，提升员工的技能水平和工作表现。

（6）运输和物流数据

运输和物流数据是涉及企业产品运输、仓储管理和物流流程的运输成本、交货时间、运输路线等数据。这些数据可以应用于获取实时的运输信息反馈，评估物流效率，优化物流成本，选择最佳的物流方案和合作伙伴，帮助企业优化仓储流程和库存周转率，减少库存积压和滞销风险。

（7）环境和能源数据

环境和能源数据是与企业环境保护、能源消耗和可持续发展相关的数据，包括车间内能耗数据、废物排放数据、环境指标等。通过收集和分析环境和能源数据，企业可以检测和控制能源消耗和能源效率，遵守环境法规和标准，管理废物排放和环境风险，保护环境和可持续发展。

7.1.1.2　中小型企业车间数据要素潜在应用价值

按照中国信息通信研究院界定的数据要素投入生产的三次价值释放过程：一次价值——数据支撑业务贯通、二次价值——数据推动数智决策、三次价值——数据流通对外赋能。按照这三条途径分析中小型企业车间数据要素潜在价值的应用过程，如图7-2所示。

（1）数据支撑业务贯通

车间数据要素作为支撑业务的基础，可以为企业提供实时的车间运营数据和生产情况。通过传感器、监测设备和生产信息化系统等手段进行数据的收集、整理和分析，企业能够实现车间生产过程的全面监控和管理，及时发

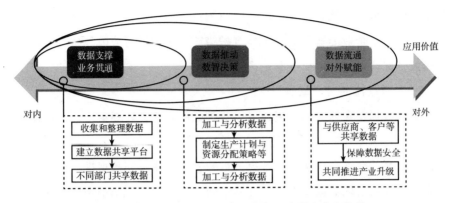

图 7-2 制造业中小型企业车间数据要素潜在应用价值

现问题并做出相应调整。这种实时的车间运营数据和生产情况反馈，为企业提供了决策的参考依据，使其能够更加灵活地应对市场的变化和客户的需求、提高生产效率和产品质量。中小型企业通过建立完善的数据管理和共享平台，将车间数据整合到一个统一的数据库中，对车间数据要素进行整理、存储。不仅提高了数据的集中管理和安全性，而且为企业内部各个部门之间的数据共享和交流提供了便利。不同部门之间的信息传递更加高效，企业能够更好地实现业务运转与贯通，避免信息孤岛和信息不对称的问题。此外，通过数据的共享，企业还能够形成更加全面和准确的数据画像，为决策提供更为科学的依据，促进企业的协同工作和整体效率的提升。

（2）数据推动数智决策

车间数据要素的进一步分析和挖掘可以帮助企业做出更智能的决策。通过对车间数据要素进行数据的加工、分析、建模，确保数据的准确性和可靠性，企业决策者可以摆脱经验的局限，借助数据分析工具和技术，对车间数据进行深入挖掘和分析，从数据资产中提取重要信息，揭示更深层次的关系和规律。企业可以制定更准确的生产计划、资源配置策略和质量控制措施，提高生产效率、产品质量和客户满意度，帮助制造业中小型企业生产、经营等环节的决策更智慧、更智能且更精准。例如，通过收集和分析车间设备的运行数据、故障记录和维护信息，企业可以建立预测模型和故障预警系统。

基于这些模型和系统，企业可以实时监测设备的运行状态，并预测潜在的故障风险。这使企业能够采取预防性维护措施，避免设备故障导致的生产停机和损失，提高设备的可靠性和生产效率。

（3）数据流通对外赋能

车间数据要素的共享和流通可以对外赋能企业，实现更广泛的应用和价值创造。在保障数据安全的前提下，鼓励开放数据，各企业之间可以通过打通数据壁垒，允许合作伙伴以及第三方开发者利用车间数据进行创新，对外提供和从外部获取数据，进一步凸显车间数据要素在中小型企业之间流通中的潜在应用价值，共同推动产业升级和创新。对于制造业中小型企业来说，可以与供应商、合作伙伴、客户等外部利益相关者共享特定的数据要素，以实现更紧密的合作和协同。例如，通过共享供应链数据，企业可以实现供应链的协同管理和优化，提高供应链的可靠性和灵活性。数据流通对外赋能，可以促进制造业中小型企业与供应商、合作伙伴的深度合作，实现共赢发展。

综上所述，制造业中小型企业可以通过数据支撑业务贯通，将车间数据要素整合并支持内部业务，实现生产过程的数字化和信息化。随后，通过数据推动数智决策，利用车间数据进行深度分析和智能决策，优化生产流程和资源配置。最后通过数据流通对外赋能，将车间数据与供应链、物流等外部系统进行对接和共享，实现与合作伙伴的紧密协作，推动产业升级和创新发展。这一过程将潜在的车间数据要素应用价值逐步释放，为中小型企业创造更多商业机会和增值效应。

7.1.2 制造业中小型企业数字化平台

7.1.2.1 建设目标及原则

制造业中小型企业数字化平台的建设目标是提高效率和生产力、改善决策和管理、增强创新和竞争力、加强合作和协同。其原则是以用户为中心，整合和共享信息，开放和可扩展，保障安全和可靠，持续优化。通过这些目标和原则的指导，中小型企业可以实现数字化转型，提升业务水平和竞争力，适应市场变化，实现可持续发展。

制造业中小型企业数字化平台的建设目标是通过数字技术和信息化手段，实现企业内部各个环节的数据共享、协同和优化，提高生产效率、降低成本、提升产品质量和服务水平，以提升企业竞争力和创新能力。其原则如下。

①以用户为导向，以满足企业内外部用户的需求为核心，确保数字化平台功能和服务符合用户期望。

②具备开放性，确保数字化平台具有良好的互联互通性，可以与其他系统和应用无缝对接，实现数据的共享和流通。

③具备可持续性，数字化平台建设应考虑长期发展，能够适应未来的技术变化和业务需求。

④具备安全性，保障数字化平台的数据安全和隐私保护，防止数据泄露和信息安全事件。

⑤具备敏捷性，数字化平台应具备灵活性和可调整性，能够快速响应市场变化和业务需求。

7.1.2.2　建设内容及模块

数字化平台建设包括基础设施层、数据存储层、数据访问层和服务支撑层四个模块。基础设施层为上层提供了硬件和软件基础设施，为数据存储层和数据访问层的运行提供支持。数据存储层提供数据的集中存储和管理，为数据访问层提供数据的来源。数据访问层通过数据采集与传输、数据集成与清洗等功能，从数据存储层获取数据，并为上层提供数据的查询和分析服务。服务支撑层提供了应用开发和集成、安全管理、业务流程管理等功能，为上层的业务应用和用户提供支持和服务。这四个层次相互协作，构成了一个完整的数字化平台，实现了数据的采集、存储、访问和应用，为制造业中小型企业的数字化转型和业务优化提供了支持和基础。

7.1.2.3　模块功能分析

建设数字化平台旨在为制造业中小型企业提供全面的数字化解决方案，对于提升生产效率、优化质量控制、提升供应链协同、支持数据驱动的决策，并促进创新和灵活性具有重要意义。制造业中小型企业数字化平台由基础设施层、数据存储层、数据访问层和服务支撑层组成，每个模块具有独特的功能和作用，如图 7-3 所示。

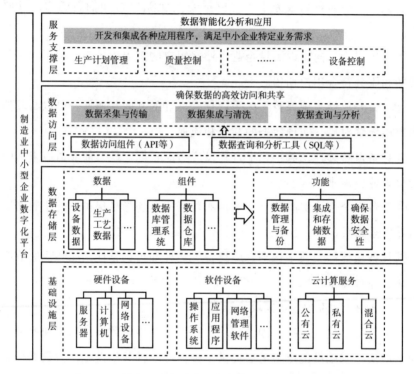

图 7-3　制造业中小型企业数字化平台模块功能示意

（1）基础设施层

数字化基础设施建设是制造企业进行数字化转型的基石，为制造业中小型企业数字化平台提供了硬件设备、软件设备和云计算服务。硬件设备包括用于构建数字化平台的各类硬件设备，例如服务器、计算机、网络设备、存储设备、传感器、工控设备等。这些硬件设备构成了数字化平台的物理基础，用于存储、处理和传输数据，并为企业的各种数字化应用提供计算能力和数据支持。软件设备包括操作系统、数据库管理系统、应用程序、数据分析工具、网络管理软件等。帮助管理和运维硬件设备，实现数据的存储、处理和分析，以及支持企业的业务和管理活动。云计算服务是一种基于互联网的计算资源共享模式，通过向企业提供虚拟化的计算和存储资源，以及各种服务来满足其数字化需求。云计算服务可以分为公有云、私有云和混合云等模式，允许企业根据实际需求弹性地调整计算和存储资源，同时还提供各种云服务，如云存储、云数据库、云安全服务等，为企业的数字化平台提供更多的灵活性和便利性。

（2）数据存储层

数据存储层用于存储和管理制造业中小型企业的车间数据、供应链数据、财务数据等各类数据，包括数据库管理系统、数据仓库等组件，具备数据管理和备份功能，集成和存储大量的企业数据，支持数据分析和决策。此模块的功能是提供数据的集中存储和管理，确保数据的安全性和可靠性。大数据存储和处理技术也是数据存储层的关键要素，帮助企业高效地存储和处理大规模的数据。为确保数据的安全性和隐私保护，数据存储层必须配备数据安全和权限控制措施，如数据加密、访问控制等，以防止未授权访问和数据泄露。同时，数据备份和恢复机制是确保数据持久性和可靠性的关键环节，以应对数据丢失或系统故障的情况。

（3）数据访问层

数据访问层是进行数据采集与传输、数据集成与清洗、数据查询与分析的过程，是连接数据存储层和上层服务支撑层的重要桥梁。这一层的主要功能是提供统一的数据访问接口，使企业用户能够方便地获取和使用数据。数据访问层包括多个关键组件，其中最重要的是应用程序接口（API），企业通过 API 可以将数据从数据存储层提取出来，并将其传递给不同的业务应用，实现数据的共享和流动。同时，数据访问层还涵盖了数据查询和分析工具、数据探索和数据挖掘工具，用于发现隐藏在数据中的潜在模式和关联，从而为企业提供更深入的洞察和预测能力。通过传感器、监控设备等实时采集车间数据，并将数据传输到数据存储层。再将来自不同数据源的数据进行整合和清洗，确保数据的一致性和准确性，并且提供用户友好的界面和工具，让用户能够灵活地查询、分析数据。

（4）服务支撑层

服务支撑层就是开发和集成各种应用程序，满足中小型企业的特定业务需求，是构建数字化平台的重要组成部分，为整个数字化转型提供关键的支持和保障，如生产计划管理、质量控制、设备控制等。同时，该模块具备安全与权限管理和业务流程管理。确保数字化平台的安全性，设置用户权限和访问控制，防止未经授权的访问和数据泄露。设计和优化数字化平台上的业务流程，实现流程自动化和协同，提高工作效率和协作能力。制造业中小型企业数字化平台的服务支撑层发挥着关键的作用，它通过合理规划资源、确保数据安全、实时监控运维、提供技术支持和优化用户体验等方面，为企业的数字化转型和创新提供有力保障，推动企业未来向数字化发展。

基于基础设施层、数据存储层、数据访问层和服务支撑层构建的制造业中小型企业数字化平台能够实现数据驱动的智能化决策，优化生产流程。这四个模块之间通过数据的流动和共享实现紧密联系，基础设施层提供了数据的采集和传输能力，数据存储层对数据进行集中存储和管理，数据访问层确保数据的高效访问和共享，服务支撑层对数据进行智能化分析和应用。通过这样的结构，制造业中小型企业能够在数字化平台上实现数据的全生命周期管理和有效利用，从而提升生产效率、优化决策过程，并推动企业的持续发展。这四个模块相互联系，形成了一个紧密结合的数字化生态系统，使企业能够高效地收集、存储、访问和分析大量数据，并依靠服务支撑层的支持，实现数据的应用和价值释放。

7.2 制造业中小型企业数字技术采用价值转化

7.2.1 制造业中小型企业数字技术采用价值转化评估

7.2.1.1 评估目标和原则

制造业中小型企业数字技术采用价值转化的评估目标是提高企业的数字化水平、实现企业的数字化转型。评估的原则如下。

①坚持企业主体、效益优先，以数字化转型促进提质、增效、降本、降耗、绿色和安全发展。紧密围绕企业的核心业务和战略目标展开，以提高企业的综合竞争力和经济效益为优先考虑。

②坚持应用牵引、供需互促，数字化转型服务供给方主体应聚焦中小型企业特征及需求。根据企业实际的业务需求和痛点，有针对性地推进数字技术的应用和创新。同时，数字化转型服务供给方主体，如数字技术提供商、解决方案提供商等，应当紧密关注中小型企业的特征和需求，提供符合其实际情况的解决方案和服务。

③坚持政府引导、协同联动，充分发挥有为政府作用。政府在数字化转型中扮演着重要角色，通过政策引导、资源支持等方式，推动制造业中小型企业的数字化转型。政府、企业和相关机构之间应当形成协同联动的局面，共同推进数字化转型的进程，实现共赢。

7.2.1.2 评估体系构建

结合工业和信息化部发布的《中小企业数字化水平评测指标》等标准规范，通过对相关文献的梳理，从数字化基础水平、数字化经营、数字化管理和数字化成效四个方面构建制造业中小型企业数字技术采用价值转化评估体系。数字化基础水平是制造业中小型企业数字化转型的基础设施和技术水平，反映了企业数字化转型的基础设施和技术支撑情况。而数字化经营方面关注企业业务运营过程中数字化技术的应用程度，对提高生产效率、优化供应链和拓展市场具有重要意义。数字化管理是企业在数字化转型过程中的管理机制和组织架构的数字化程度，包括数字化转型意识与执行情况、数字化组织与管理制度的完善程度，可以衡量企业在数字化转型过程中的管理水平和组织架构，是数字化转型的重要保障和驱动力。而数字化成效是数字化转型带来的业绩和效益的表现，可以反映数字化转型带来的业绩提升和效益改善。综合考虑这四个方面的指标，可以为企业提供有效的数据支撑，帮助企业全面评估数字技术采用的价值，推动企业在数字化转型过程中更加精准地定位问题和优化策略。具体的评估体系如表7-1 所示。

表 7-1 制造业中小型企业数字技术采用价值转化评估指标体系

一级指标	二级指标	指标内涵
数字化 基础水平	数字化设备水平	数字化设备覆盖范围、关键工序数控化率
	数据资产	各类数据汇聚及应用情况、数据量增长率、数据质量指标、数据标准化程度
	网络安全	网络安全保障制度、数据备份与恢复机制、网络安全事件响应能力
数字化经营	研发设计	产品研发数字化程度、新产品产值、研发投入占比
	生产管控	生产计划排产排程数字化、生产监控数字化、生产作业数字化、质量控制数字化、仓储物流数字化
	采购供应	采购管理数字化程度、供应商管理数字化
	营销管理	营销管理数字化、营销渠道数字化、客户关系管理数字化
数字化管理	经营战略	企业数字化转型意识与执行情况
	管理机制	数字化组织与管理制度完善程度、信息共享和协作平台使用情况
	人才建设	数字化方面培训人员情况、数字化人才引进情况
	资金投入	数字化投入占比、数字化项目资金支持情况
数字化成效	产品质量	产品合格率、客户投诉率
	生产效率	人均营业收入、产能利用率、生产周期缩短比例
	价值效益	单位营业收入成本、利润增长率

7.2.1.3 评估流程与方法

构建完整合理的评估指标体系后，需要按照科学的评估流程，基于评估体系对制造业中小型企业数字技术采用价值转化进行系统科学的评估。一般而言，这一过程可细分为调研和数据收集、阶段评估、需求分析、数据分析和评估、结果报告和建议五个步骤，如图 7-4 所示。

制造业中小型企业数字技术采用评估流程如下。

（1）调研和数据收集

首先，研究行业报告、统计数据和案例，了解整个行业的数字化发展水平和趋势，收集相关企业的数据和信息，包括企业的规模、数字化投入和应用情况等。其次，通过访谈、问卷调查或现场观察等方式收集企业内部的数字化情况、需求和挑战等信息。

150

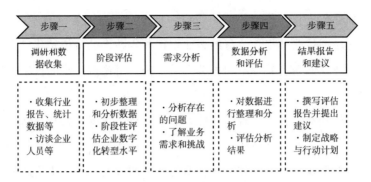

图 7-4 制造业中小型企业数字技术采用价值转化评估流程

（2）阶段评估

将收集到的数据进行初步整理和分析，基于数字化基础设施、数字化应用领域和数字化成果等方面进行分类和判断，比较企业的数字化水平和行业的平均水平，对制造业中小型企业的数字化转型进行阶段性评估。

（3）需求分析

根据阶段评估的结果，分析企业数字化转型中存在的问题和挑战，与企业管理层、技术人员和相关部门进行讨论，了解目前的业务需求和挑战，明确数字化技术在提升效率、降低成本、增加竞争力等方面的潜在价值，总结当前对数字化技术的需求。

（4）数据分析和评估

基于评估目标和评估体系，对收集到的数据进行整理和分析，计算各个指标的数值。可以借助 Matlab 和 Excel 等数据分析软件，应用层次分析、模糊灰色、TOPSIS 等科学评价方法对数据进行分析和比较。根据调研和数据分析的结果，对制造业中小型企业数字技术采用价值进行综合评估。将阶段评估的结果与需求分析和数据分析结合，得出数字化技术采用的综合价值，进行制造业中小型企业数字技术采用价值转化评估。

（5）结果报告和建议

根据前面的调研和分析结果，撰写评估报告并提出具体建议。报告中详细总结数字化转型的现状和潜力，提出优化数字化应用方案、改进数字化管理体系、加强数字化培训等方面的建议和措施，为企业提供科学决策依据，优化数字化转型策略和规划，帮助企业实现数字技术的价值转化最大化。将评估结果和建议向企业管理层和相关人员汇报，讨论进一步的数字化策略和行动计划。

通过调研和数据收集、阶段评估、需求分析、数据分析和评估、结果报告和建议五个步骤实现制造业中小型企业数字技术采用价值转化的评估，可以帮助中小型企业全面了解数字化转型的效果和成效，提高决策的科学性和有效性，并有针对性地改进和优化数字化平台，从而提升企业的竞争力和持续发展能力。

7.2.2 制造业中小型企业管理创新

优化组织架构可以提高中小型企业内部协作灵活性，管理制度的完善能够规范业务操作和保障企业的合规性，数字素养和技能的提升有助于应对数字化时代的管理要求，财务、办公及人力资源管理环节的改进可以提高效率、增强员工体验，而经营管理决策的数字化支持能够帮助企业实现精细化管理、识别机遇和制定战略。综合来看，本章从组织架构，管理制度，数字素养和技能，财务、办公及人力资源管理环节，经营管理决策等五个方面研究制造业中小型企业管理创新，如图7-5所示，可以帮助中小型企业提升管理能力、适应市场变化和数字化转型、实现可持续发展。

7.2.2.1 组织架构

组织架构通过影响组织中的信息流动和决策倾向，从而影响企业的战略制定及未来绩效。数字化管理创新涉及重新设计和优化企业的组织架构，以适应数字化转型的需求。这包括建立跨部门的数字化团队、引入新的职能角色如数据科学家和数字化专家，促进信息流通和知识共享，打破传统的垂直层级结构，推动快速决策，提高灵活性。敏捷、简单、高度协作的组织架构更适应数字化竞争。陈冬梅等指出，由于企业除了生产过程和流程之外，其设备、产品、资源、决策体系等都要实现系统互通、数据互联，数字化背景

152

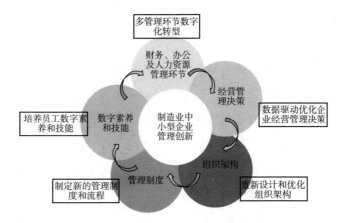

图 7-5　制造业中小型企业管理创新

下企业组织架构设计逻辑的一个发展趋势是将业务流程模块化并依靠即插即用功能来丰富不同资产之间的连接。

7.2.2.2　管理制度

数字化管理创新要求企业制定新的管理制度和流程，以支持数字技术的应用和数据驱动的决策。这包括建立数字化项目管理方法，明确责任和权限，制定数字化安全和隐私保护政策，建立数据治理和质量管理体系，确保数字化管理的合规性和可持续性。采用协同协作的管理制度，利用数字化协同工具和平台，促进内部和外部的协同合作，打破信息孤岛和部门壁垒。

7.2.2.3　数字素养和技能

人才要素是数字化转型的关键因素，人才的数字素养和操作技能是承接技术创新、加快数字化转型的关键。数字化管理创新要求企业培养员工的数字素养和技能，以适应数字化工作环境的要求。这包括提供培训和培养计划，使员工掌握数据分析、人工智能、物联网等数字技术的基本知识，提高信息素养和创新思维能力，以便更好地应用数字工具和技术，支持业务运营和决策。定期组织企业经营管理者和一线员工参加数字化培训，深化数字化转型认知，提升数字素养和技能。

7.2.2.4 财务、办公及人力资源管理环节

中小型企业可以应用财务流程自动化、协同办公平台、标准化人力资源管理产品等，实现财务、办公及人力资源等管理环节数字化转型，提升企业管理精细化水平。数字化管理创新涵盖了财务、办公及人力资源管理环节的优化和升级。通过建立财务数字化管理系统，实现财务数据的实时监控和分析；办公自动化和协作工具的应用，促进团队合作和信息共享；人力资源数字化平台的建设，包括招聘、培训、绩效评估等方面的数字化支持，提升人力资源管理效率和员工体验。

7.2.2.5 经营管理决策

应用工业互联网平台推动各环节数据综合集成、可视化和智能分析，优化企业经营管理决策。制造业中小型企业管理创新通过数据综合集成、可视化和智能分析为经营管理决策提供更全面、准确和及时的支持。①数据综合集成。在经营管理决策中，数据综合集成的目标是将多个数据源的数据整合在一起，形成全面的数据视图。随着企业需求规划管理平台、制造执行系统、流程管理平台等的广泛应用，企业经营管理活动中涉及的物流、信息流、资金流、工作流等数据综合集成，实现企业管理业务的集中管理与应用。通过数据综合集成，企业可以获取更全面的信息，更准确地分析和理解业务状况，从而做出更明智的决策。②可视化和智能分析。可视化和智能分析是数字化管理决策的重要工具，促进顾客需求、企业生产和产品供应实现协同互联。可视化通过图表、仪表盘和报表等方式将数据转化为易于理解和解释的可视形式，帮助管理层直观地了解业务状况和趋势。智能分析利用数据挖掘、机器学习和人工智能等技术，对大量数据进行深入分析和预测，发现隐藏的模式、关联和趋势，从而提供更准确的决策支持。可视化和智能分析的结合，使管理层能够更快速、更准确地识别业务机会和风险，做出基于数据的决策。

7.2.3 制造业中小型企业技术创新

《"十四五"智能制造发展规划》指出了在制造业强化科技支撑引领作用方面的重点任务，即加强关键核心技术攻关、加速系统集成技术开发、推

进新型网络建设是数字化背景下的重要创新需要。这为制造业中小型企业技术创新提供了依据，从加强关键核心技术攻关、加速系统集成技术开发、推进新型网络建设等三个方面展开研究，有助于中小型企业提升技术实力、优化生产流程、推动数字化转型，以应对日益激烈的市场竞争和数字化时代的挑战。

7.2.3.1 关键核心技术攻关

中小型企业在技术创新方面通常资源有限，因此，加强关键核心技术的攻关有助于提升企业的技术实力和竞争力。开发应用增材制造、超精密加工等先进工艺技术，攻克智能感知、人机协作、供应链协同等共性技术，研发人工智能、5G、大数据、边缘计算等在工业领域的适用性技术。通过加大研发投入，建立研发团队，与高等院校和科研机构合作，积极引进科技人才，推动技术创新，集中力量攻克关键技术难题。不仅如此，企业应该深入了解行业和市场需求，找准关键技术瓶颈。有针对性地进行技术攻关，不断突破技术难题，从而促进企业在市场竞争中获得差异化优势，提高产品质量和性能。

7.2.3.2 系统集成技术开发

在数字化背景下，制造业中小型企业往往面临多样化的技术需求和复杂的生产流程，加速系统集成技术开发对于提高生产效率和降低成本至关重要。企业应整合内部和外部资源，包括人才、技术、设备、数据等，形成完整的技术开发体系。面向装备、单元、车间、工厂等制造载体，构建制造装备、生产过程相关数据字典和信息模型，开发生产过程通用数据集成和跨平台、跨领域业务互联技术。在技术开发过程中，进行实验和验证，确保集成的稳定性和可靠性，并及时修复和改进技术中的不足。持续投入研发，推动技术不断升级和创新。通过将各个子系统和组件进行有效整合，优化生产流程和协同工作，中小型企业可以实现更高效、更灵活的生产模式。

7.2.3.3 新型网络建设

在数字化时代，新型网络建设对于中小型企业的技术创新至关重要。制造业中小型企业加强新型网络建设的关键在于提升网络基础设施水平、推进数字化网络应用、加强网络安全保障、培育网络人才。首先，企业应投入资源提升网络基础设施水平，包括提高网络带宽、优化网络架构和扩展网络覆盖范围，确保网络的高速稳定运行。其次，积极推进数字化网络应用，采用物联网、云计算等技术，实现设备间的信息共享和协同，提高生产管理的智能化水平。同时，加强网络安全保障，建立健全网络安全体系，加密数据传输，防范网络攻击和数据泄露。最后，培育网络人才，提高员工的数字化素养和网络技术能力，确保企业能够充分利用新型网络实现数字化转型。通过这些措施，制造业中小型企业可以加强新型网络建设，提升企业的数字化水平和竞争力，适应数字化时代的发展需求。

7.2.4 制造业中小型企业数字服务创新

随着数字技术的发展，数字服务创新趋势越发显著。数字技术提高了服务价值创造能力、扩大了价值创造空间，以云计算、大数据、物联网等数字化技术为基础扩展出崭新的服务内容和交付方式，并存留了服务提供证据。同时，数字技术作为服务提供平台，加速了供需间交互，制造业中小型企业可以依据平台中的实施信息，柔性化调整服务方案，提升企业应对复杂多变需求的响应能力。为了适应市场竞争和满足客户需求，中小型企业需要关注研发设计、生产制造、仓储物流和营销服务等关键领域的数字服务创新，通过应用订阅式产品服务，推动研发设计、生产制造、仓储物流、营销服务等业务环节数字化，降低一次性投入成本，提升客户体验和市场竞争力。

7.2.4.1 研发设计

数字化技术可以支持产品设计和开发的虚拟仿真、快速原型制作，促进创新和定制化。通过应用虚拟设计软件和数字化工具，企业能够快速验证产品设计方案、降低开发成本，并提高产品质量和功能。众包设计是一种创新的合作模式，可以促进制造业中小型企业的数字服务创新。通过与外部的设计师、专家和供应商进行合作，企业可以获取更广泛的设计思路和创意，拓展设计资源和能力；还可以与不同团队和合作伙伴之间实现实时协作、知识共享和信息交流，促进跨部门、跨企业的合作，提高创新效率和研发质量。具体来说，中小型企业可以使用 SaaS 化的计算机辅助设计（CAD）、计算机辅助工程（CAE）等工具开展数字化研发设计，发展众包设计和协同研发等新模式，提升研发设计效能。

7.2.4.2 生产制造

随着数字经济背景下的"数据+算力+算法"这一智能制造核心技术体系的愈加成熟，制造业装备设施及生产制造过程将朝数字化、网络化与智能化方向转型，代表着先进制造业发展方向的智能制造也必将成为传统制造业转型升级的新趋势。中小型企业可以通过应用云化制造执行系统（MES）和高级计划与排程（APS）等数字化产品，优化生产制造资源配置，实现按需柔性生产，提高生产线的柔性和响应速度。

7.2.4.3 仓储物流

数字化技术可以优化供应链管理和物流流程，提高仓储和物流效率。中小型企业可以应用仓库管理（WMS）、订单管理（OMS）、运输管理（TMS）等解决方案和无人搬运车（AGV）、自主移动机器人（AMR）等硬件，使用第三方物流平台，推动仓储物流环节数字化，实现库存的准确控制、物流路径的优化和订单的跟踪，从而降低成本、提高交付速度和客户满意度。

7.2.4.4 营销服务

通过应用数据分析、社交媒体和个性化推荐等技术，企业通过互联网和社交媒体等渠道进行宣传推广，吸引更多潜在客户。采用大数据和人工智能技术进行市场分析和客户画像，精准定位目标客户，更好地理解客户需求，提供个性化的产品和服务，同时开展产品全生命周期管理，构建产品数字镜像，提升产品数据管理水平，发展基于数字化产品的增值服务，拓展业务范围，创新盈利模式。

7.2.5 制造业中小型企业数字商业模式创新

制造业中小型企业数字商业模式创新可以从订单共享、设备共享、产能协作和协同制造四个方面展开。通过订单共享，企业可以合作共享订单资源，实现订单互补，提高订单履约能力和市场份额。设备共享则促进企业间设备资源的共享与合作，降低设备投资成本，提高生产灵活性和资源利用效率。产能协作帮助企业合理规划产能，避免产能过剩或短缺，优化生产安排，提高产能利用率。协同制造则强调企业内外部合作，整合产业链上下游资源，推动协同创新和共同开发，提高产品质量和创新能力。这些方面的创新将推动制造业中小型企业转型升级，拓展市场合作，提高资源利用效率，增强竞争力，实现可持续发展。依据该思路，采用数字技术后，常见的制造业中小型企业数字商业模式创新有以下几类。

7.2.5.1 制造业订单共享模式

通过数字化平台或电子商务平台，实现订单信息的共享和交互。通过订单共享，企业可以避免订单不足或过剩的情况，这意味着一个企业可以将其接收到的订单与其他企业共享，以实现订单的互补和优化，提高订单履约率，增加收入，同时也能减少生产风险。企业可以与供应商、合作伙伴和客户共享订单信息，实现订单的快速响应和协同处理。这有助于优化供应链、减少交易成本、提高订单执行效率。这种模式可以促进企业间合作和资源共享，提高整体产能效率。制造业订单共享模式适用于企业生产能力有剩余且需要增加订单来源的情况。通过共享订单资源，企业可以利用闲置生产能力提高产能利用率，同时扩大市场份额。

7.2.5.2 制造业设备共享模式

中小型企业通过数字化平台或设备共享平台，合作共享彼此的生产设备和设备资源，实现设备资源的共享和协作利用。设备共享可以使企业在生产设备闲置时将其共享给其他企业使用，从而降低设备运营成本、提高设备资源的利用率。设备共享模式提高了生产灵活性，使企业能够更好地应对市场需求的波动，并提高生产效率。制造业设备共享模式适用于企业设备利用率较低且设备投资较大的情况。通过设备共享，企业可以降低设备成本、提高设备利用率，同时拓展新的业务领域。

7.2.5.3 制造业产能协作模式

中小型企业可以通过数字化平台或产能协作网络，与其他企业共享产能信息、进行产能协作，共同规划和管理产能，实现产能资源的协同和整合。企业可以根据市场需求和生产能力进行产能调度，避免产能浪费和不足的问题，提高产能利用率和生产效率。制造业产能协作模式可以有助于优化生产能力的配置、降低库存风险、提高产能利用率。制造业产能协作模式适用于产能过剩且需要开发新市场的情况。通过与其他企业合作，共同开发新产品或新市场，实现互利共赢。

7.2.5.4 制造业协同制造模式

中小型企业可以通过数字化平台或协同制造网络，与产业链上下游的企业进行协同制造，共同开发新产品、新技术，实现企业之间的协同生产和合作制造，推动资源整合和共享创新。通过协同制造，企业可以拓展市场范围，提高产品质量和创新能力，增强市场竞争力。制造业协同制造模式适用于复杂产品或大规模生产的情况。通过协同制造，企业可以利用合作伙伴的专业技术和资源，提高产品质量和生产效率。

7.2.6 制造业中小型企业数字标准

7.2.6.1 制造业中小型企业数字标准构建原则

企业数字标准是指企业在数字化转型过程中，为了实现信息共享、数据互通、流程协同等目标，制定的一系列规范、标准和规程。标准需兼顾可行性和适用性：数字标准应基于实际情况和可行性，能够适用于中小型企业的特点和需求。

（1）强调标准化和统一性

制造业中小型企业数字标准应强调标准化和统一性，确保企业在数字化转型过程中能够遵循相同的规范和指导。标准化有助于提高企业之间的互操作性和合作效率。

（2）鼓励创新和灵活性

数字标准的构建应鼓励创新和灵活性，允许企业在满足基本要求的前提下进行自主创新和定制化。标准应提供一定的灵活性，以适应企业不同的发展阶段和数字化需求。

（3）可持续发展和更新迭代

制造业中小型企业数字标准的构建应考虑可持续发展和更新迭代的需

求。随着数字技术和业务环境不断演进，标准应具备更新和适应的能力，以确保标准的长期有效性。

7.2.6.2 制造业中小型企业数字标准构建过程

制造业中小型企业数字标准的构建是一个复杂而系统的过程，需要多方参与和广泛征求意见，以确保标准的科学性和实用性。一般而言，制造业中小型企业数字标准构建包含七个步骤，如图 7-6 所示。

图 7-6 制造业中小型企业数字标准构建过程

（1）需求分析

制造业中小型企业需要明确数字标准构建的目标和范围。通过与相关部门和利益相关者沟通，收集各方对数字标准的需求和期望，对制造业中小型企业的数字化需求进行全面分析，了解企业当前的数字化水平、存在的问题与挑战和目标，确定数字标准的构建方向，明确数字化的关键领域和需求。

（2）资源调研

企业需要评估自身的资源情况，包括人力资源、技术设施、数据资产等。同时，通过搜集和调查相关数字化资源和标准，了解国际标准、行业标准以及其他企业的优秀实践，了解行业的发展趋势和标准化需求，收集各类资源，包括技术文献、标准文档、行业报告等。

（3）标准制定

根据需求分析和资源调研的结果，制定适合制造业中小型企业自身的数字标准，包括确定技术标准、流程标准、数据标准等的范围、目标、指标和要求，制定标准的具体内容和规范。

（4）内部验证

将制定的数字标准在企业内部进行验证和试行。与企业内部相关部门和人员进行沟通和协调，通过在一定范围内的试点实施，检验标准实施的可行性和适用性，收集各方的反馈意见和改进建议，不断优化和完善数字标准。

（5）修订完善

根据内部验证的结果和反馈意见，对标准进行修订和完善。根据实际情况和反馈意见，对标准的内容、指标和要求进行调整和改进，确保标准的准确性和可操作性。

（6）外部验证

将修订后的标准在行业内进行外部验证。与行业相关机构、专家和企业进行交流和合作，或是选择与合作伙伴或同行进行合作，共同实施标准，检验标准的适用性和推广价值，获取更广泛的意见和建议，进一步完善标准的内容和规范。

（7）发布和推广

在通过外部验证后，将制定的数字标准进行发布和推广，向行业内的中小型企业宣传和推广，提供相关培训和指导，帮助企业理解和应用标准，推动数字化转型的进程。

制造业中小型企业数字标准构建过程包括需求分析、资源调研、标准制定、内部验证、修订完善、外部验证、发布和推广等七个关键步骤。通过全面分析企业需求，调研相关资源和最佳实践，制定科学可行的数字标准，然后经过内外部验证和修订，确保标准的全面性和权威性。最终将数字标准正式发布和推广，促进制造业中小型企业的数字化发展，提升整体竞争力。

7.2.6.3　制造业中小型企业数字标准构建影响

制造业中小型企业数字标准的构建对企业和整个制造业都将带来多方面的影响，将为企业的数字化转型提供重要的支持和保障，促进企业的可持续发展和竞争力提升。构建制造业中小型企业数字标准对企业的影响主要体现在规范化和统一化、提高互操作性和合作效率、降低数字化成本和风险、促进技术创新和升级、推动数字化转型等五个方面。

（1）规范化和统一化

数字标准的构建可以帮助中小型企业建立统一的规范和指导，使其在数字化转型过程中遵循一致的标准，确保数字化系统的一致性和互操作性。这有助于避免不同系统之间的信息孤岛，提高数据的流通、共享效率，使企业在数字化过程中更加高效地协同。

（2）提高互操作性和合作效率

数字标准的构建可以促进企业间的互操作性，使企业之间能够更加便捷地实现数据共享和信息交流，促进产业链上下游之间的合作和协同。互操作性的提高可以使企业更好地融入数字化生态系统，提高企业在产业链中的地位，提高合作效率和资源利用率。

（3）降低数字化成本和风险

数字标准的构建可以提供行业内通用的数字化解决方案和标准化技术规范，帮助企业避免重复投入和资源浪费，降低数字化转型的成本。同时，标准化可以减少数字化转型过程中的风险，确保数字化系统的稳定和安全运行，为企业提供更加可靠的数字化解决方案。

（4）促进技术创新和升级

数字标准的构建可以促进技术创新和升级，推动中小型企业采用先进的数字技术和工具。企业在遵循标准的基础上，可以更加自由地进行技术创新，推动数字化技术的不断升级，保持竞争力和创新优势。

（5）推动数字化转型

数字标准的构建为中小型企业提供了明确的数字化目标和指引，推动企业更加积极主动地进行数字化转型。标准化的指导和规范可以帮助企业更好地规划数字化转型的步骤和方向，确保数字化转型的顺利进行和成功实施。

7.3 制造业中小型企业数字技术采用价值实现

7.3.1 制造业中小型企业数字治理成效

7.3.1.1 制造业中小型企业数字治理目标

数字治理主要是通过运用信息智能的治理能力，利用各种数字监管工具和手段，释放数据作用和价值，激发数据生产要素对经济社会的放大、叠加、倍增作用。制造业中小型企业的数字治理目标是通过数字化技术和解决方案的应用，提升企业的数字化水平和效率，增强数据安全和隐私保护，提高决策的准确性和及时性，实现产品和服务的创新，以及建立协同合作的生态系统。通过实现这些目标，企业能够提高竞争力、降低成本、改善服务质量，并实现可持续发展。

7.3.1.2　制造业中小型企业数字治理原则

制造业中小型企业的数字治理原则包括全面性原则、持续性原则和风险管理原则。

①全面性原则指企业在数字治理方面应全面考虑各个环节和领域，涵盖技术、人员、流程和文化等方面，确保数字化转型的全面性和协同性。

②持续性原则强调数字治理是一个持续的过程，企业应不断优化和改进数字化能力，适应市场和技术的变化，实现持续的业绩提升和创新能力增强。

③风险管理原则指企业在数字治理中应识别和管理各种风险，包括数据安全风险、技术风险、业务风险等，通过建立有效的风险管理机制和应对策略，确保数字化转型的稳健性和可持续性。这些原则为企业提供了指导，帮助企业在数字化转型中制定合理的策略和实施计划，确保数字治理的有效性和成功实施。

7.3.1.3　制造业中小型企业数字治理方式

技术层、行为层、组织层的治理规则重构共同构成了数字治理体系的基本框架，三个层次互为前提、相互影响、共成一体。依据工业和信息化部发布的《中小企业数字化转型指南》在指导中小型企业推进数字化转型方面提出的路径方法，按照"评估—规划—实施—优化"的逻辑闭环，从开展数字化评估、推进管理数字化、开展业务数字化、融入数字化生态、优化数字化实践等五个方面提出制造业中小型企业数字治理方式，每一种治理方式均涉及中小型企业的技术层、行为层和组织层。

（1）开展数字化评估

制造业中小型企业需要进行全面的数字化评估，评估当前数字化程度、数字化优势和短板，明确数字化发展的目标和方向。在技术层，评估可以揭示企业数字化设备、软件基础设施和云计算服务的覆盖范围和性能，帮助企业优化技术投入和配置，推动数字技术在生产、管理和服务中的应用。在行为层，评估可以了解员工的数字素养和技能水平，发现数字化应用中存在的问题和需求，通过培训和激励措施推动员工积极参与数字化转型，提高数字化应用的效率和质量。在组织层，评估可以审视企业的数字化战略和治理机制，发现数字化管理中存在的问题和不足，帮助企业优化数字化管理体系和流程，推动数字化战略的顺利实施和落地。通过数字化评估，企业可以清楚了解自身在技术层、行为层和组织层的数字化现状和治理效果，为数字治理提供数据支持和决策依据，帮助企业制定切实可行的数字化目标和措施，推动数字化转型和治理的全面推进。

（2）推进管理数字化

建立和完善数字化管理体系，包括数字化的组织架构、流程和制度。通过数字化工具和系统，提高管理效率和决策质量，实现数据驱动的管理模式。在技术层，引入数字化的生产设备和软件系统，实现数据的实时采集、传输和处理，提高生产效率和质量，同时为数据驱动的决策提供基础。在行为层，通过数字化的管理工具和平台，实现对员工工作的全面监控和绩效评估，激发员工的积极性和创造性，促进数字化技术的广泛应用和普及。在组织层，建立数字化的决策机制和运营模式，通过数据分析和智能算法，优化企业运营和资源配置，提升企业竞争力和市场适应性。通过推进管理数字化，制造业中小型企业可以全面提升技术层、行为层和组织层的数字化水平和治理效果，实现数字化转型的全面推进和提升。同时，管理数字化也可以为企业提供更好的决策支持和战略指导，帮助企业把握市场机遇、优化资源配置、提高生产效率和质量，增强企业的抗风险能力和可持续发展能力。

（3）开展业务数字化

将数字化技术应用于企业的核心业务流程和价值链中，实现业务的数字化转型。在技术层，实施业务数字化意味着引入先进的生产技术和数字化工具，如物联网、人工智能和大数据分析等，从而优化生产流程、提高生产效率和质量。在行为层，业务数字化可以促使员工掌握数字化工具和技能，提高数据使用和管理的能力，以及加强数字安全意识，从而实现数据驱动的决策和行为。在组织层，业务数字化可以推动企业建立数字化营销渠道、供应链和客户关系，加强与合作伙伴和客户的连接和交流，增强企业的创新能力和市场竞争力。通过开展业务数字化，制造业中小型企业可以全面推进技术层、行为层和组织层的数字治理，实现数字化转型的全面推进。同时，业务数字化还可以帮助企业更好地了解市场需求和客户需求，优化产品和服务，提升用户体验和满意度，从而增强企业的市场适应性和竞争力。

（4）融入数字化生态

积极参与和融入数字化生态系统，与供应商、合作伙伴、客户等进行数字化协作和互联互通。建立数字化的生态合作关系，共同创造价值，拓展市场和业务机会。在技术层，融入数字化生态可以让企业共享先进的数字技术和资源，实现技术互通和共享创新，提高技术应用的效率和效果。在行为层，数字化生态可以促使企业与员工、客户和供应商之间建立更紧密的数字化联系和合作，共同参与数据的共享和决策，增强团队合作和创新能力。在组织层，融入数字化生态可以帮助企业实现数字化生态的整合和协同，建立数字化共享平台和生态联盟，形成更加开放和互动的数字化生态系统。通过融入数字化生态，制造业中小型企业可以全面推动技术层、行为层和组织层的数字治理，实现数字化转型的全面升级。同时，融入数字化生态还可以帮助企业拓展市场和业务范围，增强产业链上的合作与竞争优势，提高企业的综合竞争力。

（5）优化数字化实践

不断优化数字化实践，包括持续改进数字化技术和工具的应用、提升数字化运营效果和绩效、探索新的数字化实践和创新模式。在技术层，优化数字化实践可以帮助企业更好地掌握和应用先进的数字技术，提高技术的稳定性和可靠性，加速数字化创新的步伐。在行为层，优化数字化实践可以促进员工的数字素养和技能提升，鼓励员工积极参与数字化实践和决策，激发员工的数字化创新意识。在组织层，优化数字化实践可以加强数字化实践的整体规划和协调，建立科学有效的数字化实践体系和流程，提高数字化实践的效率和成效。通过优化数字化实践，制造业中小型企业可以实现技术层、行为层和组织层的数字治理全面提升和改进。同时，优化数字化实践还可以促进企业内部的数字化协同和协作，加强企业内部各层级之间的信息共享和决策协调，提高企业整体运作的效率和灵活性。

7.3.2 制造业中小型企业数字技术采用价值绩效

通过了解制造业中小型企业数字技术采用价值绩效，可以判断其对企业业务和经营管理的影响，并为决策者提供科学依据。评估体系的构建可以系统性地衡量数字技术在企业内部各个维度的绩效表现，涵盖了提质、增效、降本、降耗、绿色和安全等方面，使企业能够全面了解数字技术的应用效果，发现优势和不足，进而优化数字化转型策略和方向。评估体系的建立还可以帮助企业建立科学的绩效考核机制，有助于建立数字化转型的持续改进机制。本节从提质、增效、降本、降耗、绿色和安全六个维度构建的通用制造业中小型企业数字技术采用价值绩效评价体系，如表7-2所示。制造业中小型企业可基于该体系，结合企业自身发展目标进行指标选取，构建有针对性的评价体系。

表 7-2　制造业中小型企业数字技术采用价值绩效评价体系

一级指标	二级指标	指标内涵
提质	产品合格率	在生产过程中，生产出符合规定标准和要求的产品的比例
	服务响应速度	企业对客户请求或问题的反应和处理速度
	管理数字化水平	核心经营管理环节数字化工具普及率
	客户满意度	制造业中小型企业客户对产品质量和服务的满意程度
增效	人均营业收入	产品研发数字化程度、新产品产值、研发投入占比
	利润增长率	生产计划排产排程数字化、生产监控数字化、生产作业数字化、质量控制数字化、仓储物流数字化
	客户订单按时交付率	采购管理数字化程度、供应商管理数字化
	生产效率	单位时间内生产的产品数量或产值
	设备利用率	营销管理数字化、营销渠道数字化、客户关系管理数字化

续表

一级指标	二级指标	指标内涵
降本	数字化设备投入占比	企业在设备更新和升级过程中投入数字化设备的比例
	数字化运维投入占比	企业在运维管理过程中投入数字化技术和系统的比例
	研发投入占比	企业在研发活动中投入的资金占总营业收入的比例
	单位营业收入成本	企业为每单位营业收入所承担的成本费用
	预算执行偏差率	实际支出与预算支出之间的差异比例
降耗	产能利用率	企业实际生产能力与理论最大生产能力之间的比例
	生产能耗情况	衡量数字技术采用对能源消耗量的降低效果,包括电力、燃气等能源的使用情况
	废物处理成本	评估数字技术采用对废物处理成本的降低效果,包括废物处理过程的成本和效率改善
	废品率	衡量数字技术采用对废品率的降低效果,包括废品产生数量和比例的减少情况
绿色	污染物排放强度	评估数字技术采用对污染物排放强度的影响,以减少对环境的污染为目标
	碳排放量	衡量数字技术采用对企业碳排放量的减少效果,以减少对气候变化的负面影响为目标
	单位工业增加值能耗	每单位工业增加值所消耗的能源量
	废水排放量	衡量数字技术采用对企业废物处理方式的改善程度,以研发推动环境友好的废物处理方法为目标
安全	数据安全投入占比	企业在保护数据安全方面的投入占总投入的比例
	事故率	衡量数字技术采用对企业生产安全事故率的降低效果,以确保员工和设施的安全
	安全培训覆盖率	评估数字技术采用对企业员工安全培训的覆盖率,以提高员工安全意识,扩充员工的知识
	安全设施配备情况	衡量数字技术采用对企业安全设施的配备情况,包括消防设备、安全防护设施等,以保障生产环境的安全性
	应急响应能力	衡量数字技术采用对应急响应机制和能力的提升,以应对突发事件和危机

第8章
服务业中小型企业数字技术采用价值链

数字经济将为中小型企业发展带来前所未有的变革，提供换道超车的宝贵机遇。随着互联网的普及和应用，越来越多的行业加速数字化转型。从20世纪末至今，我国先后经历了零售业数字化、制造业数字化、城市治理数字化等阶段，下一个阶段的重要任务是服务业的数字化。2023年5月，中国社会科学院财经战略研究院对外发布了《平台社会经济价值研究报告》（以下简称《报告》），首次提出"中国式服务业数字化"理论概念。《报告》提出，我国服务业以中小型企业为主，普遍存在规模小、盈利能力弱、数据意识薄弱、数据化基础差等问题。与大企业相比，中小型企业在资金、人才、技术等方面处于相对劣势，数字技术采用程度相对较低，整体数字化发展水平存在一定的差距。

从一些国家的发展路径看，服务业作为国民经济的第一引擎，当服务业增加值达到GDP一半后，经济开始呈"喇叭口"增长，即经济增速会随服务业增加值比重上升而有所下降。有学者提出服务业数字化可以帮助我们避免陷入这一怪圈，一方面，通过大数据精准匹配个性化需求，将大幅提升资源配置效率；另一方面，也能加快产品和服务创新的速度，促进消费者不断尝试新产品、新服务，加速消费升级迭代，持续释放需求动力。因此，我们应适应经济新常态，抓住计算机技术和互联网广泛运用的机遇，把握时代前进脉搏，大力培育、发展服务业新产业、新业态，推动服务业中小型企业优质高效发展。

本章将从服务业中小型企业数字技术采用价值来源、价值转化以及价值实现三个方面对服务业中小型企业数字技术采用价值链开展深入研究，基于服务业中小型企业业务数据资产、数字化平台、数字技术采用价值转化评估、管理创新、技术创新、数字服务创新、数字标准以及数字治理成效与数字技术采用价值绩效等不同角度来阐释数字化时代的服务业中小型企业数字化转型，结合相关实践案例，为服务业中小型企业的管理者和决策者有效运用数字技术提供借鉴与指导，促进服务业数字经济快速发展。

8.1　服务业中小型企业数字技术采用价值来源

本小节将从业务数据资产以及数字化平台两方面对服务业中小型企业数字技术采用价值来源进行深入探讨。通过对业务数据要素分类和应用领域的探究与分析，帮助服务业中小型企业充分利用数据核心价值进行数字化转型、提升服务质量。此外，通过阐释数字化平台的建设目标及原则、建设内容与模块以及各个模块的功能，为服务业中小型企业构建服务数字平台、提升精准匹配与营销能力提供支撑。

8.1.1　服务业中小型企业业务数据资产

8.1.1.1　服务业中小型企业业务数据要素分类和应用领域

基于中小型企业数字化转型中管理、研发、采购、生产、销售以及服务关键环节，结合相关文献资料，本部分从商家及互联网平台企业两方协同视角来对服务业中小型企业业务数据要素进行分类，具体如表 8-1 所示。

（1）商家数据

商家数据是服务业企业的自有数据，包括企业在经营活动过程中产生并记录下来的所有数据，这些数据不仅包括企业的销售数据以及企业的客户和潜在客户的数据，还包括企业的供应链、运营、财务、人事等各种经营和后勤不同部门的数据。商家数据中与数字技术采用相关的数据要素主要如下。

表 8-1　服务业中小型企业业务数据要素

数据要素分类	数据要素类型	数据要素内容
商家数据	销售数据	销售额、销售量、客户信息、销售渠道、销售周期、销售地区等
	供应链数据	供应商信息、采购订单、物流数据、库存信息等
	运营数据	生产效率、服务效率、工作流程以及设备运行状态等
	财务数据	营业额、成本、利润、现金流、财务报表等
	人事数据	员工基本信息、薪酬与福利、绩效评估、培训与发展以及员工满意度与离职等
互联网平台企业数据	受众数据	用户访问数据、页面浏览量、点击率、转化率、用户属性数据等
	用户行为数据	用户的点击、浏览、购买、搜索、互动行为以及客户反馈等
	社交关系数据	用户在社交媒体平台上的互动行为、粉丝关系、社交网络关系、社交媒体影响力和趋势等
	市场和行业资源数据	市场规模、竞争对手信息、行业趋势、消费者洞察、市场调研和战略合作伙伴等

销售数据：主要包括销售额、销售量、客户信息、销售渠道、销售周期、销售地区等。这些数据可以通过 POS 系统、电子商务平台、销售软件等渠道收集和记录。销售数据作为服务业中小型企业数字技术采用的关键信息之一，在销售业绩分析、市场趋势预测、销售策略与渠道优化等方面发挥着重要的作用。例如，通过销售额和销售量以及客户数据的分析，企业可以了解产品销售趋势、客户购买行为和产品偏好，为业务决策提供重要依据；同时，企业也可以根据历史销售趋势进行销售预测，帮助企业合理规划生产和采购，避免过多或过少的库存，降低库存成本，提高资金周转效率；此外，销售渠道和销售地区等数据可以揭示不同渠道、地区的市场表现，帮助企业确定市场定位和目标客户群体。据此，企业可以有针对性地开展市场拓展活动，优化渠道合作和资源配置，提升企业在特定市场的竞争力。

供应链数据：主要包括供应商信息、采购订单、物流数据、库存信息等。供应链数据在服务业企业的数字化转型中具有重要的作用，通过合理应用供应链数据，企业可以提升供应链效率，降低成本，提高客户满意度，增强企业的竞争力，提高市场占有率。数字化平台可将供应链数据可视化展示，帮助企业实时掌握供应链状态和性能，及时发现潜在问题并进行决策。例如，通过对库存信息的分析，企业可以优化库存管理，减少物流和库存成本。同时，通过分析历史采购和销售数据，企业可以预测需求变化，合理规划采购和库存，降低运营风险。供应商相关数据可以用于评估供应商绩效、优化供应商合作、选择更加合适的合作伙伴。此外，对物流数据额分析还可以帮助企业优化物流运输路径、提高配送效率和准时性、降低物流成本。

运营数据：主要包括生产效率、服务效率、工作流程以及设备运行状态等运营指标。运营数据用于生产流程优化、资源利用率提高和交付时间管理等目标。运营数据在服务业企业的数字化转型中扮演着至关重要的角色，通过科学分析运营数据，企业可以优化运营流程和绩效管理，提高效率和质量，降低成本，增强竞争力和市场影响力。例如，通过分析生产、服务效率数据，企业可以优化生产流程和服务流程，提高运营效率和响应速度。对于某些服务型企业的生产环节来说，对设备运行数据的分析可以帮助企业实时监测设备运行状态，进行预防性维护，降低设备故障率，提高设备利用率。同时，通过对工作流程数据的分析，企业可以发现工作瓶颈和问题，优化工作流程，提高工作效率。此外，通过分析运营过程中的相关数据，企业可以发现生产或服务中的质量问题，及时进行改进和纠正，提高产品和服务质量。

财务数据：主要包括营业额、成本、利润、现金流、财务报表等财务指标。通过科学分析和应用财务数据，企业可以优化财务决策、降低成本、提高利润、保持财务健康，增强企业的竞争力和可持续发展能力。例如，企业可以通过对营业额以及利润等数据的分析，了解自身财务状况和盈利能力，为资金管理、投资决策等相关财务决策提供依据。同时，通过分析成本数据，企业可以识别成本问题，并采取措施降低成本、提高利润，相关的现金流数据可以帮助企业做好资金管理，确保资金充裕和稳健运营。此外，数字化平台可实现财务报表的自动生成和实时更新，提高报告透明度和准确性。

人事数据：包括员工基本信息、薪酬与福利、绩效评估、培训与发展以及员工满意度与离职等相关数据。通过合理应用人事数据，企业可以优化人力资源管理，提高员工满意度和工作效率，增强企业的竞争力和可持续发展能力。例如，通过人事数据分析，企业可以制定招聘策略、优化招聘流程，更好地吸引和留住优秀人才。基于员工绩效数据，企业可以进行绩效评估、实施激励措施，提高员工工作积极性和业绩水平。同时，通过分析员工满意度数据，企业可以发现问题所在，改进工作环境和待遇，增强员工满意度和忠诚度。此外，企业还可以了解员工离职原因，从而改善管理、降低员工流失率。

（2）互联网平台企业数据

互联网平台企业数据是由营销及运营代理商、技术解决方案提供商、上下游合作企业等商家合作伙伴或第三方提供的关于商家受众及用户的数据，主要包括受众数据、用户行为数据、社交关系数据、市场和行业资源数据。这类互联网平台企业主要提供具有即时沟通、远程协作、项目管理、流程管理等功能的基础数字应用。互联网平台企业数据中与数字技术采用相关的数据要素主要如下。

受众数据：主要包括用户访问数据、页面浏览量、点击率、转化率、用户属性数据等。受众数据用于网站优化、个性化推荐、广告投放和用户体验改进。通过收集和分析这些数据，企业可以深入了解用户的喜好、需求和行为模式，从而针对不同受众群体提供个性化的产品和服务，优化用户体验，提升用户满意度和忠诚度。受众数据还能为企业的营销策略和推广活动提供依据，帮助企业实现精准营销和有效转化。此外，通过监测用户满意度和互动反馈，企业可以及时了解用户的意见和建议，快速调整经营策略，不断改进产品和服务，保持与用户的良好沟通，以增强与用户之间的信任和合作关系。总体而言，受众数据在服务业中小型企业的数字化转型中起着重要的作用，为企业的发展提供了有力支撑和方向指引。

用户行为数据：在服务业中小型企业的数字化转型中，用户行为数据是至关重要的信息来源。这些数据包括用户的点击、浏览、购买、搜索、互动行为以及客户反馈等内容。通过收集和分析这些数据，企业能够深入了解用户的喜好、需求和行为模式，精准洞察市场趋势，优化产品和服务，提高用户体验和满意度。此外，用户行为数据还能帮助企业精准定位目标受众，优化广告投放和营销策略，提高营销效率。同时，通过实时监控用户行为，企业可以及时发现潜在问题和机会，并做出迅速调整和决策，保持竞争优势。总体而言，用户行为数据在服务业中小型企业数字化转型中扮演着不可或缺的角色，为企业的发展和持续创新提供了重要支持和指导。

社交关系数据：主要包括用户在社交媒体平台上的互动行为、粉丝关系、社交网络关系、社交媒体影响力和趋势等内容。通过收集和分析这些数据，企业能够深入了解用户的喜好、兴趣和社交圈，把握市场动态和用户需求，为产品和服务的优化提供有力支持。同时，社交关系数据还能帮助企业评估自身在社交媒体上的知名度和影响力，进行品牌管理和推广决策，提升品牌形象和竞争力。此外，通过监测社交媒体趋势，企业可以紧跟时事热点，灵活调整营销策略，实现更精准的营销和推广效果。总体而言，社交关系数据在服务业中小型企业数字化转型中扮演着不可或缺的角色，为企业的发展和持续创新提供了重要的支持和指导。

市场和行业资源数据：主要包括市场规模、竞争对手信息、行业趋势、消费者洞察、市场调研和战略合作伙伴等内容。通过收集和分析这些数据，企业可以全面了解市场情况和行业动态，深入了解目标客户群体的需求和偏好，发现市场机遇和挑战，制定更精准的经营战略和营销策略。同时，市场和行业资源数据还可以帮助企业与竞争对手进行对比和分析，优化产品和服务，提高竞争力。此外，通过了解行业趋势和战略合作伙伴的情况，企业可以及时调整经营策略，拓展市场渠道，实现资源共享和合作共赢。总体而言，市场和行业资源数据在服务业中小型企业数字化转型中扮演着不可或缺的角色，为企业的发展和持续创新提供了重要的支持和指导。

在实际的运营过程中，具体的数据类型会因企业的业务模式、行业和数字化转型目标而有所差异。在数字化转型过程中，企业可以收集、存储和分析这些数据，以支持决策、优化业务流程、改善用户体验、实现个性化营销等目标。同时，企业还需要对数据的合法性、隐私保护和安全性进行考虑，遵守相关法律法规和数据保护政策。

8.1.1.2 服务业中小型企业数据要素潜在应用价值

数据资源作为数字经济活动中的关键生产要素，是数字化、网络化、智能化的基础，数据要素具有无限增长和虚拟性的特征，可以降低企业的搜寻成本、信息成本和决策成本，在服务业企业数字化转型中具有重要的作用。

在数字化过程中，数据要素具有优化与驱动两个核心价值。数据优化是数据与生俱来的价值，数据本身反映了现象，而分析数据则能发现现象背后的本质，从而帮助服务业中小型企业实现对运营与管理的优化。数据优化的主要工作是基于当前及历史的数据，加以分析、获取洞察，并做出改进的决策。数据驱动与数据优化有本质的区别，数据驱动是指在数字化运营过程中，直接用数据对用户的沟通等进行干预。比如广告投放，即使在同一时刻，在同样的位置上，两个消费者看到的广告也可能是完全不同的，其决定因素就在于消费者的数据。在这种数据驱动方式下，数据是直接作用于企业运营过程的，数据需要在运营发生前就准备好。数据优化与数据驱动两者相辅相成，帮助实现服务业中小型企业的高水平数字化转型。本部分将从数据优化与数据驱动两方面分别阐述数据要素潜在的应用价值，具体如图 8-1 所示。

图 8-1 服务业中小型企业数据要素潜在应用价值

（1）数据优化方面的潜在应用价值

运营优化：通过分析数据要素中的运营数据，服务业企业可以在多个方面实现持续改进和优化。首先，企业能够深入了解业务运作的各个环节，从生产到供应链再到销售等，准确找出可能存在的瓶颈和效率低下的环节。例如，通过监测生产过程中的关键指标，如产量、质量等，企业可以识别出生产线上的瓶颈，进而采取有针对性的改进措施，从而提高生产效率，降低资源浪费。其次，通过了解不同资源的利用情况，企业可以进行资源的优化分配，从而实现成本的降低和效益的最大化，帮助企业更好地进行资源的合理配置。例如，在人员管理方面，通过分析员工的工作时间、工作量以及业务需求，企业可以合理分配人力资源，避免过度或不足的情况，从而提高员工的工作效率和满意度。综上，运营优化是服务业中小型企业数字化转型中的重要环节，而数据要素在其中的应用则是不可或缺的。通过对运营数据的详细分析，企业可以发现问题、优化流程、合理配置资源，从而提高效率、降低成本、提升竞争力，为企业的可持续发展注入新的动力。

风险管理和预测：风险管理是企业数字化转型中不可或缺的一环。通过分析历史销售数据和市场数据，企业可以识别出可能存在的风险和挑战。例如，在供应链方面，通过分析供应商的交付记录以及外部环境的变化，企业可以及早发现供应不稳定、价格波动等风险，采取适当的风险控制措施，以确保供应链的稳定性和可靠性。同时，数据分析还有助于预测市场需求和产品流行趋势，为企业提供更准确的市场预测。通过分析市场趋势、消费者行为等数据，企业可以预测未来的需求变化，从而调整生产计划和市场策略，以满足消费者的需求。例如，通过分析消费者购买历史和偏好，企业可以推测哪些产品可能会成为未来的热门产品，从而提前做好准备。此外，数据分析还可以帮助企业在竞争激烈的市场中获取竞争优势。通过深入分析市场数据和竞争对手的表现，企业可以发现竞争的弱点和机会，从而制定更有针对性的市场战略。例如，企业可以根据竞争对手的定价策略和市场份额，调整自己的定价策略，以实现更好的市场定位。综上，风险管理和预测在服务业中小型企业的数字化转型中具有重要作用。数据要素的应用使得企业能够更好地识别和管理风险，同时也能够更准确地预测市场趋势和需求变化，从而为企业的战略决策提供有力支持，使企业保持竞争优势、实现可持续发展。

创新和拓展业务：通过分析市场数据和洞察消费者需求，建立在线销售渠道，企业可以突破地域限制以接触更广泛的潜在客户，更好地了解市场趋势和竞争对手，来制定更精准的市场定位和竞争策略、发现新的商机和市场需求、推出创新产品和服务。此外，数据还可以用于合作伙伴选择、新业务模式探索等方面，促进企业的业务增长和创新发展。例如，通过对消费者购买行为和偏好的分析，企业可以了解到哪些产品或服务具有较大的市场需求，从而有针对性地推出创新产品。企业还可以通过分析竞争对手的表现和市场份额，发现市场的空白领域和创新机会，从而为企业的业务拓展提供指导。借助数据分析功能，企业还可以决定在哪些在线平台上开设店铺，以及如何进行精准的数字化营销推广，从而吸引更多的客户，这使企业不再受限于传统的销售模式，可以更加灵活地满足不同消费者的需求。通过分析合作伙伴的业绩和能力，企业可以选择最合适的合作伙伴，共同拓展业务。此外，数据分析也有助于企业发现新的业务模式，如共享经济、定制化服务等，为企业带来全新的增长机会。综上，创新和拓展业务是服务业中小型企业数字化转型的核心目标之一。数据要素在此过程中的作用不可低估，它能够帮助企业深入了解市场和消费者，从而制定更有针对性的策略，推出创新产品和服务，拓展业务范围，实现可持续的增长和发展。

改进客户体验和服务：对客户反馈数据的分析能够帮助企业及时发现客户对产品和服务的意见和建议。通过分析这些数据，企业可以识别出存在的问题和改进的机会，有针对性地进行服务优化。例如，如果多个客户反馈同一问题，企业可以迅速做出调整，改善产品质量或服务流程，从而提高客户满意度。同时，数据分析还能够帮助企业加强客户关系管理。通过对客户的消费行为和偏好进行分析，企业可以实现个性化的服务定制。例如，根据客户的历史购买记录和偏好，企业可以向客户推荐相关产品或优惠活动，增加交易频次和客户价值。另外，分析服务指标可以帮助企业实现服务流程的优化。通过监测关键服务指标如响应时间、问题解决率等，企业可以发现服务流程中的瓶颈和效率问题。有了这些数据的支持，企业可以进行及时地调整和优化，确保客户能够获得更快速、更高质量的服务。通过改进客户体验和服务，企业不仅可以提升客户满意度，还能够在竞争激烈的市场中脱颖而出，建立良好的口碑。这不仅有助于留住现有客户，还能够吸引更多新客户，为企业带来持续的增长。因此，在数字化转型过程中，数据要素的作用是不可或缺的，它能够帮助企业实现客户体验和服务的持续优化，为企业的可持续发展提供强大支持。

（2）数据驱动方面的潜在应用价值

战略决策支持：通过收集、分析和利用大量业务数据，企业能够了解市场趋势、竞争情况、客户需求等重要信息，为企业的战略决策提供支持和指导。这些数据可以提供有价值的见解，支持管理层做出更准确、基于数据的决策。数据驱动的决策能够降低决策风险、优化资源配置、提高企业的灵活性和反应能力。首先，传统的决策可能受制于主观判断和经验，容易受到偏见的影响。而数据驱动的决策基于真实的数据，能够提供客观、全面的信息，使决策更具准确性和科学性。其次，数据驱动还可以帮助企业快速响应市场变化。在快速变化的市场环境中，企业需要随时调整策略来适应新的情况，数据可以提供及时的市场信息，帮助企业更快速地做出反应，抓住机会并规避风险。综上，数据驱动的战略决策在服务业中小型企业的数字化转型中发挥着重要作用。它能够提供客观、全面的信息，揭示趋势和模式，帮助企业快速响应市场变化，优化资源分配，持续改进决策，从而在竞争激烈的市场中获得优势，实现可持续发展。

个性化营销：通过客户数据，企业可以进行个性化的营销和客户管理，满足消费者对更高品质、个性化和便捷服务的需求。通过建立在线平台和应用程序，客户可以方便地与企业进行互动、下订单、查询信息等。且基于客户购买偏好和行为，企业还可以更好地理解客户需求，精准地定制营销策略，提供个性化的产品和服务，从而增强客户满意度和忠诚度。通过数字化技术，企业可以快速获取消费者反馈，了解市场趋势，及时调整产品和服务的定位和特性。这样，企业能够更快地适应消费升级的需求，提供更有竞争力的解决方案，提高市场占有率。

提升效率和降低成本：数据要素可以实现企业业务流程的自动化和优化。通过引入数字化工具和系统，企业可以将烦琐的手工操作转化为自动化流程，减少人为错误的可能性，提高数据处理的准确性和效率。例如，利用客户数据和订单数据，可以实现自动化的订单处理流程，从下单到发货的整个过程都可以高效自动地完成。此外，数据驱动还能够帮助企业精准进行资源分配。通过财务数据和成本数据，企业可以了解各项支出的情况，采取相应的措施避免不必要的开支和浪费来降低运营成本。综上，数据要素在提升效率和降低成本方面发挥着至关重要的作用。通过数据的收集、分析和应用，企业可以深入了解业务流程，实现自动化操作，合理分配资源，从而在数字化转型过程中实现更高效率的运营和更低的成本负担。

综上所述，数据要素在服务业中小型企业数字化转型中具有多方面的应用价值，能够通过历史数据的分析支持企业进行运营过程的优化、风险管理、业务创新等，同时实时更新的数据资源，为企业进行战略决策、个性化营销提供有力支持，提高企业的服务效率。

8.1.2　服务业中小型企业数字化平台

8.1.2.1　建设目标及原则

数字经济时代，数字技术的快速发展推动服务业中小型企业数字平台的建设进程，以实现信息与企业需求的精准匹配。综合多方的信息传递，通过资源整合实现信息的高效触达与精准匹配，破除"信息孤岛"，创造精确匹配的再升级。服务业中小型企业数字化平台的建设目标是通过引入移动互联网、LBS（基于位置服务）、大数据、人工智能等数字化技术和解决方案，重组优化供应链，基于平台在研发、设计、采购、生产、营销等各个环节集成相关服务，全方位调度服务资源，解决供需不均衡、不匹配问题，提高匹配效率和服务的便利度。借助数字化平台对企业数字化转型赋能，以此提升企业的竞争力，改善客户体验，实现个性化的客户服务，优化业务流程，提高运营效率，增加收入和利润，实现资源共享和合作创新。

服务业中小型企业在进行数字化平台的建设过程中，应遵循以下原则。

（1）用户导向原则

将用户的需求和体验放在首位，以满足客户的期望和提供个性化服务为目标。企业应利用数字化平台改变服务过程信息不对称的问题，将服务过程可视化、可追踪、可评论，并利用数据可视化分析和用户画像分析，精准分类客户属性，结合消费偏好、习惯、能力等制定契合客户喜好的大数据精准营销方案，从而有利于解决生活服务领域的信息不对称问题，实现服务业中小型企业对用户进行追踪、提高服务供给质量。

（2）数据驱动原则

通过洞察并分析数据资源，为决策和优化提供准确的数据支持，实现更精准的运营和个性化的营销。服务业中小型企业不论是店面的数字化改造、物流的数字化与精准化、上门服务的精准化、服务资源的智能化调配，还是到店服务的及时排队系统等，都应以数据为支撑，通过互联网、物联网平台收集线上、线下消费大数据，利用数字化平台形成一个精准而高效的系统来指导企业完善运营规则和策略，助力企业实现数字化驱动管理。

（3）精准匹配原则

企业应以数字平台为载体连接平台两端用户，及时捕捉市场信息，利用数字技术搭建智能分析与差异化服务体系，综合多方主体的信息传递，将市场及用户信息全面、及时地传送至企业，企业应根据需求变化及时更新产品特征，提高服务水平。同时，数字化平台也应将优质产品与服务信息快速、准确地反馈给用户，实现供需精确匹配。

（4）数据安全与隐私保护原则

企业应确保数字化平台中的关键数据资产免受外部威胁，保证用户和企业数据的安全性及隐私保护，遵守相关法规和政策。同时，应提升安全防护能力与实际执行能力，减少数据泄露和网络安全风险，加强信息安全建设，开展全面风险管理，保障数字化平台的稳定运行。

（5）可扩展性与操作性原则

数字化时代，企业的运营需要以数据分析支撑管理和决策，而目前大部分企业的数据分散在各个部门，企业难以分析形成高价值的信息，主要依靠经验决策。因此，应基于统一的平台管理各类数据，消除数据格式乱、分布散、互通难的问题，构建具有可扩展性和与其他系统互操作性的平台，以便未来适应企业的扩张和与其他合作伙伴进行无缝合作，真正实现数据驱动的科学高效决策。

8.1.2.2 建设内容及模块

服务业中小型企业数字化平台的建设应按照平台规划、平台设计、平台开发的步骤实施，在明确数字化转型必要性的基础上，以数字化转型战略为目标指导，从企业业务需求出发，最终建成能够推动企业高质量发展的智能平台。企业应遵循构建"弹性伸缩的后台、全域贯通的中台、灵活便捷的前台"的统一数字化平台的思路，设计平台的数据源层、基础层及应用层，以实现基础资源弹性应用、数据资源交互共享、企业资源集约化管理和个性化服务。其中，数据源层以确保企业数据源能够全面采集而建设，能够对数据进行采集、分析、挖掘、存储以及应用；基础层以提升经营管理效率为宗旨，包括基础云平台、全网数据接入的基础设施以及网络；应用层是企业的前端应用，应以用户为中心、以市场为导向，整合覆盖企业生产、管理、运营的已有业务应用。

具体来讲，服务业中小型企业的数字化平台应包括数据采集模块、基础设施模块、经营管控模块、产品与服务模块、客户反馈模块、数据分析与应用模块共六个模块，如图8-2所示。其中数据采集模块负责收集来自多个来源的数据，包括企业内部数据（财务、审计、人力等）、外部市场数据（产品、竞争对手、市场导向）以及用户数据（消费行为和偏好）。它可以采用不同的方式，如日志记录、传感器数据、问卷调查等，确保数据的完整性和准确性。基础设施模块是数字化平台的核心，包括硬件和软件基础设施，它提供稳定的服务器、网络设备、云计算支持等，保证平台的安全运行和高效性能。经营管控模块用于管理企业的日常运营活动，包括库存管理、订单处理、供应链管理、人力资源管理等，以提高经营效率和资源利用率。产品与服务模块是展示企业产品和服务的核心模块，它提供详细的产品信

180

息、价格、规格、服务说明等，方便客户了解和选择产品与服务。客户反馈模块允许客户提供意见、建议和投诉，是企业与客户进行互动和沟通的重要渠道，帮助企业改进产品和服务，提升客户满意度。数据分析与应用模块用于对采集到的数据进行分析和应用，可以进行数据清洗、整合和分析，生成可视化报告和图表，帮助企业了解业务状况和市场趋势，以便做出决策。

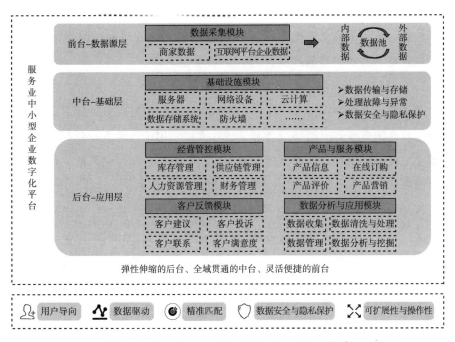

图 8-2　服务业中小型企业数字化平台建设模块

综上所述，服务业中小型企业数字化平台的这六个模块分别负责数据采集、基础设施支持、经营管控、产品与服务展示、客户反馈以及数据分析与应用。这些模块共同构成了一个完整的数字化平台，帮助企业实现高效运营、优化客户体验、提升竞争力和发展潜力。

8.1.2.3　模块功能分析

（1）数据采集模块

数据采集模块在服务业中小型企业数字化平台中扮演着至关重要的角色。该模块负责与多种数据源建立连接，包括企业内部数据（财务、审计、人力等）、外部市场数据（产品、竞争对手、市场导向）以及用户数据（消费行为和偏好），确保数据的准确收集与存储。通过实时数据采集和批量数据采集，平台能够及时响应实时业务需求，并纳入历史数据进行全面分析。数据清洗和预处理确保数据的质量和一致性，而数据转换与整合使得能够在统一平台上进行数据综合分析和应用。同时，数据采集模块也要关注数据安全与隐私保护，采取加密和权限控制等措施确保数据的安全性。通过有效的数据采集，企业可以更好地了解客户需求，优化业务流程，改进产品和服务，提升竞争力和用户满意度。

（2）基础设施模块

基础设施模块在服务业中小型企业数字化平台中是核心组成部分，它提供稳定可靠的服务器、网络设备和云计算支持，用于传输大量数据，保障平台的稳定性和可用性。此外，基础设施模块还包括数据存储系统，负责存储采集到的数据，并支持数据的快速访问和查询。通过系统监控与维护模块，实时检测服务器性能和网络流量，及时处理故障和异常情况。安全防护措施包括防火墙、数据加密和访问控制，确保数据的安全性和隐私保护。基础设施模块还具备可扩展性和灵活性，能够根据业务增长和需求变化进行扩展和调整。通过优化和合理设计基础设施模块，服务业中小型企业可以实现高效的数字化转型，为平台的稳健运行和未来发展奠定坚实基础。

（3）经营管控模块

该模块涵盖库存管理、订单处理、供应链管理、人力资源管理、财务管理、营销活动管理等功能。通过实时监控库存情况、处理客户订单、优化供应链流程、管理人力资源信息、记录财务数据、管理营销活动、进行数据分析和跟踪客户关系，经营管控模块帮助企业实现对业务的全面管控和监督。这有助于优化业务流程、提高生产效率、降低成本、提升客户满意度，为企业持续稳健的经营发展提供有力支持。

（4）产品与服务模块

产品与服务模块是服务业中小型企业数字化平台中的一个重要组成部分，它为企业提供了展示产品和服务的平台。通过该模块，企业可以详细展示各类产品的信息，包括产品特点、规格、价格等，让客户充分了解企业的产品和服务。同时，产品与服务模块支持在线购买功能，客户可以方便地在平台上下单购买所需产品或预订服务，实现便捷快速的购物体验。模块还提供产品分类和搜索功能，帮助客户快速找到所需的产品。客户可以在该模块对购买的产品进行评价和评论，为其他潜在客户提供参考和反馈。此外，模块还可以展示企业的优惠和促销活动，吸引客户购买。通过产品与服务模块，企业可以更好地满足客户的需求，提高客户满意度和忠诚度，进而促进销售增长和业务扩展。同时，通过对客户行为和反馈的数据进行分析，企业可以优化产品和服务，提升市场竞争力。

（5）客户反馈模块

该模块主要包括收集客户意见和建议、处理问题和投诉、提供便捷的联系渠道、进行满意度调查等。通过该模块，企业可以及时了解客户的需求和意见，快速解决问题和投诉，提供满意的解决方案，增强客户满意度和忠诚度。同时，客户反馈模块也为企业收集用户体验数据提供了渠道，帮助企业改进产品设计和服务流程，提升用户满意度。通过相应的数据分析，企业可以深入了解客户需求和意见，实现为客户的全方位数字化服务，以此为业务决策提供数据支持、有效管理客户关系、增加客户黏性和忠诚度。综合而言，客户反馈模块在数字化转型中起到了关键作用，帮助企业实现与客户更紧密的互动，优化产品和服务，提升市场竞争力。

（6）数据分析与应用模块

数据分析与应用模块的功能不仅限于企业运营过程中数据的收集和整理，还涉及数据可视化和业务报告生成。其具体功能包括数据收集、清洗与处理、存储与管理，以及数据分析和挖掘。通过收集来自各个模块的数据，并进行清洗处理，该模块形成全面的企业数据库，为数据分析打下坚实基础。利用数据分析和挖掘技术，该模块深入挖掘数据中的规律、趋势和关联，为企业提供决策依据。同时，可以利用生成的报表和图表将数据可视化展示，帮助企业更直观地了解运营状况和业务趋势。通过预测和预警功能，该模块帮助企业预测未来业务情况和潜在风险，为企业决策提供更准确的参考。最终，数据分析与应用模块的目标是为企业的决策提供有力支持，优化业务流程，改进产品和服务，提高运营效率和市场竞争力。通过数据驱动的决策，服务业中小型企业可以在数字化转型的道路上不断进步，实现可持续发展。

8.2　服务业中小型企业数字技术采用价值转化

本小节将深入分析服务业中小型企业数字技术采用的价值转化过程，围绕数字技术采用价值转化评估的目标和原则、评估体系构建、评估流程与方法和数字技术采用后的管理创新、技术创新、服务创新与商业模式创新，以及服务业中小型企业数字标准构建原则、过程与影响展开分析，帮助服务业中小型企业更加全面地了解数字技术采用过程及具体的做法，推动服务业数字化转型的高效发展。

8.2.1　服务业中小型企业数字技术采用价值转化评估

8.2.1.1　评估目标和原则

（1）评估目标

服务业中小型企业数字技术采用价值转化评估的目的在于全面了解数字技术应用所带来的实际效益和成效，以便科学决策、合理规划，并最大限度地发挥数字化转型的优势。对企业数字技术采用的现状进行评估可以为企业提供客观的数据支持，帮助管理层和决策者了解企业数字化基础水平和企业经营管理现状，及时发现问题并进行调整。通过对数字技术采用价值转化的评估，企业可以明确数字化转型的经济效益、提高资源配置的效率、降低运营成本、优化客户体验，从而在市场竞争中获得更大优势。同时对数字技术采用价值转化评估也有助于企业评估可获得的人力、物力和财力等内部资源和市场化服务资源，制定更明智的投资计划，避免不必要的浪费和冗余。具体而言，服务业中小型企业数字技术采用价值转化评估的目标如下。

评估经济效益：了解数字技术采用后企业的经济效益，包括成本节约、收入增加、利润提升等，从而判断数字化转型是否带来了积极的经济回报。

测量资源利用效率：评估数字技术采用对资源配置的影响，包括人力、时间、物料等资源的利用效率，提高生产效率和资源利用效率。

优化客户体验：衡量数字技术采用对客户满意度和忠诚度的影响，了解客户对数字化转型的反应，优化客户体验，提升品牌形象。

识别风险与机遇：评估数字技术采用带来的潜在风险，及时发现问题并进行改进，同时识别出潜在的市场机遇，为企业未来发展提供参考。

改进决策：通过数据驱动的评估，提供客观依据，帮助企业管理层做出更明智的决策，调整数字化转型策略，为企业持续改进和优化数字化转型提供指导。

（2）评估原则

在对服务业中小型企业数字技术采用价值转化进行评估时，首先，需参考与企业发展需求相适配的内容，遵循客观性、综合性、可比性、实用性、持续性以及可操作性等要求；其次，服务业中小型企业通常资源相对有限，数字化转型过程较为渐进和分阶段，因此评估应结合服务业行业本身的特点，更加注重灵活性和适应性。具体而言，应遵循以下几点原则。

渐进性评估原则：由于服务业中小型企业很大程度上是逐步引入数字技术的，评估应考虑各阶段的成果，量化每个阶段的收益，以衡量转型过程的可持续性。

指标体系简化原则：评估指标需要简洁实用，能够快速获得数据和结果，以减轻企业在数据收集和处理上的负担。

客户体验导向原则：服务业的特点是与客户密切互动，评估应注重客户满意度和体验，以提升服务质量和客户忠诚度。

敏捷性与灵活性原则：评估应能随时调整指标和方法，适应服务业中小型企业快速变化的环境和需求。

科学性与实用性原则：评估指标应准确地反映服务业中小型企业数字化的现状，兼顾企业数字化建设的需求，成为管理者与决策者了解掌握企业数字化现状、明确数字化建设瓶颈的有力工具。

通用性与综合性原则：不同类型的服务业中小型企业对于数字化建设的

侧重点不同，例如医疗、教育、餐饮等不同行业依赖的数字化技术有所区别，因此评估指标体系应具有一定的通用性。

定性与定量指标结合原则：对服务业中小型企业数字技术采用价值转化进行评估，是为了客观和尽可能定量地反映企业数字化现状，通过对指标体系中各类指标数据的收集、整理与分析，有利于企业了解自身数字化应用情况，同时为决策提供真实、可靠的信息。

可比性与可扩展性原则：评估指标的可比性，是指所选取的指标既可用于同类企业间的比较，又可用于企业自身数字化发展不同阶段数字化状况的比较，便于企业及时发现自身问题进行完善。同时，由于企业数字化是一个逐步完善和不断发展的过程，其评估指标还应在内容上具有可扩展性，随着管理水平和技术发展的变化而发展。

8.2.1.2 评估体系构建

结合工业和信息化部发布的《中小企业数字化水平评测指标》等标准规范，本部分将从数字化基础、数字化经营、数字化管理和数字化成效四个方面构建服务业中小型企业数字技术采用价值转化评估指标体系，具体如表8-2所示。

表8-2 服务业中小型企业数字技术采用价值转化评估指标体系

一级指标	二级指标	指标内涵
数字化基础	业务系统	企业通过部署工业互联网公有云/私有云/混合云平台等形式,实现业务的数字化管理情况
	数据资源	企业实现各类数据汇聚及应用的情况
	网络安全	企业在保障网络安全方面采取的举措
数字化经营	研发设计	企业实现研发设计数字化场景的覆盖范围,如将数字技术等融合进产品,提高产品附加值等
	仓储物流	企业实现仓储物流数字化场景的覆盖范围,如使用智能仓储、物料条码管理等
	业务流程	企业实现业务流程数字化场景的覆盖范围,如在策划、执行、监测等阶段使用数字化技术
	运营管理	企业实现运营管理数字化场景的覆盖范围,如通过数字化技术进行需求创造、业务设计、价值共创等

续表

一级指标	二级指标	指标内涵
数字化经营	产品服务	新一代信息技术在企业产品服务中的应用情况,如采用数字技术进行主动客户服务、个性化定制等
	市场营销	企业实现市场营销数字化场景的覆盖范围,如进行线上渠道建设、社群营销、精准定位目标客户等
	售后服务	企业实现售后服务质量管理数字化场景的覆盖范围,如进行订单质量管理、客户体验调查等
数字化管理	经营战略	企业数字化转型意识与执行水平情况
	管理机制	企业在设置数字化组织与管理制度等方面采取的措施
	人才建设	企业在数字化方面培训覆盖的人员范围
	资金投入	企业上年度数字化投入占营业收入的比重
数字化成效	生产效率	企业上年度人均营业收入
	价值效益	企业上年度每百元营业收入中的成本
	服务质量	企业上年度客户满意率

8.2.1.3 评估流程与方法

服务业中小型企业数字技术采用价值转化的评估流程应简单高效,注重实际操作建议,以帮助服务业中小型企业更好地了解数字化转型的收益和价值,推动其持续改进和优化,实现可持续发展。具体而言,分为以下几步,流程如图 8-3 所示。

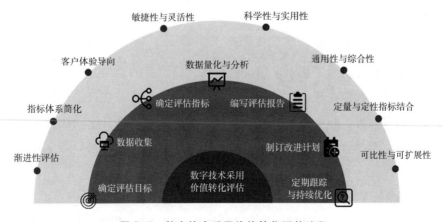

图 8-3 数字技术采用价值转化评估流程

（1）确定评估目标

明确数字化转型的目标和期望效果，确定评估的重点和指标。企业首先需要对数字技术采用的目标和需求进行全面、深入的调研和分析，例如，提高效率、降低成本、改善客户体验等，以确保现有的数字技术能够满足企业业务的实际需求。其次，将数字化战略纳入企业整体战略规划中，确保数字化转型融入企业发展的全局，与企业管理层和相关部门沟通，确保评估目标与企业整体战略一致。

（2）数据收集

针对服务业中小型企业的特点，数据采集应尽量简化，可以通过问卷调查、数据统计软件、客户反馈等方式获得多种来源的必要数据，包括企业内部数据，如销售数据、财务数据、客户反馈等，也可以借助第三方市场调研数据和竞争对手数据，确保数据来源全面和准确。

（3）确定评估指标

根据数字化转型目标，选择与业务关联紧密的评估指标，包括经济效益、客户满意度、资源利用效率等。

（4）数据量化与分析

通过数据分析工具和方法，对收集到的数据进行处理和分析。可以采用数据可视化技术，生成图表和报告，帮助企业直观了解数字技术采用的现状与效果。比较数字化转型前后的数据变化，找出数字技术采用带来的效益和改进空间。

（5）编写评估报告

评估报告是对数字技术采用价值转化评估流程的总结，应包括背景与目的、方法与数据来源、评估指标、分析结果、结论与建议、风险评估和参考资料等内容。报告通过数据和实际案例为企业提供科学的决策依据和行动方案，帮助管理层了解数字技术采用的效益和风险，指导数字化转型实践。

（6）制订改进计划

根据评估结果，制订具体的改进计划和行动方案。比如，针对低效益的数字技术应用，可以优化流程或调整资源配置；对于客户满意度不高的问题，可以改进服务质量和沟通方式。

（7）定期跟踪与持续优化

由于服务业中小型企业的转型通常是渐进的，评估流程应具备持续性。企业需建立定期评估机制，持续跟踪数字技术采用效果。根据评估结果，适时调整改进计划，根据实际情况不断优化评估方法和指标体系。

8.2.2 服务业中小型企业管理创新

在服务业中小型企业采用数字技术进行数字化转型过程中，管理创新指的是在组织管理方面采用新的理念、方法和技术，引导组织转型、优化资源配置，以适应数字化转型的需求和挑战，推动企业实现持续创新和提升效率的目标。管理创新在数字化转型过程中发挥着关键作用，使企业持续发展，为企业带来竞争优势。本部分将从组织架构创新，管理制度创新，数字素养和技能创新，财务、办公及人力资源管理环节创新以及经营管理决策创新五个方面对服务业中小型企业管理创新进行分析，具体如下。

8.2.2.1 组织架构

在数字化转型过程中，服务业中小型企业的组织架构创新主要包括以下几个方面，如图 8-4 所示。

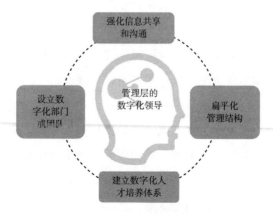

图 8-4 组织架构创新

管理层的数字化领导：管理层需要树立数字化转型的意识，积极主导数字化战略，将数字化融入企业整体战略规划，并为数字化转型提供足够的资源和支持。

设立数字化部门或团队：服务业中小型企业可以设立专门的数字化部门或团队，负责推动数字化转型，包括技术人员、数据分析师和数字营销人员等，协助业务部门实施数字化策略。

扁平化管理结构：采用较为扁平的管理结构，减少层级，提高决策效率和响应速度，以更好地适应数字化转型中的快速变化和灵活性要求。

强化信息共享和沟通：建立高效的信息共享和沟通机制，促进各部门之间的信息流动，实现信息共享和协作，加速数字化转型的推进。

建立数字化人才培养体系：引入具有数字化背景和技能的人才，提升组织的数字化素养和技能，加强数字化转型的执行力。通过培训和学习计划，提升员工的数字化能力和技术水平，为数字化转型提供有力支持。

8.2.2.2 管理制度

在服务业中小型企业采用数字技术进行数字化转型过程中，管理制度创新主要包括以下几个方面，如图8-5所示。

数字化决策管理：利用数字技术收集、分析、利用数据，提高企业信息收集、处理、分析的效率和准确性，进而合理进行服务能力的时空布局，大大提高企业的生产经营效率。以餐饮企业为例，基于大数据分析提高店铺选址的科学性，降低试错成本；分析预测订单变化，合理分布堂食和外卖资源，科学安排服务人员班次，减少资源闲置。通过数据分析和报告，帮助管理层做出更加准确和科学的决策，实现精细化管理。

数字化业务流程：采用数字技术可以对企业内部各项流程进行优化和自动化，从而提高工作效率、降低成本。如依托人工智能改造服务流程，减少标准化、非核心环节的人力配置，并利用数字技术强化对人力的支撑，提升工作效率。如使用扫码点餐，餐饮企业可节约人力成本；利用智能收单、收银，减少差错率，提升客户满意度等。

数字化人力资源配置：一是基于互联网技术，推动人才流动和人岗匹配，

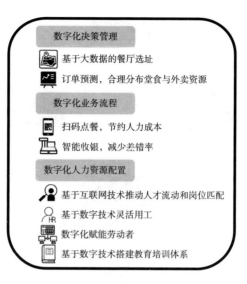

图 8-5　管理制度创新

实现人尽其用，最大限度地发挥人力资源的作用；二是基于数字技术，对低频、非核心岗位等采用灵活用工方式，提高组织灵敏度；三是数字化赋能劳动者，利用大数据、云计算、人工智能的优势，为劳动者提供智能设备、交易支付、信息服务等基础工具，帮助劳动者更高效、更智能地完成工作；四是基于数字技术搭建快速、敏捷、终身教育培训体系，提升培训针对性和效率。

8.2.2.3　数字素养和技能

在服务业中小型企业采用数字技术进行数字化转型过程中，数字素养和技能创新主要包括以下几个方面，如图 8-6 所示。

数字化意识：提高员工对数字化转型的认知和理解，让他们认识到数字化转型对企业发展的重要性，并能积极拥抱变革，愿意主动学习和运用数字技术。

数字化工具使用：培养员工使用各类数字化工具和软件的能力，包括数据分析工具、办公软件、数字营销平台等，提高工作效率和质量。

数据分析与决策：培养员工对数据进行分析和解读的能力，帮助他们做

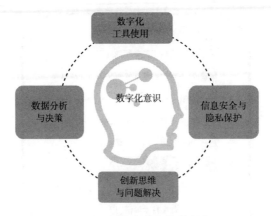

图 8-6 数字素养与技能创新

出科学决策，以数据驱动的方式推动企业发展。

信息安全与隐私保护：加强员工的信息安全意识和隐私保护意识，防范数字化转型过程中可能面临的安全风险和挑战。

创新思维与问题解决：培养员工的创新思维和问题解决能力，鼓励他们寻找数字化转型中的创新点和突破口，推动企业不断创新和改进。

8.2.2.4 财务、办公及人力资源管理环节

在服务业中小型企业采用数字技术进行数字化转型过程中，财务、办公及人力资源管理环节创新主要包括以下几个方面，如图 8-7 所示。

图 8-7 财务、办公及人力资源管理环节创新

自动化财务流程：运用财务管理软件和系统自动化核算、报表生成、发票管理等财务流程，提高准确性和效率。

文档协作和共享：采用云存储和协作工具，实现团队成员之间的文档协作和共享，提高工作效率和团队协作能力。

电子文档管理：建立电子文档管理系统，替代传统的纸质档案，提高文档的可访问性和管理效率。

在线会议协作：利用在线会议工具和协作平台，举办远程会议，促进团队协作和跨地域沟通，减少时间和地域限制。

数字化招聘：运用在线招聘平台和人才管理系统，实现招聘流程的自动化和数据化管理，提高招聘效率和人才筛选质量。

员工关系管理：建立员工自助平台，让员工能够自主管理个人信息、休假申请、绩效评估等，提升员工满意度和自助服务效率。

8.2.2.5 经营管理决策

在服务业中小型企业采用数字技术进行数字化转型过程中，经营管理决策创新主要包括以下几个方面，如图 8-8 所示。

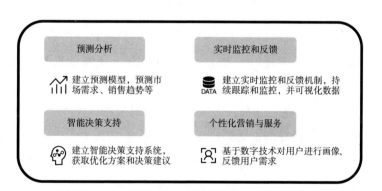

图 8-8 经营管理决策创新

预测分析：采用预测分析技术，运用历史数据和趋势，建立预测模型来预测市场需求、销售趋势、库存需求等关键业务指标。服务业中小型企业可以利用预测模型来预测市场需求趋势，了解客户需求变化，从而合理规划生产和供应链，避免过量库存或供不应求的情况。

实时监控和反馈：利用数字技术建立实时监控和反馈机制，对关键业务指标进行持续跟踪和监控。通过实时数据的可视化呈现，管理层可以及时了解业务情况，发现问题和机会，并能够做出及时的决策和调整。

智能决策支持：建立智能决策支持系统，利用人工智能和机器学习技术，服务业中小型企业可以在面临复杂决策时获取智能建议。这些系统能够分析大量数据，识别潜在的商机，提供优化方案和决策建议，帮助企业管理层做出更明智的决策。

个性化营销与服务：数字化技术的使用使企业能够更好地了解客户需求和喜好，通过个性化的营销和服务策略，提高客户满意度和忠诚度。一是利用大数据、人工智能技术，根据用户搜索、购买、评价以及其他信息，对用户进行画像，从而达到为不同用户推荐个性化的产品与服务的目标。二是通过大数据或线上的C2B，将用户的需求及时反馈给商家，帮助商家提供精准服务，实现服务定制化。

8.2.3 服务业中小型企业技术创新

以5G技术、未来网络、万物互联为核心的信息网络融合了感知技术、云计算、虚拟现实、大数据、人工智能、区块链、边缘计算等基础数字技术，与垂直行业的结合进一步改善了用户的服务体验，为服务业市场带来新产品、新服务、新体验。比如，人工智能作为引领新一轮科技革命和产业变革的战略性技术，具有溢出带动性很强的"头雁"效应。以人脸识别、智能语音、智能机器人等为代表的智能技术，正在注入服务业中小型企业运营管理的各个环节中。线上化、数字化消费增多，运用大数据洞察消费者新消费习惯的手段受到业界越来越多的重视。通过完善行业大数据统计、优化数字化管理手段、重视大数据安全，大数据对前后端的赋能作用将会逐步放大、显现。服务业中小型企业具体的技术创新如图8-9所示。

（1）感知技术

感知技术如物联网和传感器技术，可以实时采集环境数据、设备状态等

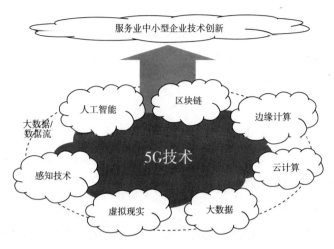

图 8-9　服务业中小型企业技术创新

信息，帮助企业实现智能化监控和管理，提高生产效率和服务质量。例如，餐饮业可以利用感知技术实时监测食材库存和温湿度，优化供应链和存储管理。

（2）云计算

云计算为服务业中小型企业提供了高效、灵活、低成本的数据存储和计算能力。通过云计算，企业可以实现数据共享、协作和备份，同时减少硬件设施投资。例如，零售业可以将销售数据和库存信息存储在云端，实现多店铺数据整合和远程管理。

（3）虚拟现实

虚拟现实技术在服务业中小型企业的数字化转型中提供了全新的交互和体验方式。例如，旅游业可以利用虚拟现实技术为客户提供虚拟导览体验，吸引更多游客参观。

（4）大数据

大数据技术帮助企业收集和分析大量数据，发现潜在的商机和客户需求，优化产品和服务，提高企业竞争力。例如，电商平台可以通过大数据分析了解用户购买偏好和行为，提供个性化的推荐和营销活动。

（5）人工智能

人工智能技术在服务业中小型企业数字化转型中有广泛的应用。例如，客服领域可以利用人工智能实现智能客服功能，提供自动回复和解答常见问题的服务，节省人力成本。

（6）区块链

区块链技术为服务业中小型企业提供了安全可信的数据交换和存储方式，有助于加强数据安全保护和用户身份验证。例如，金融服务业可以采用区块链技术实现安全的跨境支付和合同签署。

（7）边缘计算

边缘计算技术将数据处理和计算推向网络边缘，降低了数据传输延迟，提高了响应速度。在服务业中，边缘计算可以用于实时监控、快速决策和数据处理。例如，物流企业可以使用边缘计算技术来实时追踪货物位置和运输状况。

8.2.4　服务业中小型企业数字服务创新

数字技术从根本上改变了传统服务业低效率和不可贸易的性质，使服务全球化的推动力大大加强，数字经济时代服务全球化进程加速，进而扩大服务贸易总量。对于服务业中小型企业来说，数字化改变了服务的提供方式，具体包括以下几个方面，如图 8-10 所示。

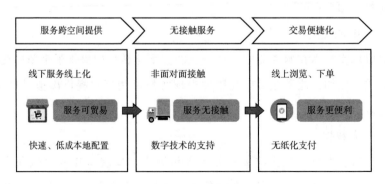

图 8-10　服务业中小型企业服务创新

（1）数字化推动服务跨空间提供

数字化主要通过以下两种方式改变服务的不可贸易性。一是将线下服务线上化，实现无边际成本且不受空间约束的服务提供。如基于网络技术发展起来的分布式教学和远程教育，实现了"教""学"空间上的分离，既降低了教育培训的边际成本，也解决了教室空间对传统教育的限制。二是通过互联网、智能算法等技术，将服务快速、低成本地配置给消费者，小范围改变了服务的不可贸易性。如餐饮外卖改变了餐饮服务的不可贸易性，消费者可以通过互联网选择几公里以外餐厅的菜品，由专业化的外卖骑手配送到消费者手中，实现了餐饮服务的可贸易性。

（2）数字化实现无接触服务

"无接触服务"主要指服务消费履约过程中，供给方在数字技术等支持下向需求方提供非面对面接触方式的服务，以保证居民服务消费各环节的安全，最大限度地降低疾病人际传播的风险。在新冠疫情期间，服务配送到家、酒店等基于数字技术采取的无接触服务获得快速发展。

（3）数字化推动交易便捷化

一是线上浏览、线上下单使服务选择、下单等环节可以和服务使用的时间、空间分离开来，提高了消费便利度。二是无纸化支付使支付更加便捷，如微信支付、美团支付等。

8.2.5 服务业中小型企业数字商业模式创新

目前，随着社会的发展，数字经济与实体经济的融合已然成为一种趋势。从传统产业发展模式和商业模式来看，数字技术的进步，逐渐改变了原有产业模式和商业模式的物理形态，改变了实体经济的产业结构、产品交易方式、市场服务形式等，为实体经济创新和发展带来了很大机遇。具体而言，服务业中小型企业商业模式创新主要有以下几类，如图 8-11 所示。

（1）共享经济

经济体系中存在大量的未被充分使用的资源，数字技术在整合这些资源上具有更高的效率和更低的成本。共享模式使经济系统中离散的资源和资产

图 8-11　服务业中小型企业商业模式创新

有了释放潜力的可能，如民宿产业、顺风车、共享单车等。

（2）长尾市场

服务需求具有差异化、特色化、定制化特征，小众、低频需求多。特别是部分由线下提供的服务，成本需要一定供给规模进行补偿。数字化手段可以扩大服务信息传播，从而汇集更大范围的小众、低频需求，使其快速达到服务供给的最小经济规模，如密室、生态旅行等业态的发展就得益于数字化的支持。

（3）跨界融合

基于不同产业间的组合、企业内部价值链和外部产业链环节的分化融合、行业跨界整合以及嫁接信息及互联网技术，新型企业、商业乃至产业的组织形态不断涌现，如电子竞技和网络直播等。

（4）全时服务

数字化促进了服务提供手段的现代化，可以"低成本"延长营业时间，如基于互联网支付和智能控制技术的自动售卖机、网络银行等。

（5）无人服务

机器视觉、模式识别等技术的发展，催生了无人货架、无人超市、无人配送等服务模式，解放了烦琐、低效、重复性工作的人力，使生活服务走向自助化、无人化。同时，无人服务在高难度清洁任务、车底检查、防疫等场景也有广泛应用前景。

（6）沉浸式体验服务

VR/AR 在游戏和影视中的应用为消费者提供视觉、听觉、触觉等感官模拟，使消费者得到身临其境的感官享受；景区、博物馆、展览馆等场所可以支持互动娱乐设施、全息博物馆和智能导览等建设，VR/AR 内容也被应用到线上展览、景点宣传推广等；线上虚拟试衣、餐厅酒店实景、代售房屋实景等新应用已经进入推广阶段。

8.2.6　服务业中小型企业数字标准

服务业市场主体为中小企业和个体商户，受制于规模小、布局散、实力弱的特点，数字化转型发展进程较慢，且数字化应用集中在营销、业务和IT 等方面，主要为单点效率提升，尚未形成一体化数字解决方案。服务业中小型企业构建数字标准可以帮助企业在数字化转型过程中实现业务流程的优化和规范，确保数据的一致性和可信度，促进信息共享和协作，实现技术整合和互操作性，形成规范的数字化实施方案。同时，数字标准的制定使企业能够更好地把握数字化转型的方向和节奏，实现数字化转型的全面升级，为企业可持续发展打下坚实基础。此外，数字标准也有助于企业适应日益复杂和快速变化的市场环境，增强企业的竞争力，推动行业创新与发展。因此有必要构建服务业中小型企业数字标准。

8.2.6.1　服务业中小型企业数字标准构建原则

在服务业中小型企业进行数字化转型时，数字标准的构建应遵循一致性和标准化、可持续性、开放性和互操作性、安全性和隐私保护性、客户导向性和敏捷性的原则，具体如下。

一致性和标准化：确保数字标准在企业内部的一致性，避免因各部门之间使用不同标准而导致的数据不一致和信息混乱。标准化可以使企业的数字化转型过程更加规范和高效。

可持续性：数字标准应该具有长期的可持续性，能够适应企业未来的发展需求和变化。随着企业的成长和业务扩展，数字标准应该能够灵活调整和演进。

开放性和互操作性：数字标准应该具有开放性，允许与外部系统和合作伙伴进行数据交换和互操作。这有助于企业与其他组织进行合作和信息共享，提高整体效率。

安全性和隐私保护性：数字标准应该注重数据的安全性和隐私保护，避免敏感信息泄露和数据被滥用。建立健全的数据安全机制，确保数字标准的可信度和可靠性。

客户导向性：数字标准应该以客户需求为导向，从客户的角度出发，设计和制定标准，以提供更好的服务和满足客户的期望。

敏捷性：数字标准应该具有一定的敏捷性和灵活性，能够快速适应市场变化和业务需求的变化，避免过于僵化和刻板的标准制定。

综合以上原则，服务业中小型企业可以构建合理、有效的数字标准，为数字化转型提供指导和支持，实现企业的持续发展和创新。

8.2.6.2 服务业中小型企业数字标准构建过程

服务业中小型企业数字标准需要根据企业自身的特点和数字化转型的需求来制定，总的来说，可以依据以下流程构建，具体如图8-12所示。

确定数字化转型目标：企业首先需要明确数字化转型目标和战略，包括提高服务质量、优化业务流程、提升客户满意度等。这些目标将成为制定标准的基础。

梳理业务流程：对企业的服务业务流程进行梳理和分析，了解服务过程中涉及的关键环节和数据要素，确定需要数字化的关键业务指标。

确定数据标准：根据梳理的业务流程和关键业务指标，确定需要收集、存储和处理的数据要素。确保数据的一致性、准确性和安全性。

制定数字标准：基于确定的数据要素和业务指标，制定数字标准的具体内容和规范，涵盖数据格式、数据采集和处理流程、数据交换标准等。

实施数字标准：将制定的数字标准应用到企业的数字化转型过程中，建立数字化平台和系统，实现数据的标准化采集、存储和分析。

培训和推广：对企业员工进行数字标准的培训，向企业员工推广，确保员工能够正确理解和遵循数字标准，有效地运用数字化平台。

监测和优化：定期监测数字标准的执行情况和效果，进行数据分析和反馈，根据数据结果优化数字标准，持续改进数字化转型过程。

图 8-12　服务业中小型企业数字标准构建流程

8.2.6.3　服务业中小型企业数字标准构建影响

在服务业中，客户需求多样，服务流程复杂，而服务过程通常涉及多个环节和不同层级的人员。因此，服务业中小型企业数字标准的构建尤为重要。

首先，构建数字标准可以实现服务过程的统一规范，确保各个环节的一致性，提高服务质量和稳定性。客户在不同时间、地点和渠道接触到的服务内容应保持一致，数字标准的应用可以实现这一目标。其次，服务业中小型企业面临的数据量庞大，包括客户信息、交易记录、服务反馈等。数字标准的制定可以帮助企业规范数据采集、存储和处理流程，确保数据的准确性和安全性，为客户提供更可靠的服务。再次，服务业的核心是满足客户需求，数字标准可以帮助企业更好地了解客户需求，实现个性化服务。通过数字化的客户反馈和分析，企业可以及时调整服务策略，提高客户满意度。最后，服务业中小型企业通常需要与供应商、合作伙伴协作，数字标准的开放性和互操作性有助于促进信息共享和合作，提高业务合作效率。

总而言之，服务业中小型企业数字标准的构建有助于优化服务流程、提升客户体验、提高数据管理水平、加强合作关系，推动企业实现数字化转型和创新发展。通过数字标准的引领，服务业中小型企业可以更好地适应市场变化、满足客户需求、增强市场竞争力，并在数字化时代获得可持续发展。

8.3 服务业中小型企业数字技术采用价值实现

本节将从数字治理成效以及数字技术采用价值绩效两方面来对服务业中小型企业数字技术采用价值链阶段进行深入探讨。具体分析了数字治理的目标、原则与方式以及数字技术采用价值绩效评估体系，为相关管理者与政策制定者推动服务业中小型企业采用数字技术、实现数字化转型发展提供方向指导与借鉴。

8.3.1 服务业中小型企业数字治理成效

8.3.1.1 服务业中小型企业数字治理目标

服务业中小型企业数字治理的核心在于以数据流引领物资流、技术流、人才流、资金流支撑商务领域的治理与规范，并实现和线下传统治理模式互补融合，有效提升服务业治理水平和治理效率。

（1）大幅提升服务效率

传统服务业主要依靠劳动力投入和人力资本积累，技术进步缓慢，效率不高。服务业数字化让数据成为核心生产要素加入服务活动中，带动服务业边际效率提高和全要素生产率提升，加快现代服务业发展进程。

（2）推动服务方式变革

服务业数字化将线下服务线上化，扩大网络用户数量，推动服务集聚的海量数据实现几何级增长。集聚的数据资源越多，外部效应就越大。这种外部效应会吸引更多用户参与，形成规模效应。

（3）拓展生产可能性边界

通过服务业数字化有效拓展生产可能性边界，突破产业结构服务化带来的结构性减速困境，为经济发展拓展新空间。

8.3.1.2 服务业中小型企业数字治理原则

服务业中小型企业数字治理应坚持"从易到难、由点及面、长期迭代、多方协同"的思路，遵循透明与问责、法律合规、风险管理、数据保护与隐私、持续改进、人员培训与意识提升、合作与协作等原则。通过建立透明的决策和责任制度，遵守法律法规，管理风险，保护数据和隐私，不断改进实践，提升员工的数字素养，促进内外部合作，实现数字化治理的合规性、透明性和有效性，以提高管理效率和创新能力，保护客户利益和企业声誉。

8.3.1.3 服务业中小型企业数字治理方式

服务业数字化在社会经济发展、结构优化、民生改善等方面意义深远，需要从应用创新、要素支持、治理能力等多层面统筹推进，加快数字化转型进度，助力服务业中小型企业高质量发展。本部分将从微观、中观、宏观角度，分别探讨服务业中小型企业数字治理方式。

（1）微观上充分发挥数字化平台作用，促进生产、消费升级

加快服务业中小型企业"上云用数赋智"。加大财政支持力度，对企业上云、数字化转型设备、服务购买给予支持，加强数字化转型资金保障，精准解决中小企业资金短缺难题。如针对我国大多数餐饮企业信息化管理水平较低等问题，可通过财政专项补贴等方式，推广 SaaS 等系统在中小餐饮企业的普及使用，让更多企业加入数字化转型进程中。

继续研发和引入最新的数字化技术，对传统服务业的生产模式和产品内容进行升级，实现多样性、私人定制化的发展策略。通过数字化技术实现传统服务业线上转移，打破传统服务业的地理限制，从整个产品价值链优化整合的角度构建高透明度的数字化平台。

（2）中观上加强服务业数字化升级，推动产业协同发展

加强全产业链视角的顶层设计。建立数据规范和标准，推动企业从物料采购、物流、加工、零售、配送和服务等业务流程全链条数字化，打通上下

游企业数据通道，完善服务业数字化产业链。为此，有关部门应加强规划和引导，制定服务业数字化的专项行动方案，提升政策的精准度，力求落地见效。

探索不同细分行业数字化转型。服务业点多面广，不同细分行业的互联网渗透率差异较大，其中电影、票务领域互联网渗透率很高，大多数行业渗透率较低。应鼓励不同细分行业数字化转型，不断拓展领域和范围，持续推动服务业数字化进程。

加强新型基础设施的支撑。将服务业数据基础设施纳入新基建，在发展即时配送网络、培育智慧生活服务企业等方面给予更多资源投入，以带动服务行业的全面数字化。鼓励电商平台龙头企业通过 PPP 合作模式，参与到新基建中，促进新基建与终端需求的有效对接。

（3）宏观上营造良好的政策环境，构建安全网络，优化数字经济发展环境

推动政府、企业形成合力。发挥服务业平台数据、科技等优势，助力政府提振消费，构建"互联网+"消费生态体系。加强职业技能培训，提高服务从业人员的数字化技能，提升服务业企业数字化转型能力。发挥政府、第三方机构、产业联盟、协会、龙头企业等的作用，组织开展行业相关标准制定，制定行业数字化转型的路线图。

治理体系数字化转型。政府与企业形成优势互补、分工协同的先进治理结构，完善数字经济市场监管制度和政策。完善知识产权保护法律法规，构建数字经济安全网络。数字经济的高质量发展必须以数字安全为前提，建立安全高效的数据保障制度，严格限制和监管企业获取和使用私人信息的权限和用途。

8.3.2　服务业中小型企业数字技术采用价值绩效

服务业中小型企业数字技术采用价值绩效是指通过评估数字技术在企业运营中所创造的价值和效果，从而量化数字化转型对企业业务的影响和贡献。通过对数字技术采用价值绩效进行评估，可以衡量数字技术引入后是否

实现预期目标、提高效率、降低成本、增强竞争力、改善客户体验等，以及对企业整体价值提升的影响。评价体系的建立可以定量评估企业采用数字技术后的效果，能够帮助企业更精准地规划数字化转型策略，实现业务增长和发展。本部分将从提质、增效、降本、降耗、绿色和安全六个维度给出通用的服务业中小型企业数字技术采用价值绩效评估体系（见表8-3），以为相关企业提供参考。

表8-3　服务业中小型企业数字技术采用价值绩效评估体系

一级指标	二级指标	指标内涵
提质	客户满意度	评估数字技术对客户体验和满意度的影响
	服务质量	衡量数字技术在提供服务过程中的效率和准确性
	服务响应时间	评估企业对客户需求的快速响应能力，即客户提出需求到服务完成的时间
	产品创新能力	评估数字技术对产品创新和研发的支持程度
增效	工作效率	衡量数字技术对业务流程的自动化和提速效果
	生产能力	评估数字技术在生产制造和服务交付过程中的效率提升能力
	决策经营效率	衡量数字技术对决策过程的信息支持和智能分析能力
	资源利用效率	评估数字技术在成本管理和资源利用方面的效果
	员工工作效率	考察员工在数字化环境下的工作效率和产出
降本	财务效益	衡量数字技术对企业财务指标（如利润率、回报率等）的影响
	运营费用	衡量企业日常运营所需的费用，如办公用品费用、水电费等
	人力资源成本	考察企业在员工招聘、培训、福利等方面的投入
降耗	原材料使用率	衡量企业在生产过程中原材料的使用效率，减少资源浪费
	供应链效率	衡量数字技术对能源消耗的减少和环境影响的降低
	能源消耗率	评估企业在生产过程中消耗的能源，如电力、燃料等
绿色	碳排放	评估数字技术在减少碳排放和环境负荷方面的贡献
	企业可持续发展	衡量数字技术对企业可持续发展目标的支持和促进能力
安全	数据安全	评估数字技术对数据保护和隐私安全的保障能力
	应急响应	评估企业的应急响应机制，确保在安全事件发生时能够迅速应对和应急处理

案例篇

第**9**章

中小型企业数字技术采用价值链案例

9.1　农链科技数字农业助农平台实践

9.1.1　案例背景

"乡村振兴"是党的十九大提出的重大战略；是从根本上解决当前"三农"面临的一系列挑战性问题，进而全面激活农村发展新动能的重大战略选择；是实现中华民族伟大复兴的一项重大任务。

数字农业是农业现代化的高级阶段，也是我国由农业大国迈向农业强国的必经之路。农业农村部和中央网信办于 2020 年初印发了《数字农业农村发展规划（2019—2025 年）》。规划明确提出，要建设数字农业农村服务体系，鼓励发展基于互联网的新业态，推动跨行业、跨领域数据融合和服务拓展，深度开发和利用农业生产、市场交易、农业投入品等数据资源，创新供求分析、技术推广、产品营销等服务方式。

随着社会经济的发展和科技进步，数字技术在农业领域的应用逐渐成为农业现代化的重要支撑。然而，在我国农村地区，农业生产与经营仍面临许多挑战，包括技术获取难、生产管理成本高、农产品销售难等，这限制了农业的可持续发展和农民收入的提升。

西安农链互联网科技有限公司是一家"数字赋能农业"的高新技术企业。依托"秦创原"创新驱动平台，作为"围绕创新链部署产业链"的典范，公司聚焦新型农业经营主体"农业技术获取难、生产管理成本高、市场议价能力弱"等三大痛点，利用自主研发构建的农业大数据精准服务体系，对农业社交和生产管理两大类数据进行科学分析，为农业经营主体提供个性化的产销信息服务、生产托管服务和产品代销服务，有效实现了帮产、帮销、帮决策。其开发的"点点帮农"产销一体化大数据服务平台，拥有包括 4.8 万多个农场主、5700 多名帮农专家和 2000 多家农产品采购商在内的专业用户，初步形成了"生产型、技术型、销售型"三大用户群协同共享的平台生态圈。

农链科技利用平台沉淀的用户和数据资源积极开展涉农服务，先后为陕西、宁夏、甘肃、新疆、青海、云南等多个省区提供农业大数据服务，帮助当地成功化解农产品滞销风险。

9.1.2 农业数字化转型迫在眉睫

"乡村振兴"战略的实施推动我国农业产业质量效益的明显提升和内生动力的持续增强，但目前我国农业产业发展所面临的行业痛点依旧存在，严重阻碍着农业产业振兴。

（1）农业科技信息获取难

产业振兴是乡村振兴的基础，农业发展的出路在现代化，农业现代化的关键是科技。为此，政府不断强化针对农业从业者的科技培训，不断提升农民的科技素养，培育新型职业农民。

①从涉农培训的机构来看，目前主要是农业类的高等院校、农广校以及部分线上技能培训平台，培训方式也是"线上""线下"并行。但从现实情况来看，高校线下培训存在覆盖面窄的问题；线上培训又缺乏现场指导，而且大量农民对于线上培训的形式尚不习惯。

②从涉农培训的内容来看，由于农业是个超大产业，涉及的细分行业非常多，社会分工也越来越细化，最终导致不同细分领域不同介入环节的人对涉农培训的诉求也不同，加之培训受众的学历层次和职业素养差异，让涉农

培训机构面临巨大的内容方面的压力，难以满足这种极为多元、复杂的需求。

③从涉农培训的效果来看，目前整体存在理论指导多，实践传授少；老师讲解多，学生互动少；实际问题多，培训内容少；单点培训多，系统引导少；内容创新少，培训脱离实际等方面的问题。

涉农培训还没有找到有效的推广模式，当前这种"不分对象、大水漫灌"，很难让涉农培训实现精准、获得实效，农民获取科技信息依然很难。

（2）训后服务缺少有效手段

当前，经济社会发展日新月异，"学一阵、用一生"的时代早已过去。再好的学校和老师，也无法依靠一两次培训就解决学生今后所有的问题。除了涉农培训的方式、内容需要革新外，涉农培训更大的痛点和难点在"训后服务"。学员在培训之后，在实践过程中如果遇到新问题，如何就近、快速、有效解决他们的实践难题，是科技为农业产业赋能的难点。

就目前科技服务模式来看，其交互性差、时效性差、精准性差、系统性差，难以满足快速发展的农业生产经营需求。很多地方也在探索将培训老师变为创业导师，以提升训后的科技服务效果，但每个培训老师往往只专注自己的学术领域，而创业导师则需要具备复合性能力。然而即使让培训老师勉强来作导师，也会面临导师数量群体相比用户需求实在太少的难题。

（3）农产品销售有特殊性

与"生产端"科技信息获取难相对应的是，农产品在"销售端"由于品质不统一、信息不对称、品牌化较低等问题，动辄出现大面积滞销、低价销售等现象。

为了解决农产品销售难题，国家推出了电商示范项目，地方政府也推出了农产品电商物流补贴、农村电商人才培训、培养"网红"为农产品带货等措施，希望通过引导和扶持帮助农产品"上行"。

然而农产品电商、网红直播却无法从根本上帮助农民销售农产品。因为目前的电商模式从底层逻辑来讲，是一种工业化思维，很多地方是不适用于农产品的。例如，生产上的非标准化与质量追溯体系不健全，必然导致大量的差评与退货；不懂传播规律、缺乏诚信意识，难以树立市场化品牌；无产品线规划、集中上市，难以实现常年供应；常规仓储、物流无法满足农产品在保温、保湿、包装、运输上的苛刻要求。

9.1.3 "点点帮农"产销一体化大数据服务平台：信息化破解行业痛点

农链科技研发推出的"点点帮农"产销一体化大数据服务平台，利用AI技术分析农业产销两端多源异构数据，创新农业技术、知识、市场的信息服务模式，重构农业科技信息服务体系，用活数据与信息，让"人找信息"变为"信息找人"，引导各类农业经营主体利用信息、贡献数据；为农业经营主体提供"私人定制"的农业生产性数据服务和市场信息精准撮合服务。平台已获国家版权局计算机软件著作权登记。

该平台遵循"人是生产力中最活跃的要素"原则，以新型职业农民（包括生产经营型、专业技能型和社会服务型）这一关键人群为核心目标用户，致力于农业经营主体社交场景构建和数据技术产品创新，主要解决农业科技获取难、生产管理成本高和农产品销售难等行业"痛点"。

（1）技术服务路径

基于实用的农业数据智能技术和高效的数据运营能力，实时获取农业生产、技术服务、市场供求等多维数据；再运用自主研发的农业数据智能算法系统，对获取的数据进行分析、处理和精准匹配，为用户提供农业技术指导、农业科技成果推广、农业科技培训及农产品供需撮合等全链式服务。

同时，通过推行"三融合"（线上服务与线下服务融合、生产服务与市场服务融合、公共服务与商业运营融合），"点点帮农"正在为地方政府、农业行业组织、新型农业经营主体等提供个性化的"数字农业"整体解决方案。

（2）平台形式

鉴于新型农业经营主体负责人及新型职业农民100%能熟练使用微信，农民94%以上在使用微信。为此"点点帮农"初期确定为微信小程序形式，从而大大降低了用户教育及平台推广成本，真正让手机成为"新农具"。

后期随着帮农服务的不断延伸，"点点帮农"将会构建"APP+H5+专业微信公众号"的三位一体架构，形成强有力的互联网传播矩阵。三者相互关联而又各有侧重，共同形成"科技帮产、数据帮销"的大数据共享农服体系。

（3）三大服务体系

"点点帮农"产销大数据服务平台包括三大技术服务体系：一是农业科技数字化推广服务体系，命名为"共享农技员"；二是新型职业农民数字化培训服务体系，命名为"共享农课堂"；三是农产品数字化供需服务体系，命名为"共享农市场"。这三大共享服务体系均由自主研发的农业大数据精准分析决策系统进行支撑。

图 9-1 "点点帮农"产销大数据服务平台

①共享农技员：农业科技精准指导。依托地理信息技术精准识别"身边的农业专家"，通过 AI 算法进行"数字农人"画像，为用户从多维度（地理位置、产业相关性、问题相关性等方面）提供及时、精准的农技服务，解决农技推广难问题。

②共享农课堂：职业农民精准培训。与传统线上培训不同，本体系运用社交短视频生产和精准分发机制，创新农业经营主体培育和新型职业农民培

训模式，具有精准性、及时性、快捷化、广覆盖、全天候等特点，是传统线上线下培训的有效补充、全面拓展和训后延伸。

在农课供给端，本体系多渠道、多形式、定期收集培训需求，根据需求精准开发课件，以增强课程的实用性；依托"共享农技员"沉淀过滤的优质专家资源，录制农业培训短视频，将农业知识模块化；还通过"共享农技员"数据画像，挖掘平台上"热度"较高、农业推广经验丰富的"土专家"，把他们的技能也录制成课件，变成培训产品。从目前情况看，1~3分钟的短视频"微培训"，符合农业用户的信息获取习惯和接受特点，深受用户欢迎。

在农课需求端，"共享农课堂"根据平台用户画像精准识别用户感兴趣的内容，实现农户需求动态掌控、农业知识"点对点"送达——既实现了科技帮农的精准化，又减少了对用户的不必要干扰，变过去"大水漫灌"式培训为"精准滴灌"式培训。用户可采取付费点播或观后打赏两种机制，为帮农专家的科技服务"买单"。

③共享农市场：产销信息精准对接。农链科技自主研发的"农业大数据精准营销系统"已通过"软件著作权证"认证。其通过互联网大数据挖掘技术，建立市场供需精准匹配模型，为平台用户提供市场信息撮合服务，让"人找信息"变成"信息找人"。该技术成果衍生的"农产品供需精准撮合模型"，已在多地获得成功应用。

（4）创新成效

①帮产：提升农业生产科技水平。"点点帮农"平台的"帮产"环节，是依托平台上聚合的大量专家资源，以"数字技术+微生物技术"的方式，通过土壤有效修复、种植科学规范、杜绝化肥农药等手段，以提升产业科技化水平的路径来提升农业产业的产量和品质。同时，平台还可以让生产者随时找到专家，随时接受培训。

②帮销：化解农优产品滞销风险。滞销的根本是信息的不畅，平台的效能在于运营。"点点帮农"设置的"共享农市场"板块，可以让农产品供需两端用户随时发布供需信息。信息发布后，平台会通过机器和人工两种方式，进行供需信息的有效识别、精准匹配和定向推送，让"人找信息"变

为"信息找人",以提高信息撮合的效能,化解滞销的风险。

③帮决策:助力农业产业科学决策。以往的农业产业决策,大多依靠个人经验和拍脑门。农链科技提出的数字农业整体解决方案,可以结合一个地方的地理信息、土壤信息、气象信息等公开信息,以及遥感识别信息、数字设备采集到的作物周年信息、平台用户反馈的动态应用信息等,再综合考虑各方面的专家意见,最终实现高效化、精准化、科学化决策。

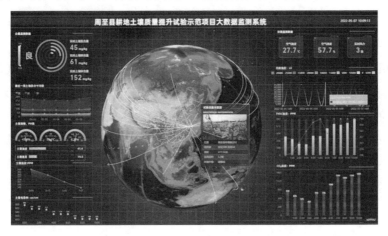

图 9-2　"点点帮农"产销大数据服务平台大数据监测系统

9.1.4　经验启示

农链科技在助农领域成功应用信息化技术的经验给我们带来了许多有价值的启示。通过"点点帮农"产销一体化大数据服务平台,农链科技有效地将数字技术与农业产业相结合,实现了帮产、帮销、帮决策的目标,为农业生产和经营主体提供了全方位、个性化的支持。以下是从这一成功经验中得到的启示。

(1)深度理解农业需求

成功的信息化技术助农方案要深度理解农业领域的真实需求。农链科技在设计"点点帮农"平台时,准确把握了农民、农业专家、农产品采购商等不同农业经营主体的需求,实现了数据的精准匹配和个性化服务。理解农业需求是信息化技术助农的基础，只有真正解决农民的痛点和需求，才能取得成功。

（2）整合多源异构数据

农业涉及多方面的数据，如土壤信息、气象数据、作物生长数据等，这些数据来源多样、形式各异，整合与利用是关键。农链科技通过自主研发的农业大数据精准分析决策系统，成功整合多源异构数据，实现了数据的全链条分析和应用，为决策提供了科学支持。信息化技术助农需要有效整合农业数据，将其转化为有用的知识和信息。

（3）强化数据智能应用

信息化技术助农的核心在于数据的智能应用。农链科技的"点点帮农"平台利用人工智能技术对农业数据进行智能分析，实现了农技指导、农产品供需撮合等功能。数据智能应用可以提高决策效率和农业生产效率，为农民提供更有价值的服务。

（4）建立多方合作生态

农业产业涉及多个环节，信息化技术助农需要建立多方合作生态。农链科技通过"三融合"模式，将线上服务与线下服务、生产服务与市场服务、公共服务与商业运营相融合，构建了"点点帮农"的综合服务模式。多方合作生态可以整合资源、提高服务效能，为农业经营主体提供全方位支持。

（5）重视用户体验

信息化技术助农要注重用户体验。农链科技选择微信小程序作为平台形式，因为大多数农民熟悉微信使用，降低了用户教育和推广成本。优化用户体验，提供简洁易用的界面和功能，让农民能够轻松上手，是成功应用信息化技术助农的重要因素。

9.2 神州远景科技的智慧农业创新

9.2.1 案例背景

在过去的几十年里，农业一直是国民经济的支柱产业，为国家的稳定发展和人民的温饱做出了巨大贡献。然而，传统的农业生产模式在面临日益增长的人口需求、资源限制、环境压力等问题时面对许多挑战。为了实现农业的持续发展，提高农业生产效率和质量，有必要转变传统农业方式，引入先进的数字化技术来赋能农村。

随着信息技术的迅速发展，农村地区也逐渐进入数字化时代。然而，农村数字化转型的过程并不容易。许多农村地区面临着基础设施不完善、信息不对称、人才短缺等困难。作为一家专注于农业农村数字化赋能的企业通用服务提供商，神州远景（西安）科技发展有限公司在深刻认识到农业农村发展的困难与数字化技术在农业领域的潜力后，将数字化技术运用到农业领域，从生产、管理到金融服务等方面进行全面的改革，通过数字化技术，实现了农村的智能化管理，推动绿色农业可持续发展，提高农业生产效率，加强农产品质量溯源，提供更优质的金融服务，让农村地区在数字时代获得更多发展机遇。自 2018 年成立以来，经过不断的突破与创新，神州远景（西安）科技发展有限公司目前在农业领域取得了显著的成绩，公司数字乡村、产业大数据和产业金融大数据业务已经得到广泛应用，为农村地区带来了全新的生产生活体验。这些数字化技术为农民提供了更多的生产经营信息和决策依据，为农业的可持续发展打下了坚实基础，成为农业领域中小型企业数字技术采用与价值转化的典型案例。

9.2.2 农业数字化转型迫在眉睫

传统的农业模式和管理方式逐渐显现出其局限性，难以满足现代社会对农业的高效、可持续和安全发展的迫切需求。

低效率的传统农业模式：传统农业模式依赖手工劳动和传统经验，导致生产效率较低。农民需要大量的人工投入，但这种方式不能充分利用现代科技手段和数据分析，造成农业生产流程冗长、成本高昂，同时农村面临人力短缺和劳动力老龄化等问题，限制了农产品的产量和质量提高。

资源有限与环境压力：农村地区面临土地资源有限、水资源紧缺、土地退化和环境污染等问题。随着人口增长和城市化进程加快，农业需要更多的资源支持，但受限于有限的土地和水资源，农民难以实现规模化生产。同时，农业生产对土地和水资源的过度利用导致生态环境的恶化，如土壤退化、水土流失和水资源污染等，对农村可持续发展造成威胁。

农产品质量与安全问题：农产品的质量和安全一直是社会关注的焦点。传统的生产和供应链管理方式容易产生信息不对称和追溯困难，导致产品质量无法得到有效保障。农产品质量不稳定，存在农药残留、兽药残留、重金属污染等问题，危害消费者的健康，同时影响产品的市场竞争力。

信息不对称与数字化转型困难：农村地区信息不对称严重，农民缺乏准确、及时的市场信息、天气预报信息、病虫害防治知识等。缺乏信息支持导致农业生产决策盲目，农产品价格波动较大，农民收益不稳定。此外，农村地区数字化转型困难，主要包括基础设施不完善、数字技术应用能力有限、人才短缺等问题，限制了农业数字化转型的进程。

农村治理和管理的问题：农村地区基层政府管理和农民自治方式存在一定问题。传统的管理模式缺乏科学的数据支持和数字化手段，难以实现高效的农村治理。同时，农民自治水平参差不齐，治理决策难以统一，影响了农村公共服务水平和社会稳定。

金融服务滞后：农村地区的金融服务滞后，农民难以获得便捷的金融产品和服务。由于信息不对称和信用体系不完善，农民融资难、融资贵，农业产业链融资紧张，这些制约了农村经济的发展和农业现代化的推进。

在上述背景下，传统的农业模式和管理方式逐渐显现出其局限性，难以满足现代社会对农业的高效、可持续和安全发展的迫切需求。因此，针对行业痛点，神州远景（西安）科技发展有限公司应运而生，通过数字化技术的应用，助力农村实现智能化管理、绿色农业和数字化金融服务，为农村地区带来全面的改革和发展，提高农业生产效率，优化资源配置，提升农产品质量与安全，推动农村可持续发展。下面将详细描述神州远景（西安）科技发展有限公司的经验。

9.2.3　神州远景：产品规划与产品矩阵破解发展痛点

为解决上述痛点，公司布局三大业务模块，涵盖数字乡村、产业大数据和产业金融大数据三大领域。在数字乡村方面，公司着眼于标准化生产、绿色农业、数字化基层政府管理等，以提高农业生产效率、环境保护和基层治理水平。产业大数据业务则专注于收集农业生产、市场和监管等方面的数据，通过数据处理和应用，实现农业的智能化和精准化。同时，公司还积极收集产业金融大数据，为农村金融服务提供全方位的支持。

9.2.3.1　数字乡村业务

数字乡村业务是神州远景（西安）科技发展有限公司旗下主要业务之一，该业务致力于通过数字化技术赋能农村地区，解决农村面临的多方面行业痛点，实现农村的可持续发展和农民生产生活条件的不断提升。在数字乡村业务的产品规划中，公司提供了多个具体的服务，涵盖了产业、生态、文化、治理和生活方面的创新解决方案。

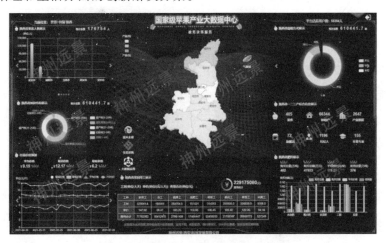

图 9-3　国家级苹果全产业链大数据中心

（1）产业部分

标准化生产：通过数字化技术对农业生产过程进行标准化管理，制定科学种植方案、施肥计划等，提高农产品产量和质量。精细化生产：实现对农作物生长全过程的精准监测和管理，包括温/湿度、光照等环境因素的监控，为农民提供科学决策支持。农资电商化：通过数字化平台将农资直接销售给农民，提供便捷的采购渠道，解决农资供应不足的问题。农产品电商化：将农产品直接在线上市场销售，拓宽销售渠道，提高农产品的竞争力。远程农技服务：通过数字化技术实现农技专家与农民的远程交流，为农民提供及时、有效的农技指导和咨询。

（2）生态部分

绿色农业生产：推进农业向绿色、环保型转变，提高农产品的安全水平和质量。智慧化乡村环保：通过数字化监测和预警系统，实时监控农村环境，及时发现和解决环境问题，推动农村环保工作的智能化和精细化。

（3）文化部分

农村网络文化建设：推动农村网络文化建设，丰富农村文化资源，提升农民的文化素养。乡村文化资源数字化管理：数字化管理农村文化遗产和资源，保护和传承乡村文化。村民网络文明与信息素养建设：推广网络文明行为，提高农民的网络信息素养。

（4）治理部分

数字化基层政府管理：推进基层政府数字化转型，提高基层政府管理效率和服务水平。村民自治管理数字化：推动村民自治管理数字化，让村民更好地参与农村治理，共建美好家园。数字化党建：利用数字化手段推进党组织建设和党员管理，提高党建工作的精准性和有效性。

（5）生活方面

农村教育信息化：推进农村教育信息化，提供优质教育资源，提高农村教育水平。农村医疗信息化：推进农村医疗信息化，提供便捷的医疗服务，改善农村医疗条件。数字化便民服务：通过数字化平台提供各类便民服务，方便农民生活。

以上产品规划和解决方案，使神州远景（西安）科技发展有限公司的数字乡村业务全面覆盖了农村地区的各个领域，有效解决了农村面临的多方面行业痛点，为农村地区的可持续发展和农民生产生活条件的提升提供了有力的支持和保障。

9.2.3.2　产业大数据业务

产业大数据业务是神州远景（西安）科技发展有限公司的另一个主要业务。该业务的核心是收集原始数据，涵盖了农业基础数据、农业生产数据、农业市场数据、农业监管数据以及农企管理数据。这些数据通过公司的数据清洗、数据集成、数据规约和数据转换等处理，成为数字资产，为农村地区的农业生产和经营提供了重要的数据支持。

图 9-4　农业大数据场景应用

（1）收集原始数据

在产业大数据业务中，神州远景（西安）科技发展有限公司致力于收集多个方面的原始数据。这些数据包括农业基础数据，例如土地、经营主体、种子、化肥等信息，以及农业生产数据，包括农事操作、施肥、打药、病虫害、疫病等数据。此外，公司还收集农业市场数据，如价格、大宗、需求、订单等，以及农业监管数据，包括检疫防疫、投入品监管、农产品合格证等数据。同时，公司也关注农企管理数据，如订单、合同、进销存、物流等信息。通过全面收集这些原始数据，公司建立了庞大的数据资源库，为后续数据处理和价值挖掘打下了坚实基础。

（2）原始数据的处理

在收集到原始数据后，公司对数据进行了精细化的处理，包括数据清洗、数据集成、数据规约和数据转换等步骤。通过数据清洗，去除了原始数据中的噪声和冗余信息，确保数据的准确性和可靠性。随后，将不同来源、不同格式的数据进行集成，使数据可以互相关联和交互，形成了统一的数据体系。同时，公司制定了严格的数据规约，确保数据的标准化和一致性。通过数据转换，将原始数据转化为可用于分析和挖掘的数据形式。这些处理使数据更易于管理和利用，为后续的数据分析和应用提供了基础。

（3）发挥数据价值

处理后的数据形成了数字资产，为产业大数据的应用和价值发挥提供了基础。公司利用智能病虫害监测技术，实时监测农作物的病虫害情况，帮助农民及时采取防治措施，保障农作物的生长和产量。植物工厂是一种先进的农业生产方式，通过数字化技术，实现了农作物在无土介质下的生长，节省了土地资源，提高了农产品的产量和质量。智能育种是利用大数据技术，对农作物的基因进行分析和优化，培育出更优良的品种，提高了农作物的抗病虫害能力和适应性。大宗贸易业务是利用大数据技术，优化农产品的流通渠道，实现农产品的高效销售。此外，公司还将产业大数据与农业金融相结合，为农民和农企提供更灵活和便捷的金融服务，推动农业产业链的升级和发展。

通过产业大数据业务，公司为农村地区的农业生产和经营提供了科技支持和数据支撑，促进了农村地区农业的现代化和数字化转型。同时，公司的数字资产发挥着重要的作用，为农业生产和农产品的质量提升提供了有力支持，推动了农村地区的可持续发展。

9.2.3.3 产业金融大数据业务

在产业金融大数据业务领域，神州远景（西安）科技发展有限公司积极探索数字化金融服务，为农村地区的农业产业链提供全方位的金融支持。

（1）农业数据服务

公司通过收集和分析大量的农业数据，为金融机构和投资者提供全面、准确的农业产业信息。这些数据包括土地利用、农产品价格、农业产量、农资投入等。通过深入了解农业产业的现状和趋势，金融机构可以更好地评估农业项

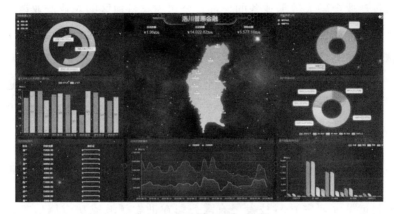

图 9-5 普惠金融数据看板

目的风险和收益，制定更科学的金融策略，为农业企业提供精准的金融支持。

（2）金融数据服务

公司还提供丰富的金融数据服务，涵盖贷款信息、信用评估、风险控制等方面。通过数据挖掘和分析，公司帮助金融机构更好地了解农户和农业企业的信用状况，降低信贷风险，提高贷款的审批效率。此外，公司还为金融机构提供风险控制模型和预警系统，使金融机构能够及时发现和应对潜在的风险，确保金融业务的安全稳健。

（3）金融产品服务

在金融产品服务方面，公司推出了一系列针对农村地区的金融产品，如农业信贷、农业保险、农村养老金等。通过数字化技术和大数据分析，公司实现了对金融产品的个性化定制，满足农户和农业企业不同的金融需求。此外，公司还推动农村地区的金融创新，拓展金融产品的种类和覆盖范围，提高农村地区金融服务的便捷性和普惠性。

（4）金融生态建设

公司在产业金融大数据业务中致力于构建一个完整的金融生态系统，通过整合各类金融服务和资源，实现金融与农业产业的深度融合，为农村地区的农业生产和经营提供全链条、多层次的金融支持。同时，公司还推动金融科技创新，不断引入新的科技手段和数字化工具，提升金融服务的智能化和便捷性。

通过产业金融大数据业务的推进，公司为农村地区的农业产业链提供更加丰富和全面的金融服务，助力农村经济的发展和农民收入的增加。金融数据的精准分析和风险控制有助于提升金融机构的运营效率和风险管理水平。此外，金融产品的创新和个性化定制，让农村地区的金融服务更加贴近实际需求，推动农业现代化和数字化转型。同时，金融生态的建设为农业和金融领域的合作提供了更多的可能性，促进了产业链的优化和升级。

9.2.4　经验启示

神州远景（西安）科技发展有限公司在助农领域成功应用信息化技术的经验为企业提供了许多有价值的启示，这些启示与公司的业务产品密切相关，为农村地区的可持续发展和现代化转型提供了有力支持。以下是企业在农业农村数字化赋能方面的经验启示。

创新数字乡村解决方案：在数字乡村业务领域，企业成功推出标准化生产、精细化生产、农资电商化、农产品电商化、远程农技服务等一系列数字化解决方案。经验表明，结合当地实际需求，为农村地区提供量身定制的数字化服务，对提高农业生产效率和质量至关重要。企业应持续加强技术创新，不断优化数字乡村解决方案，以满足农民的多样化需求。

发挥产业大数据价值：产业大数据业务的成功应用为农村地区带来了智能化农业管理、智能病虫害监测、植物工厂、智能育种、大宗贸易等诸多变革。在数据收集、清洗、集成和转换过程中，企业积累了丰富的经验。对于其他企业而言，应建设综合数字化平台，加强数据管理和挖掘，将产业大数据的价值最大化，助力农村产业链协同发展。

推动农村金融服务：产业金融大数据业务的应用使农业数据服务、农业普惠金融等产品得以成功推出。经验表明，企业应与金融机构合作，提供数据支持，为农村地区提供更加优质的金融服务。同时，应推动农村金融生态建设，构建完善的金融服务体系，为农民提供更多金融支持。

加强农民数字素养：在推进数字化农村建设过程中，农民的数字素养至关重要。企业应积极开展农民培训计划，提高农民对数字化技术的认知和应用水平。应提供易于使用的数字化产品和服务，帮助农民更好地参与数字化农村建设，增强他们在数字时代的竞争力。

政府合作与政策支持：企业与政府合作，争取政策支持和资金投入，是推动农村数字化发展的重要保障。通过积极与政府沟通，参与政策制定，企业可以更好地把握行业发展趋势，为农村地区提供更全面的数字化服务。

神州远景（西安）科技发展有限公司在农业农村数字化赋能方面的经验为企业提供了宝贵的启示。通过创新数字乡村解决方案，发挥产业大数据价值，推动农村金融服务，加强农民数字素养以及与政府合作与政策支持，企业可以更好地服务于农业农村，为农村地区的现代化转型和可持续发展贡献力量。同时，国家层面也应加大对农业农村数字化发展的政策支持和资金投入，共同推动农村地区数字化建设的蓬勃发展。

9.3 传统建材产业数字化一站式服务平台"商砼之家"

9.3.1 案例背景

传统建材行业是指以水泥、钢铁、玻璃、陶瓷等为代表的传统建筑材料生产行业。在过去的几十年里，随着城市化进程的加快和经济快速发展，建筑业蓬勃发展，传统建材行业迎来了快速增长期。大量的基础设施建设、房地产开发以及城市化进程中的新建和维护项目，都对建材行业提出了巨大的需求。然而，随着时间的推移，传统建材行业也面临一系列的问题和挑战。产能过剩、环境污染、资源浪费、低效生产和竞争激烈等问题日益凸显。特别是近年来，经济增速放缓和房地产市场调整，使得传统建材行业面临市场需求疲软、盈利压力增大等问题。

在这样的背景下，商砼之家应运而生。陕西恒盛集团抓住以数字技术为核心的新一轮科技革命和产业变革带来的历史性机遇，依托近三十年的品牌影响力、资源积淀和资本实力，于 2018 年提出、2019 年成立陕西恒盛博隆君信科技有限公司，打造以产业为支撑，以科技为基础，以数据为要素，以创造价值为核心，以共创、共融、共享、共赢为理念的绿色建材产业数字化一站式服务平台——商砼之家。

商砼之家作为建材行业高效的数字化转型工具，秉承"联盟、共创、共融、共享、共赢"的经营理念，立足用户视角，以技术变革推动生产数字化、智能化。在中国城市化进程加速和商品混凝土市场蓬勃发展的利好加持下，伴随着数字中国的建设，商砼之家茁壮成长，实现了从 1.0 版本到 3.0 版本的"进化"。商砼之家平台通过互联网、信息化、可视化、智能化、大数据等技术贯穿传统产业链，赋能上下游，有效发挥强链、固链、接链、延链、补链作用。截至目前，平台累计交易规模超过 49 亿元、优质合作企业达 300 家、服务建筑项目超过 600 个，帮助行业上下游实现采购成本降低 3.51%、物流成本降低 7.30%、运营效率提升 18.73%，数字赋能效果突出，降本增效成果显著。

9.3.2　发展过程中存在的突出问题

①由于市场需求不足，投资过度扩张，技术滞后导致生产效率低下，产能结构不合理，环保限制导致传统建材行业企业生产受限，以及激烈的市场竞争等，一些建材企业产能过剩、产业供求失衡，进而影响行业整体的稳定发展。在产能过剩、经济下行的形势下，对于一个传统的建材企业来说，扩大生产规模显然不合时宜，调整产业结构、转型升级才是正确的选择。然而，在传统建材行业，特别是对于一些传统企业而言，数字化转型和智能化升级可能面临一些阻力和接受度不高的问题。新技术的发展、应用以及与产业的融合，在推动传统产业转型升级和高质量发展中发挥了全方位的作用。在数字经济时代，如何通过构建数据驱动的平台吸引更多同行企业加入和采用其服务、引领同行业的各企业进行转型升级是商砼之家在发展过程中面临的重要问题。

②数字经济正在深刻影响产业发展的方向和未来，然而数字经济高质量发展仍面临配套政策不完善、统筹协调力度不足、核心产业规模小、数据应用水平不高、数字化高层次人才缺乏等问题。对于建材行业，绿色产业的数

字化高质量发展是迫切需要解决的问题。如何构建绿色建材产业的数字化生态系统，促进数字经济与绿色产业的融合，实现共建、共享、共赢，是建材行业转型升级的关键。商砼之家作为数字化一站式服务平台，需要在解决数字经济困难的同时，紧密结合建材行业特点，推动行业数字化转型和智能化发展。通过引入数字技术，提升建材行业的数据化运营水平，优化资源配置，实现绿色产业的高质量发展。

③商砼之家正在进行数字化、智能化、绿色化的转型升级，作为一站式数字化服务平台，需要处理大量的数据、进行复杂的场景模拟，涉及数据安全、大数据处理、人工智能应用等技术难题。因此，在商砼之家发展数字技术之路的过程中，确保平台的稳定性、安全性和性能优化是一个挑战。首先，在传统建材产业中，企业的数据可能分散在不同的系统和部门中，存在数据孤岛的情况。不同的企业可能采用不同的数据标准和格式，这可能导致数据无法直接共享和使用。企业需要共同制定或采用统一的数据标准和格式，以便数据共享。数字化一站式服务平台要整合多个环节和供应商，需要解决不同技术系统的兼容性和数据交换问题。其次，数据的准确性、完整性和及时性对数据共享的效果有重要影响。企业需要建立有效的数据质量管理机制，确保共享数据的质量。最后，数据共享涉及企业的敏感信息，如商业秘密、客户信息等，如何确保数据的安全和隐私是一大挑战。企业需要遵循数据保护的法律法规，采用加密等技术手段，防止数据被非法获取和利用。

9.3.3　主要做法

商砼之家是传统建材产业领先的数字化一站式服务平台，致力于为商砼行业提供高效便捷的定制化服务。平台通过数据化运营、一站式集采、技术领先标准引领、资金协同、数字化管理和个性化定制等多种方式，为企业量身打造"一户一策"的解决方案，助力行业降本增效、提升竞争力。商砼之家还积极推动融合创新，通过市场协同、技术协同、资金协同等措施，赋能行业的数据驱动发展。平台将数字化转型和智能化升级引领至全行业，打造普惠生态，为建材产业的高质量发展做出突出贡献。具体如下。

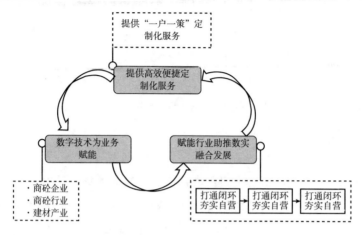

图 9-6　数字化一站式服务示意

（1）提供高效便捷的定制化服务

为商砼行业客户提供"一户一策"定制化服务，从咨询、经营、管理、技术、资金等维度，通过数据化运营、一站式集采、技术领先标准引领、资金协同、数字化管理以及个性化定制等多种方式，整合行业资源，提供精准的运营建议、优化方案和采购服务，助力企业降本增效，引领行业技术升级，提高生产效率和竞争力。通过商砼之家平台提供的大数据分析和人工智能算法，企业可以与上下游合作伙伴建立更加紧密的联系，随时了解它们的需求偏好，从而实现产品和服务的定制化，借助智能化的生产运输调度，提升用户满意度。商砼之家的定制化服务满足企业不同需求，提供场景化定制、模式化输出，一站式满足行业企业的数字化转型诉求，帮助行业客户实现高质量发展，推动商砼行业的高质量发展和智能化升级。

（2）数字技术为业务赋能

随着科技的不断进步和发展，数字技术在商业领域扮演着越来越重要的角色。数字技术不仅仅是为了创新和改进产品，还可以赋能业务，实现降本增效的目标。利用技术赋能业务，打通产业链中的信息流、交易流、资金流、物流、票据流，实现整个产业的数字化升级，创造更高效的商业运营模式。技术赋能业务还可以通过优化运营流程来提升效率，以数据驱动决策。

通过平台对各类数据的收集、分析和挖掘，企业可以更深入地洞察和了解市场和客户。这些数据驱动的决策可以帮助企业快速发现并解决生产经营过程中的问题，减少资源浪费和错误，提高整体运营效率和业务决策的准确性与效果，从而增强竞争力。企业还可以通过平台实现自动化流程落地来替代烦琐的手工作业，从而减少人力资源成本和手工错误、提高工作效率。此外，利用便捷的移动技术和云平台，企业可以实现业务的移动办理和远程协作，提高团队合作效率和灵活性，例如，数字采购场景，数据驱动，实现供采关系的精准对接，促进交易，提升上下游企业协同发展效应。以数字化平台为支撑，对海量采购订单业务数据进行积累、分析和价值挖掘，能够深度解读采购行为、采购量、交付时间等关键指标，为采购业务流程优化、市场分析、科学决策提供数据支撑。

（3）赋能行业，助推数实融合发展

商砼之家从转型咨询、场景定制到协同落地，逐步实现价值。商砼之家借助平台优势，与产业链中需求侧、供给侧的优秀产业互联网平台进行对接合作。把产业中的优秀模式整理成解决方案，并在平台中提供相应的工具让其他企业进行快速复用。充分发挥各方平台核心价值，共同推动产业互联网平台与实体经济深度融合，打造产业链生态圈，实现共创、共融、共享、共赢。通过打通闭环夯实自营、数字赋能引领行业、产业融合构筑生态，与各方共同构建"政府引领—平台赋能—龙头引领—机构支撑—多元服务"的联动机制，商砼之家成为行业灯塔，推动数字化和智能化的共振，促进行业高质量发展，实现了数据共享和要素配置的智能统筹，推动数实融合发展，打造千亿级产业集群，以卓越品质为数字中国建设贡献力量。

9.3.4　经验和启示

商砼之家以建设商砼行业高质量的统一市场为目标，以实体产业为依托，以数字化技术为支撑，以互联网平台为载体。陕西恒盛集团董事长王武锁表示，"商砼之家"平台正在越来越多的大体积、超高层筏板浇筑项目中发挥价值；以数实融合为驱动，助力陕西打造高品质新地标。未来将持续打造一流高品质地标工程，践行"共创、共融、共享、共赢"的理念，推动数实融合，助力陕西绿色建材产业铸就新优势，走上高端化、智能化、绿色化、融合化发展之路。

（1）以建设行业高质量的统一市场为目标

商砼之家以建设行业高质量的统一市场为目标，通过数字化一站式服务平台，整合实体产业的数据和资源，实现行业内部的数据共享与协同。通过互联网、信息化、可视化、智能化、大数据等技术贯穿传统产业链，赋能上下游，为商砼行业量身定制了采购、调配、生产、运输、泵送、结算、回款、市场、服务、风控、环保、安全、质量、团队等14个产业数字化场景，实现商砼行业全渠道、全链路、全场景、全要素动态联动，持续推进新技术、新产品、新服务、新模式、新业态的创新升级，有效发挥强链、固链、接链、延链、补链作用，构建"生产服务＋技术服务＋金融服务＋商业模式"的数字商砼新体系，形成"数据驱动、平台赋能、智能终端、场景服务、便捷供应"的发展态势，打造以用户为核心的运行方式，构筑融合共生的建材产业新生态。

（2）以实体产业为依托推动产业升级

明确提出推进产业数字化转型，促进数字技术与实体经济深度融合，赋能传统产业转型升级，打造数字经济新优势。传统产业数字化、智能化转型是对中国传统产业竞争优势的进一步提升，能使传统产业获得以往没有的综合优势。商砼之家以实体产业为依托，通过数字化一站式服务平台，整合实业数据和前沿技术，为产业提供高效定制化解决方案。以数据整合和优化为基础，实现智能化管理和精准决策，推动产业链上下游的协同合作和资源共享。借助商砼之家平台优势，与产业链中需求侧、供给侧的优秀产业互联网平台进行对接合作。将产业中的优秀模式整理成解决方案，并在平台中提供相应的工具让其他企业进行快速复用。充分发挥各方平台核心价值，共同推动产业互联网平台与实体经济深度融合，打造产业链生态圈，实现共创、共融、共享、共赢。

（3）以数字化技术为支撑搭建互联网平台

在数字时代背景下，推进网络强国律设，加快建设数字经济、数字社会、数字政府、数字生态，以数字化转型驱动生产方式、生活方式和治理方式的变革，加快数字化发展，推进数字中国建设已成为发展的重要主题。目前，工业互联网已全面融入 45 个国民经济大类，并不断向安全生产、绿色低碳、社会治理等领域拓展，赋能、赋值、赋智作用日益凸显，不断释放数字经济发展动能。自上线以来，商砼之家持续"自我进化"，进行平台升级和运营升级。平台基于绿色、安全、可信赖的云计算服务，建设了"组织中台、数据中台、业务中台"等"3+N"中台层支撑体系。中台层之上构建了数字交易平台、智慧物流平台、区块链金融平台、生产 ERP 系统、视讯一体系统、财务管理系统等"6+N"业务应用体系。以商砼站点为中心，向上打通供应商，向下贯穿施工单位，打造了互相支撑、深度融合的"数字商砼、绿色建材、智慧物流、设备租赁、备品配件、检验检测、技术服务、金融服务"等"8+N"业务体系，全方位覆盖了商砼行业企业的数字化转型需求。面向用户，通过客户、商家、运营、平台、监管五端联动，电脑、App、小程序全渠道覆盖，实现了商砼行业企业、业务、资源的无缝贯穿、动态联动、高效协同，全方位帮助参与各方降本增效。凭借数字化之伟力，商砼之家将数字技术渗透进商砼业务流程的每个环节，并形成闭环。通过全渠道、全链路、全场景、全要素动态联动、高效协同，实现服务、风控、环保、安全、质量等场景的实时化、数字化、智能化。为安排部署、进度计划、资源配置等各方面精细化管控提供科技支撑，助力管理者科学决策，为执行者提供行动指引。

9.4 基于数字孪生的油气田数智融合管理系统

9.4.1 案例背景

推动数字经济与实体经济深度融合是国家的重要战略选择，在全球能源变革、国际政治经济局势多变的格局下，智能化转型已成为全球领先油气公司的共同选择。2020年8月，国务院国资委发布《关于加快推进国有企业数字化转型工作的通知》，加快建设推广智慧管网、智能电站、智能油田、智能矿山等智能现场。在保障国家能源安全、推动数字技术与产业融合发展的大背景下，很多企业发展面临增储上产、降本增效、安全生产等诸多压力，数智化转型需求迫切。"云大物移智"等信息技术的应用为日后油气田的可持续发展铺设了一条数字化的"智能高速公路"。可以预见，未来数智技术将与油田技术深度融合，赋能油气田智能操控、智能分析、智能决策。技术革新正在改变石油工业文明形态，不仅为油田发展带来新动力，更为油田的数智化生态建设创造了条件。

西安塔力科技有限公司（以下简称"塔力科技"）成立于2017年9月8日，现为"国家级高新技术企业"，是西北区域唯一的专注于工业数字孪生技术的厂家。公司聚焦数字孪生在能源化工等细分行业场景的应用，为产业数字化融合升级提供支撑及服务。"基于数字孪生的油气田数智融合管理系统"是基于该公司自主研发的超融合智慧数字孪生体系产品与新一代监检测技术以及深度学习高度融合的系统，超融合智慧数字孪生平台包括数字孪生可视化交互引擎平台（Primate 3D）、数字孪生物联网融合管理平台（Primate IOTS）、数字孪生集成交互组件（Primate IHCI）、数字孪生虚实多维数据监控平台（Primate Eye）、数字孪生人工智能平台（Primate AI）、数字孪生智能交互场景构建系统（Primate Scene），融入5G、大数据、人工智能等新一代信息技术。该系统不仅可实现物理油气田的映射，而且打造了带实际运行数据、有生命的"数字孪生"，可助力油气田从现场控制与人工检测维护转型为智能分析优化与故障预测预警，有效避免事故发生，保障了石油化工企业的安全，助力油气行业数字化转型、智能化发展；是将传统风险识别和评价与互联网技术有机结合起来，依托有限元分析模拟，集数据测量、模拟分析与人工智能逆向溯源定漏的管道分析系统。该系统能够助力智慧城市与智慧产业转型升级，为政府、社会提供数字孪生服务，构建智慧数字孪生新业态。

9.4.2 发展过程中存在的突出问题

当前新一轮油气科技革命和数字革命正以前所未有的广度和深度席卷全球，大数据、人工智能、新材料、新能源等新技术新产业与油气工业的跨界融合成为创新的重要途径。多年来，我国石油企业在智能油气田建设中创造了"油气田物联网建设模式""智能油气田建设模式"，在油气田智能化的整体规模与管理方面已经走在世界前列，然而，油气行业人工智能发展仍面临一系列挑战。

第一，勘探开发数据孤岛等问题带来的挑战。过去几十年，上游勘探开发信息化建设存在的数据多头录入、标准不统一、功能重复开发、信息与业务融合不紧密等问题逐步显现，造成的数据库多、平台多、孤立应用多等现象日益突出。数据共享难、业务协同难，给油气行业人工智能落地应用带来挑战，高质量的人工智能技术落地应用需要高质量的大数据作为前提和基础。由于采集技术手段受限，能代表问题特征的数据不具备多样性特征，单一性特征的大数据不是真正意义上的大数据，给复杂的油气勘探开发领域的研究也带来挑战。塔力科技需要解决数据采集的难题，确保数据的准确性和实时性。同时，数据安全也是一个重要问题，必须采取严密的安全措施，保护油气田企业的数据免受外部威胁。

第二，智能应用场景需要不断迭代发展带来的资金持续性投入挑战。油气田是典型的过程行业，具有资产密集的特点，因此，资产的监测和可视化需求与要求都比较高。油气和化工产业较早采用了数字模型监测的方法。人工智能技术和智能油气田建设基础理论、技术原理研究等方面还不够深入，技术和方法都不够成熟，国内外没有完全成形的可参照的样板。所以，目前建成的人工智能应用场景和智能油气田还比较初步。这些现象的出现也在一定程度上影响了数字化智能化转型进程。人工智能技术场景和智能油气田建设不像楼房建设，竣工验收就可以结束，它需要根据技术进步和创新发展不断投入升级改造资金、不断适应变化的业务需求和用户体验而迭代升级。所以，人工智能应用场景及其智能油田建设，研究规划部署应全面，但就人工智能场景和智能油气田建设的策略而言，需要有侧重、点线面逐级突破，最终全面实现智能化。

第三，人才匮乏带来的挑战。人工智能技术与应用和智能油气田建设不仅需要一批懂得数据科学的技术人员、网络运营技术人员、高级程序人员，而且需要既懂得油气业务又懂得人工智能的复合型人才。从目前状况来看，需要综合性大学设置人工智能相关专业，企业设置对应的岗位和职称序列；人工智能场景落地可借助高校、高科技公司、标注公司、软件公司等社会研发力量，形成联合攻关团队，解决数字化人工智能转型中的人才匮乏问题。

总体来说，虽然石油化工行业数字孪生研究已经取得了一些成果，但是就目前的实际应用情况而言，其还处在刚刚起步阶段。国内数字孪生技术主要在一些大型企业如中石油、中石化试点应用，中小企业因缺乏技术指导和相关设备，很少有应用案例。同时，国家还没有制定相关的数字化标准，管理上也存在一些漏洞。因此，数字孪生技术在石油化工的大范围推广应用还需进一步深入研究。

9.4.3　主要做法

塔力科技以数字化工厂为核心，利用物联网技术、现代传感技术、网络技术、自动化技术、数字孪生技术加强信息管理、流程控制与服务。在数字化转型中采取了多方面的主要做法，包括数字孪生技术的应用、智能化提升、应用场景优化以及安全性提升。通过数字孪生技术的引入，公司成功实现了产业全周期管理的变革，从而提高了生产效率和管理水平。智能化提升方面，公司采用了先进的人工智能技术，推动了生产过程的自动化和智能化，提高了生产线的效率和质量。此外，公司还优化了应用场景，将数字孪生技术应用于油气田的全面管理，从而实现了数据的全链条式融合和成果共享。最重要的是，塔力科技注重数据安全性的提升，采取了有效的安全措施，确保数据和信息在传输和存储过程中的安全性和隐私保护。这些主要做法使其在数字化转型过程中能够更加高效、智能、安全地推进企业发展。塔力科技搭建的数智融合管理平台开发框架如图9-7所示。

图 9-7　数智融合管理平台开发框架

（1）数字孪生技术的应用方面

数字孪生技术是一种通过数字化手段，在虚拟空间构建一个与现实实体相一致的虚拟实体的技术。数字孪生通过收集实体世界的数据，并将其转化成数字模型，使得现实中的物体、系统或过程能够在虚拟环境中得以复制和模拟。该公司自主研发的超融合智慧数字孪生平台，涵盖了多个子平台，如数字孪生可视化交互引擎平台、数字孪生物联网融合管理平台、数字孪生智能交互场景构建系统等。这些平台结合了 5G、大数据、人工智能等新一代信息技术，实现了全方位、智能化的数字孪生解决方案。项目开发过程遵循基础数据采集—孪生数模构建—核心算法注入这种数字孪生管理系统开发的核心思路，将综合运用感知、计算、建模等信息技术，通过软件定义，对物理空间进行描述、诊断、预测、决策，进而实现物理空间与数字孪生空间的交互映射。不仅如此，塔力科技将以几何模型为基础的数字孪生技术引入油气田众多应用场景中，包括管网规划和建设、油气勘探、石化冶炼等，数字孪生提供了无与伦比的跟踪、监视和诊断资产的能力，通过促进数据驱动的决策和协作、简化业务流程和新的业务模型，改变传统的供应链。

（2）智能化提升方面

公司的数字孪生平台具备智能分析和预测能力，可以对大量数据进行深度分析，识别潜在问题，并进行优化决策。这有助于企业实现精细化管理，提高生产效率和资源利用率。随着场站运行数据的长期沉淀，企业通过数字孪生将数据孤岛整合起来，提供一个全局的视图，在场站各个部门中找到关联关系，进而提高企业效率，降低决策失误风险。在数据分析决策阶段，对重点数据进行监控，对场站敏感数据进行 AI 分析，并经过平台搭载的自我学习优化功能，对场站管理层进行决策数据指引，对行业应用数据进行赋能。实现真正意义上的智能化和智慧化，追求极大化地产生效益和利益、极小化地产生费用。

（3）应用场景优化方面

基于数字孪生的油气田数智融合管理系统主要用户集中在天然气、石油储备、石化加工等方面。通过数字孪生融合底座，特别是 Primate 3D 平台，公司能够对油气田的场景进行全三维轻量化交互和精确建模。这为实际场景与数字孪生空间的交互映射提供了可靠的基础。目前，系统已成功在陕西省天然气志丹场站及未央天然气中转站得到应用实施，采用每秒 1 次的采样频率、每 300 秒 1 次的记录频率，是省内首个天然气管道地灾受力、位移状态实时监测系统。在应用过程中实时监测到志丹站的管道应变状态与位移状态，提前对因地质条件变化引起的地面开裂做出预测预警，为保障场站生产运行安全提供了较好的技术支撑。

（4）安全性提升方面

安全性是天然气储运过程中最重要的关注点和要求。研发基于深度学习的一系列故障快速检测技术及风险预测预警技术，必将提升天然气站场管理的安全等级。直接经济效益虽难以估算，但因忽视细微故障隐患、应急响应不及时造成的站场运营事故，严重时将给企业带来巨大的经济损失、造成恶劣的社会影响，因此项目潜在的综合效益不言而喻。开发基于跨时空、全周期、多领域超级融合数字孪生超轻量化引擎，构建具备"人员、设备、物料、规程、环境"信息全面感知、自动融合、动态辨识、有效预警、协同控制的智能系统，实现按需生产和"人员、设备、物资、财务、安环"等生产要素高效安全管理。数字孪生技术让企业能够预测潜在的安全风险，并及时采取措施，降低了事故发生的可能性。生产过程中的实时监控和智能预警系统进一步保障了员工的安全。

9.4.4　经验和启示

目前，将数字孪生技术与工业互联网结合应用已成为全球制造业发展的新趋势。在新基建的推动下，数字孪生、5G、人工智能、云计算等技术与传统工业深度融合，为实现智能制造提供了技术支撑，将有力促进制造强国早日实现。数字孪生作为关键技术手段，通过与工业要素的互联互通、相关要素的深度协同，实现设备管理精细化、生产过程一体化、企业管理标准化、分析应用数据化和决策支持科学化。通过引入数字孪生技术，该公司成功引领了油气田产业的全周期管理变革，实现了数据和信息的全链条式融合，打造了全面的数据成果共享体系，为其他制造业中小型企业提供了重要的经验和启示。

（1）数字化转型目标在于提升效益和效率

现代石油工业与数字产业的深度融合，正在推动油气企业"八化"转型。油气田企业数字化转型成功与否，最终还是要看能否真正在增储上产、提质增效、防控风险等方面取得成果、实现效益和效率的提升。油气行业专业性高、工艺流程复杂、产业链长、设备资产总量巨大，且涵盖的业务广泛，从上游到下游包括勘探开发、炼化销售、天然气管道以及围绕工程的装备制造、工程建设等，有着非常复杂的应用场景。边缘计算、工业互联网平台、人工智能应用等新技术手段，可以为油气田的创新发展注入新的动能，实现业务与信息技术的融合创新，这也是油气企业应对业务挑战、实现精益生产、提质增效、高质量发展的重要手段。

（2）数字孪生引领油气田产业全周期管理变革

数字孪生通过虚拟空间构建与实际油气田设施相一致的虚拟实体，借助强大的分析和工艺流程模拟功能，可以进行预测性维护和工艺流程优化，实现了全周期管理的变革。基于先进的识别模式、统计模型、机器学习等分析技术，对资产建模，预测资产未来的性能表现，适时提出具体的行动建议，从而达到减少计划外停车和优化操作的目的，主要表现在稳态模拟和动态模拟、减少工艺参数波动和提高产品质量、工艺性能监测、设备健康状况的预测性分析四个方面。总体来说，数字孪生技术的预测性分析为油气田产业带来了巨大的优势。通过对设备健康状况进行预测性分析，企业可以提前发现潜在故障和问题，进行及时维护和更换，避免计划外停车和生产损失。数字孪生的全周期管理变革，使得油气田产业能够更加智能、高效地运营，为企业带来了持续发展的动力。

（3）数智融合打造全链条式数据成果共享

数智融合是实现数字化转型的关键要素，它超越了对单一数字技术的简单应用，将各种数字技术进行融合，形成全链条式数据成果共享的新模式。数字化转型不能简单理解为对云计算、物联网、5G、大数据、人工智能等数字技术的应用，它还涉及企业的治理体系、治理能力、组织架构、产业链生态等。数字化转型最终是要实现产业链生态的转型，不仅是油气田，而且上游业务这个链条上的所有环节都能享受到数字化转型带来的便捷高效，从而推动整个产业链高质量发展。

9.5 优米数据基于区块链技术助力视频文件盗版检测

9.5.1 引言

根据赛迪数据，在 5G 和超高清融合发展的背景下，2020 年我国超高清视频产业总规模达 1.8 万亿元，其中超高清视频核心环节直接销售收入超过8100 亿元，行业应用规模超过 9800 亿元，其硬件直接销售收入约 900 亿元，解决方案、集成方案等超过 8900 亿元。根据国家超高清视频产业规划，我国超高清视频产业规划总体规模在 2022 年超过 4 万亿元。且据前瞻产业研究院数据，2021 年中国网络视频用户规模为 9.75 亿，用户使用率为

94.5%，市场规模超过 3000 亿元，同比增长 39.2%。但视频盗版问题由来已久，不仅使行业市场混乱，也严重损害了视频版权权属人的利益，长期以来这方面的监管主要靠人工，可操作性差。而短视频作品本身就是被侵权的大户，头部内容被抄梗、翻拍甚至直接移植的层出不穷。根据 12426 版权监测中心发布的《2020 中国网络短视频版权监测报告》，2020 年独家原创作者被侵权率高达 92.9%，非独家作者疑似被侵权率为 65.7%。2020 年泛网络视听领域产业的市场规模为 6009.1 亿元，较 2019 年增长 32.3%。其中，短视频领域市场规模达 2051.3 亿元，占整体市场的 34.1%。

优米版权卫士采用区块链、深度学习、人工智能及大数据等核心技术，结合海量音、视、图、文内容搜索技术所打造的智能视频版权保护平台，提供电影、电视剧、短视频/自媒体、体育、音乐、图片、漫画、游戏、电商及知识付费等版权领域的版权确权、维权、授权及内容安全等行业解决方案。针对监测中的侵权链接，对存证作品的可诉侵权目标，享受免费取证及代理民事诉讼维权的权益、侵权平台的版权代理服务及市场宣传推广服务。提供完整视频版权作品的市场数据挖掘，让作品价值获得更好地提升。

平台通过搭建基于区块链技术的视频文件盗版平台，具体来说，通过连接司法鉴定机构的专业公信力、公证处的国家公信力、区块链的技术公信力以及法院与仲裁委的裁判公信力，建设起了价值互联网的信任共识。

9.5.2　优米数据区块链技术的发展

陕西优米数据技术股份有限公司成立于 2015 年 1 月，公司高管和技术团队具有 10 年以上技术和管理经验，优米数据成立之初就将区块链作为公司发展的方向，公司的使命愿景是让信任更简单、做全球最值得信赖的区块链技术企业。

优米数据是国内领先的区块链技术研发企业，已成功将区块链技术应用落地到政府、高校、企业等领域，是国内极少数掌握区块链核心技术的企业。优米数据已在共识机制、加密算法、智能合约引擎等核心技术上取得了关键性的突破，积累了大量的区块链应用经验与底层技术研发能力。在

2019 年 8 月 15 日由中国工程院组织的院士论坛上，优米数据分享了区块链未来的发展，受到与会嘉宾的高度关注，同时获得国家高新技术企业荣誉并通过国家网信办区块链服务备案。知识产权 37 项，其中发明专利 10 项。2019 年优米数据布局 IPFS 方面的产品，深耕分布式存储和元宇宙技术研发。

优米数据积极拥抱区块链技术带来的变革，结合行业需求，已成功研发了优米数据区块链 BaaS 平台，并帮助政府、企业等合作伙伴构建区块链 SaaS 服务平台，降低传统企业使用区块链的成本。优米数据推出基于区块链的 e 链码互联平台"e 链码"（eCode）、区块链基础服务平台"e 链"（eChain）、"2B2C 商城"（eMall）等，为企业提供线上线下服务模式，满足不同企业的需求，助力传统企业创新和转型升级。

9.5.3 基于区块链技术的视频文件盗版检测方法

优米数据在现有技术的基础上，研发了一种基于区块链技术的视频媒体文件盗版检测方法，从视频源方面着手，在中心认证服务器中对正版视频文件进行特征背书，对待检测视频文件根据特征信息进行快速采样、对比，最后对交易结果以及权属信息进行区块链存储，方便授权用户进行待测视频文件正盗版检测。存储正版文件权属相关的信息以及视频特征值（I 帧、B 帧、P 帧）的哈希值，采用一定的采样算法以及对比方法对盗版进行检测。

现有视频文件正版和盗版检测方法大致分为传统人工检查以及机器自动识别特征的方法，人工方法通过观看视频质量进行观察以及采用对比静态帧的方法，效率较低；机器自动识别的方法一般采用整体文件进行哈希（Hash）处理，对比 Hash 值，这种方法一旦文件被部分裁剪或者修改则 Hash 值改变对比失效，版权所属不能准确检测。时间戳是自负荷编码信息的序列，用于标识何时发生特定事件，是商业领域不可缺少的工具。哈希值指的是通过一定的哈希算法，将一段较长的数据映射为较短小的数据，这段小数据就是大数据的哈希值。作者或其他权利所有者可以对自己上传的作品进行加密运算，把存证主体、存证时间、存证过程和内容等生成唯一对应的哈希值。视频存证的机理就在于根据哈希值信息以及时间戳，确认文件的首次访问时间，并默认该文件的第一访问人为权利人。视频的快速流动与单品价值低的特性使权利人到传统登记部门登记的意愿较低，且视频著作权登记耗时也较长，与视频的传播特点不相符。区块链则为普通的视频创作者提供了更广泛的参与机会，以简单的可理解页面代替了复杂的法律程序和法律原理。较之传统的登记等方式，区块链技术真正提高了短视频确权的效率、降低了确权的难度，为短视频的蓬勃发展助力。

通过优米的采样算法所采集的特征数据量大大减少，同时使用对比算法则既高效也保证了准确性。优米公司将基于传统的机器自动识别进行了改进，将原始正版视频文件采样后数据哈希以及权属人信息存证到区块链，区块链上的结果不易篡改、可追溯，对待检测视频文件进行特征快速采样、快速对比，将通过对比结果检测出待检测视频文件为正版或盗版，从而保护视频文件权属权利。

（1）基于区块链技术的视频文件盗版检测步骤

正版信息上链：收集正版视频文件，存储至中心认证服务器，并对该正版视频文件进行签名背书；中心认证服务器对经签名背书的正版视频文件进行拆分，拆分为 I 帧、B 帧、P 帧序列组帧数据，对上述收集的所有 I 帧、B 帧、P 帧序列组帧数据分别进行采样，将采样后的 I 帧、B 帧、P 帧序列组帧数据分别进行哈希处理，保留三个分量哈希 Ihash、Bhash、Phash；将正版视频文件的分量哈希 Ihash、Bhash、Phash 及正版视频文件权属信息在区块链进行上链保存交易，每个交易 Hash 对应一条正版文件信息记录。

检测待验证视频：待验证视频发送至中心认证服务器；中心认证服务器对待验证视频进行拆分，拆分为 I 帧、B 帧、P 帧序列组帧数据；对上述收集的待验证视频的所有 I 帧、B 帧、P 帧序列组帧数据分别进行采样，将采样后的 I 帧、B 帧、P 帧序列组帧数据分别进行哈希处理，保留三个分量哈希 I'hash、B'hash、P'hash；中心认证服务器将 I'hash、B'hash、P'hash 与区块链上存储的交易 Hash 中对应分量哈希进行查找比对，若找到，则视为该待验证视频为正版视频，否则为盗版视频。

所述的采样方式为线性采样，即 $f(x) = aX+b$。一种基于区块链技术的视频文件盗版检测系统，包括验证单元，用于接收正版视频文件及待检测视频，并对正版视频文件及待检测视频进行拆分、线性采样及哈希处理的中心认证服务器；存储单元，用于存储正版视频文件的分量哈希与权属信息的区块链；对比单元，用于将已拆分的待检测视频的分量哈希与正版视频文件的分量哈希进行对比。

（2）基于区块链技术的视频文件盗版检测方法的效果

该方法可以确认文件的完整性，如当采集点帧数据不全或者未被覆盖到比对序列的时候可以快速发现；区块链上结果不易篡改、可追溯，对待检测视频文件进行特征快速采样、快速对比，将通过对比结果检测出待检测视频文件是否为正版，从而保护视频文件权属权利。该方法作为优米数据的发明专利，入选了陕西优秀科技创新案例（2022），此外在创新创业大赛中也大受好评。

9.5.4 视频文件盗版检测方法的创新

（1）体制机制创新

伴随互联传播成为社会最重要的内容传播渠道，几乎所有的文字、音乐和视频内容都在经过数字化处理之后被放到网上，如果没有完善的数字版权保护措施和问责机制，就难以保护创作者权益，进而影响创作者的积极性；同时大量存在"三俗"等导向问题的不良作品如果逐条审核与追责，监管的经济和社会成本也会高企，借助"区块链+大数据"则可以化解很多与此有关的问题，通过打造一套良性利益激励和惩戒机制优化内容生态，为新型传媒的数字资产运作确立一个良好、稳定、可信赖的秩序。

视频内容生产领域呈现出越来越强的 IP 化趋势，先在网上通过网络小说吸引读者，经过一段时间导流蓄客营造出 IP 效应后再通过"影视漫游园"（电影、电视、动漫、游戏、园区）一体化联动来放大 IP 价值。但由于 IP 价值的放大和收割往往是在后端环节，除了作者和编剧，早期内容创意者收入很有限，也一定程度上影响了精品创作的积极性，文艺生产领域出现了"有高原无高峰"的现象。

Web2.0 开启了全体网民平等表达的时代，越来越多的网民开始参与内容创作、生产和传播的行列。借助区块链技术，所有的内容创作、生产、观赏和转发传播在注意力市场中的价值贡献都可以彼此量化和流转。所有参与者按照既定规则提供相应的贡献并自动获取相应报酬，初始价值的创造者由于其重要性会在最早期获得相对较多的报酬，也有利于提升产业整体的创造活力。

区块链保护信息不可篡改的优势也为传媒版权保护带来了利好。区块链的数字签名好比一个值得信赖的时间戳，有了它，基于全网范围的反侵权检测系统得以建立。在此系统下，所有电子证据得以保存，所有内容产品可以跨越平台进行共享，系统筛选出的内容也将真正实现精确而平等地投放。而基于虚拟货币交易搭建起的自助版权交易平台将最大限度地保障内容原创者享受到他们应得的版权收益。

（2）具体措施创新

区块链技术的出现，在很大程度上解决了版权保护费用高、耗时长、举证难等问题，使"盗版"无处遁形，给版权保护带来福音，极大地打击了侵权及盗版的出现。且用户可以通过几个区块链版权的实际应用来了解区块链在版权中的应用。

区块链与短视频的结合，为面临确权失策、维权艰难、平台为王、盗版猖獗等问题困扰的短视频行业提供了出路。因此，"视频+区块链"的商业模式吸引了很多关注，也备受期待。从法律监管的角度来看，应促进视频行业健康发展，加强对侵权行为的监管，并及时更新法律法规以应对技术发展所带来的新型商业模式；从产业发展的角度来看，我国应该鼓励区块链技术的完善，加强行业的自律，以实现并扩大"视频+区块链"的有效作用。

9.5.5 视频文件盗版检测方法的成效与价值

（1）创新成效

基于区块链技术的视频文件盗版检测方法技术应用为原创作者被侵权大大降低了维权的成本，大大提高了视频版权保护力度。实现视频版权登记确权，预防侵权，方便维权视频版权确权阶段，通过区块链技术的视频文件盗版检测方法，将图片、音乐、视频等视频内容作品的"指纹"信息、作者信息、作品创作时间等信息快速打包上链，利用分布式存储、时间戳、共识算法等技术实现上述视频数据不可篡改，达到版权归属明晰和证据固化的效果，完成原创视频版权登记认证过程。一键实现视频证据固化，降低举证成本。利用区块链数据不可篡改技术特点，并通过视频特征值分析比对算法，发现疑似侵权行为；进一步通过网页截屏、视频录屏等方式，对疑似侵权行为和内容，实现在线一键视频取证，并记录至区块链中，实现了可信度高、取证成本低的司法取证手段，为后续视频维权提供了技术支持和司法证据。打通视频版权维权诉讼"最后一公里"，区块链将视频侵权记录存储于区块链上，并可通过跨链方式连接互联网法院司法区块链，或者以联盟成员节点身份与互联网法院、公证处、司法鉴定中心、仲裁委和版权局等司法机构，构建视频区块链司法联盟链，从而实现视频证据数据与司法系统互联互通，实现从存证、固证、出证到验证的司法流程闭环。视频版权内容防伪追溯。推动建立视频版权全生命周期服务体系，视频版权服务涉及视频内容版权登记、交易、传播等多个阶段，任何一个环节出问题不仅会对视频版权保护造成影响，更会对视频版权市场秩序稳定产生不利影响。区块链具有数据防伪、公开透明、可追溯等特点，能够克服视频内容的"可复制、非独占性、易篡改性"等"先天不足"问题，使视频版权内容的全生命周期可追溯、可查验、可审计，推动建立视频版权全生命周期服务体系。视频版权交易结算透明化。跨组织和跨平台导致难以实现追踪版权信息，且复杂的交易过程进一步增加了追踪的难度，利益分配不均导致版权纠纷。区块链作为公开透明的分布式账本，可实现多方参与、授权认证和共同治理，使视频内容的存储、访问、分发和交易等环节透明化，重塑视频版权价值链，保障和平衡视频版权价值链参与各方利益。

（2）推广价值

随着互联网的迅速发展，作品传播更加方便、快捷，这有利于作品的传播，但也给很多盗版生产者带来了"便利"，而传统的版权登记保护手段非常有限，费用高、耗时长。比如，一些网红常指自己原创的视频创意被抄袭。目前，从已发生的案例来看，版权领域存在纠纷的主要痛点有以下几个。一是版权意识不足。无论是作品的原创者，还是作品的使用者，在版权的意识上仍然远远不够。以文字作品为例，同一文字作品在各平台上以不同的现象出现，而仅有少数的平台有实际维权的功能。二是版权登记成本较高。传统版权登记方式费用高、周期长，对于互联网作者而言，每次提交作品版权登记所耗费的成本过高，很多原创作者因此都选择了不进行版权登记。三是举证困难。在他人剽窃了自己的作品后，原创者在维权时难以举出能够被法律认可的版权证明。更重要的是维权程序复杂、费用高。当作者的版权受到侵犯时，启动法律程序进行维权往往需要很高的成本，并且维权手续复杂，审理周期长，许多作者权衡利弊最终都选择了放弃维权。

自 2015 年至今，区块链专利从基础技术研究逐步过渡到区块链的应用研究，商业化的特征越来越明显；当前，中国区块链产业中还没有形成垄断性的机构，各机构均有较大的成长空间和增长潜力；中国区块链企业机构需进一步优化全球专利布局。特别是区块链在视频盗版检测方法和图案版权发明专利方面只有优米数据通过国家知识产权唯一授权。核心的技术人员均实现了股权激励，避免了因技术开发流动带来的风险。国内市场上提供数据存证以及版权保护的类似企业有上海冠勇信息科技有限公司的易犬版权开放平台，其更偏向在版权领域垂直纵深；而南京花豆网络科技有限公司的鲸版权则更偏向于技术中间层，为各类专业服务机构与用户构建更为易用的连接平台。因而优米数据自研的基于当前区块链的发明专利采用方法打造的视频盗版检测方法及系统平台具有领先性。

9.5.6　优米数据区块链技术发展展望

目前，优米数据推出的视频文件盗版检测平台处于向市场小试阶段，于2022 年 10 底上线运行，系统随着用户和数据信息不断完善，系统越来越稳定，2022 年底与陕西广电融媒体集团和陕西省电影行业协会、西影集团进行全方位的合作，在线用户数快速上升。同时根据区块链技术的不可变性、去中心化、可溯源性是其区别于其他技术的显著特征。这些特征与短视频增量大、质量低、体量小的特点结合，能够较好地解决短视频确权之难、流转之困以及平台责任区分的难题。

9.6 "佬司机"工业产业链数字整合服务平台

9.6.1 引言

随着现代信息技术在全球范围内的深度应用和数字经济的快速发展，传统实体经济面临着巨大竞争压力。国家相关规划中明确提出，要充分发挥海量数据和丰富应用场景优势，将数据作为新型生产要素，提升社会数据资源价值，以数字技术与实体经济深度融合为主线，加强数字基础设施建设，完善数字经济治理体系，协同推进数字产业化和产业数字化，赋能传统产业转型升级，培育新产业新业态新模式，不断做强做优做大我国数字经济。

与此同时，中共中央政治局一系列会议上也多次提出要深化供给侧改革，充分发挥我国超大规模市场优势和内需潜力，构建国内国际双循环相互促进的新发展格局。同时在"新基建"等外部因素的催化下，数字化转型对越来越多的行业而言变得重要且紧迫。大数据、云计算、人工智能及物联网等技术正在成为企业数字化转型的关键推动力量，各行各业都希望依托数字化转型重塑企业竞争力，获得新的发展契机。

"佬司机"工业产业供应链数字整合服务平台（以下简称"数字平台"）于2017年5月20日上线运营，旨在以数据为依托，为用户提供涵盖数字贸易、区块链云仓、网络货运、供应链数字金融、企业画像、数字信用体系、现货指数、数据反哺、后市场建设等全生态的供应链数字化交付解决方案，推动数字经济与实体经济深度融合，打造工业产业高质量发展新引擎，全面助力工业产业降本增效、数字化转型、高质量发展。平台现已完成数字贸易、区块链云仓、网络货运、供应链数字金融等板块的业务架构和场景搭建，并在全国成立20余家子分公司及分支机构，全面开展"佬司机"平台在各区域工业产业供应链业务的整合和服务工作，服务范围覆盖陕西、山西、内蒙古、甘肃、宁夏、云南、新疆、河南、湖南、湖北等数十个省区市，其中在工业领域所服务的规模以上大中型企业超过 2000 家，已形成深耕长江以北的业务布局。目前，"佬司机"平台累计注册车辆 70 余万辆，服务用户近百万人次，累计运营流水突破 400 亿元，已成为行业数字经济发展典范。

9.6.2 "佬司机"平台的建设动因

西安和硕物流科技有限公司是"佬司机"工业产业供应链整合服务平台的主要建设运营单位，是交通运输部无车承运人（现为网络货运）首批试点企业、省级高新技术企业及西安市百强民营企业。公司采取总部经济模式，总部负责平台的总体部署和建设运营，子分公司及分支机构负责实施开展具体业务。公司现为西安市工业互联网集成创新应用试点和西安市数字经济示范平台，并被认定为国家 AAAA 级网络货运平台、西安市总部型企业；同时，"佬司机"平台被中物联评为"全国十佳区块链应用优秀案例"和"陕西省数字经济优秀案例"；公司连续三年入选"西安市民营企业百强排行榜"。"佬司机"平台依托大数据、云计算、人工智能及物联网等数字技术的发展，基于以下背景应运而生。

9.6.2.1 自主研发、自主数据，为探索创新发展提供更多可能

作为数字经济服务平台的代表，"佬司机"平台并不局限于某一环节，而是着眼于从贸易、仓储、运输到结算的供应链全场景。在新基建的基础上，平台希望将整个物流供应链的关注点聚焦于交付模式而非物流模式，通过"去物流化"，以数据为依托，积极推动区块链、人工智能、大数据、物联网等技术赋能工业产业各环节，为用户提供全生态的供应链数字化交付解决方案。

9.6.2.2 市场区位优势明显，为探索创新实践提供发展空间

"佬司机"平台核心业务场景为工业能源市场，陕西地处"晋陕蒙"能源黑三角地带，又处在西煤东输、"一带一路"倡议的重要地理位置，区位

优势明显，市场需求和潜力巨大，为探索工业产业供应链的创新实践提供了巨大的发展空间。

9.6.3 "佬司机"数字平台的建设内容

"佬司机"平台基于市场实际需求，现已形成了成熟规范的数字化流程及可复制的数字化产品和解决方案，并支持 SaaS、私有化等多种软件部署方式。

9.6.3.1 数字贸易平台：全场景数字贸易解决传统的商品交易效率问题，实现供应链高效管理

"佬司机"平台积极推动区块链、人工智能、大数据等技术赋能交易各环节，通过数字贸易平台，为用户提供 CA 数字实名认证、电子合同签约、线上拍卖及商城系统等全流程贸易服务，将原有单一的采购模式变为线上集中采购，以规模优势降低采购价格，实现采购成本及质量的控制，解决了大宗商品的线上集中采购、竞买竞卖及货物处置等问题，通过全场景数字贸易解决传统的商品交易效率问题，实现供应链高效管理。

9.6.3.2 区块链云仓平台：智慧物联、智能仓储，打造数字信用场景

"佬司机"平台依靠物联网、人工智能和区块链等技术，基于真实数据搭建的 3D 可视化云仓管理系统，可实现电子仓单的生成、流转、监控等实时上链，以及电子仓单全生命流程可追溯，并通过智能化的仓库运营分析诊断、视频采集监控、电子围栏等确保货品进出的高效精准和智能化监管。依托区块链无法篡改等特性以及物联网、人工智能等技术，实现产业链各主体可信、实物可信、资产可信、流通可信、价值可信等信任体系的构建。

9.6.3.3 网络货运平台：数字化管理，实现平台用户的提质增效

网络货运平台，为用户提供以线路管理为核心的车辆调度、路线规划、在途跟踪、运单结算、信用评价等服务，实现运输全环节交易数据的可视化、痕迹化，通过数字化管理，解决运输场景下运力低效、管理过程混乱等问题，帮助企业实现全面提质增效。

同时，为满足车主多元化的服务需求，提升其在后市场供应环节的消费

体验，平台从车主的需求出发，通过打造生产资料中心，为车主提供涵盖加油、加气、轮胎、润滑油、保险等多方面的品质服务，司机在运输过程中可随时使用在系统领取分配的生产资料，在缓解车主生产资料补给压力的同时，促进后市场资源优化配置，全面助力企业在降本增效的基础上实现高质量发展。目前，公司已和吉利商用车集团战略合作，在推广吉利甲醇重卡及布局甲醇燃料加注体系的同时，打造新能源车队，提供绿色运力，助力区域经济实现低碳高质量发展。

9.6.3.4 供应链数字金融：数字画像+区块链电子仓单，通过数据授信解决企业融资难题

基于"贸易+云仓+网运"平台产生的供应链真实交易数据搭建企业数字信用体系，通过建立企业"数字画像"，生成商誉值，金融机构根据商誉值进行企业贸易融资授信，并生成"区块链电子仓单"，企业进行还款提货后，完成仓单的核销。平台通过搭建以数据中台、业务中台、技术中台为核心的数字贸易全场景，实现了贷前真实贸易审核、贷中实时监管、贷后可视化管理，通过数据反哺为企业增信，帮助金融机构把控风险，真正解决了企业融资难、融资贵及数字化转型需求等问题。

9.6.4 "佬司机"平台的建设思路与优势

"佬司机"平台在从无车承运升级至数字供应链的五年时间里，经历了起步发展期、快速成长期，正处于提质增效期。公司已完成数字贸易、区块链云仓、网络货运、供应链数字金融等板块的业务架构，业务矩阵已具雏形，全产业链闭环生态渐显。其中网络货运业务已趋于成熟，成果显著。

平台将重点从两个方面深入发展：一是从产品深度研发、供应链金融及全产业链增值服务等多个维度入手，实现全产业链数字化产品更新迭代和转型升级，提升信息化服务质量和水平，加速优化全产业链闭环生态，助力省市产业结构调整优化，持续促进工业产业链降本增效及高质量发展；二是智能物联网应用和数据的深度应用，通过智能物联网的整合以及平台数据的沉淀，形成产业数据闭环，通过平台的数据处理和计算能力，再以数据反哺产

业健康发展，从而实现产业互联网建设。

9.6.4.1 建设思路

（1）以行业带动产业

"佬司机"无车承运人试点是以工业产业尤其是能源化工产业的运输服务为主场景，深入发展多年，在不断创新和发展的基础上，业务已拓展至工业产业大宗贸易、供应链金融、区块链物联云仓等板块，开创了以新基建为基础的工业产业供应链整合服务平台，为工业企业提供了完整的交付解决方案。同时，以自身平台和数据优势，带动城市零担运输、冷链运输、农产品运输等行业，助力企业降本增效，促进产业高质量发展。

（2）以技术带动服务

"佬司机"联合阿里云、华为云、亚马逊云等云服务商，搭建的业务中台、数据中台、技术中台三中台架构，为行业首创。三中台架构具有强大的数据分析和计算能力、SaaS 化部署能力，帮助"佬司机"整合了网络货运、大宗贸易、供应链金融、区块链物联云仓等板块，构建了逐日盯市、企业画像、指挥中心等数据应用场景。依托于三中台架构，"佬司机"平台能够更快速地迭代升级产品、更灵活多样地响应市场需求、更精准快捷地服务客户。

9.6.4.2 产品优势与技术实力

（1）产品优势

着眼于供应链全环节，以平台为核心、以数据为依托，为用户提供全生态的供应链数字化交付解决方案，帮助企业把生产"装"进手机里，帮助企业管理者把经营"装"进手机里，促进产业链各主体可信的工业产业供应链数字化信用体系构建，推动数字经济与实体经济深度融合，打造工业产业高质量发展新引擎。

（2）技术优势

平台首创的业务中台、数据中台、技术中台三中台架构，拥有强大的业务整合处理能力、数据分析和计算能力，极大地提升了平台的升级迭代效率，同时可支撑平台产品以 SaaS 化、PaaS 化部署，方便快捷地帮助企业实现数字化转型。

（3）自主数据

平台拥有基于平台真实交易的流通数据、结算数据、整合数据、信用数据、供应链数据等。

（4）自主研发

平台自主开发运营，主要研发团队占公司员工总数的 40% 以上。已获得专利 3 项、在申请专利 5 项、软件著作权 17 项，拥有商标 2 项。平台现有货主 PC 端、货主 App、车主 App、货主小程序、车主小程序、后市场供应链端等围绕网络货运业务的核心产品。

9.6.4.3　市场区位优势明显、潜力巨大

平台核心业务场景为工业能源市场，而陕西地处"晋陕蒙"能源黑三角地带，又处在西煤东输、"一带一路"倡议的重要地理位置，因此，区位优势明显，市场需求和潜力巨大。

自 2017 年 5 月正式上线运营，截至目前，平台运营流水已突破 400 亿元，累计注册车辆 70 万余辆，使用用户近百万人次，服务规模以上大中型企业 2000 余家，并在全国部分省区市成立 20 余家子分公司及分支机构，全面开展了"佬司机"平台在全国各区域的工业产业供应链业务的整合和服务工作，成为行业数字经济发展的典范。

9.6.4.4　客户及供应商优势

运营至今，"佬司机"平台已与 2000 余家工业领域规模以上大中型企业形成长期业务合作，深受用户好评和信任。平台主要客户有陕西煤业化工集团、延安金能铁路物流科技有限公司、广东省工业燃料集团有限公司、宁夏中煤碳材销售有限公司、武钢资源集团鄂州球团有限公司、榆阳煤业集团有限公司、青海黄河上游水电开发有限公司西宁发电分公司等。平台主要合作方有光大银行、光大金控、平安银行、京东云、阿里云、民生银行、吉利集团等大型企业，现已达成战略协议，实现资源合作共享。

9.6.5 "佬司机"平台的创新举措与价值

9.6.5.1 体制机制创新

①对平台供应链企业成员来说，"佬司机"平台作为线上经济的承载体，通过创新技术整合，针对不同行业中小企业的业务需求，将功能各异的线上场景进行整合管理，开发便捷高效的数字化解决方案，支撑线上交易场景全面落地；通过搭建数字经济平台，以数字化、网络化、智能化支撑平台企业成员业务升级、产品创新和管理提升，全面满足平台中小企业成员数字化发展需求。

②对整个物流行业来说："佬司机"平台通过区块链、大数据、人工智能、云计算等创新科技，搭建系统化的数字经济场景及全产业链贸易结算场景，深化其在实体经济领域的应用，将有助于供应链新模式新业态不断涌现，新型企业、新产业组织形态、新服务体系的逐步形成，为企业成员开辟新的产业发展空间，通过系统化、智能化、精准化的服务全程组织方式，实现精准服务供需双方，提升交易便利性，帮助更多实体企业降低内部运营费用、享受更多政策优惠、有效提升运营效率、放大运营产出成果。

9.6.5.2 具体措施创新

①"佬司机"平台以数字经济为依托，从贸易流通环节入手搭建的网络货运平台，通过打通供需两端，实现从货主发货至实际承运人接单承运，到货物接收、运费结算、发票开具的流通全环节交易的可视化、数据化、痕迹化管理。通过路线优化、运力调度、预约排队、车辆定位、返程货源预约等强大功能，提高了运力调度效率，降低了运输空驶率。

②平台依靠物联网、人工智能和区块链等技术，基于真实数据搭建 3D 可视化云仓管理系统，可实现电子仓单的生成、流转、监控等实时上链，以及电子仓单全生命流程可追溯，并通过智能化的仓库运营分析诊断、视频采集监控、电子围栏等确保货品进出的高效精准和智能化监管。依托区块链无法篡改等特性以及物联网、人工智能等技术，实现产业链各主体可信、实物

可信、资产可信、流通可信、价值可信等信任体系的构建。

③在服务国有大中型工业企业等用户的过程中，基于"贸易+云仓+网运"在平台产生的供应链真实交易数据搭建起的企业数字信用体系，通过建立企业"数字画像"，生成商誉值，金融机构根据商誉值进行企业贸易融资授信，并生成"区块链电子仓单"，企业进行还款提货后，完成仓单的核销。平台通过搭建以数据中台、业务中台、技术中台为核心的数字贸易全场景，实现了从货物采购、入仓、电子仓单注册、银行授信放款、企业还款提货及货物承运的全面线上可视化管理，为金融机构授信提供可靠的数据支撑，全面打造了数字经济场景中的供应链金融新亮点。

9.6.5.3 平台价值

自 2017 年上线运营以来，"佬司机"平台货运量及运输费用总额排名始终居全国试点企业前列。一直以来，平台始终紧跟行业形势与市场需求，不断整合资源，提升服务质量，与多个区域地方实现合作，极大地促进了工业产业供应链转型升级和物流行业降本增效。平台项目优势显著，区域发展潜力大，推广应用具有较大的社会效益、经济效益和创新效益。

（1）增加地方收入与就业机会

"佬司机"平台属于轻资产化运营，同时致力于工业市场的整车运输服务，可以通过运输链汇集要素链、带动产业链、优化供应链、提升价值链，对西安乃至陕西省的经济发展具有重要作用。项目运行期间每年至少创收 10 亿元以上，产生 2000 万元以上税收收入，能有效促进地方经济发展，为地方经济增长注入新的更大活力。同时，通过平台的规范化建设与运营，可以安置一批富余劳动力，增加就业机会，促进劳动力的转移，最终形成良好的社会效益和经济效益。

（2）激发供应链新模式新业态

"佬司机"平台通过区块链、大数据、人工智能、云计算等创新科技，搭建系统化的数字经济场景及全产业链贸易结算场景。

（3）助力政府科学决策，精准规范管控

通过"佬司机"平台沉淀的企业相关数据，可为政府提供实时的企业动态和行为数据。政府可通过数据对企业进行精准扶持及全面辅导，实现"用数据说话，靠数据决策，依数据行动"，在促进企业高质量发展的同时，增强政府决策的科学性、预见性和精准性，提升政府现代化治理水平。同时，产业链整体的精准管控也将为政府"控税引税"提供重要支撑，促进政府财政收入稳步提升。

9.6.6 平台发展展望

"佬司机"平台运营单位已对本地市场的供需状况有着独到和成熟的经验，其运营发展是稳定的，具备良好的推广基础和前景，具体表现如下。

①平台作为国家首批无车承运人试点项目，本质上为轻资产的平台化运营模式，且平台建设运营以自筹资金为主，在资金支持上有强大的保障，建设风险极小。

②平台是国家"互联网+"行业大背景、供给侧结构性改革及数字经济大趋势下的必然产物，具备试点先行先试的竞争优势，政策持续加持为平台平稳运营提供了强大的外力保障。

③平台在发展前期就拥有良好的技术人才资源储备，建立了强大的互联网技术团队，为平台产品更新迭代及打造全产业链闭环生态提供了强大技术支撑；也为区块链、人工智能等技术提供并开拓了实际的应用场景。

④平台与阿里云、京东云、华为云、中交兴路、易签宝以及吉利集团等大型企业达成战略协议，在各业务板块进行创新合作、资源共享，运用时代最先进的技术手段，全面提升了平台可持续发展空间和竞争优势。

总而言之，"佬司机"平台核心业务场景为工业能源市场，陕西地处"晋陕蒙"能源黑三角地带，又处在西煤东输、"一带一路"倡议的重要地理位置，区位优势明显，市场需求和潜力巨大，公司可基于平台继续发挥数字经济的优势。

参考文献

陈冬梅，王俐珍，陈安霓．数字化与战略管理理论——回顾、挑战与展望［J］．管理世界，2020，36（05）：220-236+20.

程愚，孙建国，宋文文，等．商业模式、营运效应与企业绩效——对生产技术创新和经营方法创新有效性的实证研究［J］．中国工业经济，2012（7）：83-95.

丛昊，张春雨．数字技术与企业高质量创新［J］．中南财经政法大学学报，2022（4）：29-40.

邓晰隆，易加斌．中小企业应用云计算技术推动数字化转型发展研究［J］．财经问题研究，2020（8）：101-110.

丁鹏飞，周世杰，王贺等．面向航天制造企业的数字化工厂建设方案探讨［J］．航空制造技术，2014，458（14）：51-55.

樊燕萍，蔚利芝．大数据背景下企业作业链成本管理的优化研究［J］．价格理论与实践，2016，386（08）：155-158.

韩东林，吴瑞，夏传伟．数字技术应用对中国文化产业发展的冲击效应研究［J］．中国科技论坛，2020（2）：46-53.

雷淳．我国数字金融对中小企业融资约束影响研究［D］．四川大学，2021.

李春发，李冬冬，周驰．数字经济驱动制造业转型升级的作用机理——基于产业链视角的分析［J］．商业研究，2020，514（02）：73-82.

李其玮，顾新，赵长轶．产业创新生态系统知识优势评价体系——以成都市高新区 89 家科技企业为样本的实证分析 ［J］．中国科技论坛，2018（01）：37-46.

刘莉，杨宏睿．数字金融、融资约束与中小企业科技创新——基于新三板数据的实证研究 ［J］．华东经济管理，2022，36（5）：15-23.

刘洋，董久钰，魏江．数字创新管理：理论框架与未来研究 ［J］．管理世界，2020，36（7）：198-217+219.

罗建强，蒋倩雯．数字化技术作用下产品与服务创新：综述及展望 ［J］．科技进步与对策，2020，37（24）：152-160.

罗珉，李亮宇．互联网时代的商业模式创新：价值创造视角 ［J］．中国工业经济，2015（1）：95-107.

潘宏亮．数字技术应用驱动国际新创企业国际化绩效提升研究 ［J］．中国科技论坛，2021（4）：110-117+139.

潘佳，刘益，郑淞月．外部知识搜寻和企业绩效关系研究：以信息技术服务外包行业为例 ［J］．管理评论，2017，29（6）：73-84.

沈坤荣，孙文杰．市场竞争、技术溢出与内资企业 R&D 效率——基于行业层面的实证研究 ［J］．管理世界，2009（1）：38-48+187-188.

孙颖，陈思霞．数据资产与科技服务企业高质量发展——基于"宽带中国"准自然实验的研究 ［J］．武汉大学学报（哲学社会科学版），2021，74（5）：132-147.

王公博，关成华．知识溢出与集聚的互动关系：一个文献综述 ［J］．中国科技论坛，2019（11）：67-75.

王巍，孙笑明，崔文田．社会网络视角下的知识搜索和知识扩散研究述评与展望 ［J］．科学学与科学技术管理，2020，41（06）：36-54.

温湖炜，王圣云．数字技术应用对企业创新的影响研究 ［J］．科研管理，2022，43（4）：66-74.

文红星．数字普惠金融破解中小企业融资困境的理论逻辑与实践路径 ［J］．当代经济研究，2021（12）：103-111.

吴霁虹．未来地图：创造人工智能万亿级产业的商业模式和路径［M］．北京：中信出版社，2017．

徐秀军，林凯文．数字时代全球经济治理变革与中国策略［J］．国际问题研究，2022（2）：85-101+156．

闫俊周，姬婉莹，熊壮．数字创新研究综述与展望［J］．科研管理，2021，42（4）：11 20．

张公一，郭鑫．价值共创视角下企业信息服务体系构建与发展策略［J］．图书情报工作，2022，66（5）：53-62．

张润东，刘遵峰，许亚平，等．企业集群创新网络模型和创新机理分析——基于知识价值链视角［J］．商业经济研究，2021（17）：113-116．

张耀月．数字普惠金融对中小企业经营绩效的影响研究［D］．浙江大学，2021．

张永春，潘思文．让"文物活起来"的实践与探索以浙江省博物馆数字技术应用为例［J］．东南文化，2018（S1）：93-96+92．

赵丽．数字普惠金融、创新驱动与经济高质量发展［J］．统计与决策，2022，38（15）：104-107．

郑雨稀，杨蓉．数字经济与企业创新：基于创新需求的视角［J］．科技管理研究，2022，42（10）：11-19．

中国通信院．中国数字经济发展报告（2022年）（2022-07-08）［2022-10-05］．

Abrell T，Pihlajamaa M，Kanto L．The Role of Users and Customers In Digital Innovation：Insights From b2b Manufacturing Firms［J］．Information & Management，2016，53（3）：324-335．

Alisjahbana A S，Setiawan M，Effendi N，et al．The Adoption of Digital Technology and Labor Demand In The Indonesian Banking Sector［J］．International Journal of Social Economics，2020，47（9）：1109-1122．

Andrews R，Beynon M J，Mcdermott A M．Organizational Capability In The Public Sector：a Configurational Approach［J］．Journal of Public Administration

Research and Theory, 2016, 26 (2): 239-258.

Ardito L, Raby S, Albino V, et al. The Duality of Digital and Environmental Orientations In The Context of Smes: Implications For Innovation Performance [J]. Journal of Business Research, 2021, 123: 44-56.

Avlonitis G, Papastathopoulou P. The Development Activities of Innovative and Non-Innovative New Retail Financial Products: Implications For Success [J]. Journal of Marketing Management, 2001, 17: 705-738.

Berry L L, Vshankar V S, Parish J T, et al. Creating New Markets Through Service Innovation [J]. Mit Sloan Management Review, 2006, 47 (2): 56-63.

Bharadwaj A, El Sawy O A, Pavlou P A, et al. Digital Business Strategy: Toward a Next Generation of Insights [J]. Mis Quarterly, 2013, 37 (2): 471-482.

Boeker W, Howard M D, Basu S, et al. Interpersonal Relationships, Digital Technologies, and Innovation In Entrepreneurial Ventures [J]. Journal of Business Research, 2021, 125: 495-507.

Bossink B A G. The Development of Co-Innovation Strategies: Stages and Interaction Patterns In Interfirm Innovation [J]. R&D Management, 2002, 32 (4): 311-320.

Boudreau K J, Lakhani K R. Using The Crowd as an Innovation Partner [J]. Harvard Business Review, 2013, 91 (4): 60-69, 140.

BräNnback M, Nikou S, Bouwman H. Value Systems and Intentions To Interact In Social Media: The Digital Natives [J]. Telematics and Informatics, 2017, 34 (4): 365-381.

Cainelli G, Evangelista R, Savona M. The Impact of Innovation On Economic Performance In Services [J]. The Service Industries Journal, 2004, 24 (1): 116-130.

Ceccagnoli M, Forman C, Huang P, et al. Cocreation of Value In a Platform Ecosystem! The Case of Enterprise Software [J]. Mis Quarterly, 2012, 36 (1): 263-290.

Chen J, Zhu Z, Zhang Y. A Study of Factors Influencing Disruptive Innovation In Chinese Smes [J] . Asian Journal of Technology Innovation, 2017, 25 (1): 140-157.

Chesbrough H, Rosenbloom R S. The Role of The Business Model In Capturing Value From Innovation: Evidence From Xerox Corporation's Technology Spin - off Companies [J] . Industrial and Corporate Change, 2002, 11 (3): 529-555.

Cortright J, Mayer H. High Tech Specialization: a Comparison of High Technology Centers [M] . Washington, Dc: Brookings Institution, Center On Urban and Metropolitan Policy, 2001.

Davis F D. Perceived Usefulness, Perceived Ease of Use, and User Acceptance of Information Technology [J] . Mis Quarterly, 1989, 13 (3): 319-340.

Den H. Knowledge-Intensive Business Services as Co-Producers of Innovation [J] . International Journal of Innovation Management, 2000, 4: 491-528.

Doran J, O' Leary E. External Interaction, Innovation and Productivity: an Application of The Innovation Value Chain To Ireland [J] . Spatial Economic Analysis, 2011, 6 (2): 199-222.

Douglas E J, Shepherd D A, Prentice C. Using Fuzzy - Set Qualitative Comparative Analysis For a Finer - Grained Understanding of Entrepreneurship [J] . Journal of Business Venturing, 2020, 35 (1): 105970.

Dremel C, Herterich M, Wulf J, et al. How Audi Ag Established Big Data Analytics In Its Digital Transformation [J] . Mis Quarterly Executive, 2017, 16 (2) .

Duguet E, Crepon B, Mairessec J. Research, Innovation and Productivi [Ty: an Econometric Analysis At The Firm Level [J] . Economics of Innovation and New Technology, 1998, 7: 115-158.

Ekbia H R. , Digital Artifacts as Quasi-Objects: Qualification, Mediation, and Materiality〔J〕. Journal of The American Society For Information Science and Technology, 2009, 60 (12): 2554-2566.

Eller R, Alford P, Kallmünzer A, et al. Antecedents, Consequences, and Challenges of Small and Medium-Sized Enterprise Digitalization〔J〕. Journal of Business Research, 2020, 112: 119-127.

Ellis P D. Social Ties and International Entrepreneurship: Opportunities and Constraints Affecting Firm Internationalization〔J〕. Journal of International Business Studies, 2011, 42 (1): 99-127.

Evangelista R, Vezzani A. The Economic Impact of Technological and Organizational Innovations. a Firm-Level Analysis〔J〕. Research Policy, 2010, 39 (10): 1253-1263.

Fichman R, Dos Santos B, Zheng Z. Digital Innovation as a Fundamental and Powerful Concept In The Information Systems Curriculum〔J〕. Mis Quarterly, 2014, 38: 329-353.

Fiss P. Building Better Causal Theories: a Fuzzy Set Approach To Typologies In Organization Research〔J〕. Academy of Management Journal, 2011, 54.

Francisco K, Swanson D. The Supply Chain Has No Clothes: Technology Adoption ofblockchain For Supply Chain Transparency: 1〔J〕. Logistics, 2018, 2 (1): 2.

Gangwar H. Understanding The Determinants of Big Data Adoption In India: an Analysis of The Manufacturing and Services Sectors〔J〕. Information Resources Management Journal, 2018, 31 (4): 1-22.

Gimenez-Fernandez E M, Sandulli F D, Bogers M. Unpacking Liabilities of Newness and Smallness In Innovative Start-Ups: Investigating The Differences In Innovation Performance Between New and Older Small Firms〔J〕. Research Policy, 2020, 49 (10): 104049.

Grama-Vigouroux S, Saidi S, Berthinier-Poncet A, et al. From Closed To Open: a Comparative Stakeholder Approach For Developing Open Innovation

Activities In Smes ［J］. Journal of Business Research, 2020, 119: 230-244.

Grinstein A, Goldman A. Characterizing The Technology Firm: an Exploratory Study ［J］. Research Policy, 2006, 35 (1): 121-143.

Gunasekaran A, Papadopoulos T, Dubey R, et al. Big Data and Predictive Analytics For Supply Chain and Organizational Performance ［J］. Journal of Business Research, 2017, 70: 308-317.

Gupta H, Barua M K. Identifying Enablers of Technological Innovation For Indianmsmes Using Best - Worst Multi Criteria Decision Making Method ［J］. Technological Forecasting and Social Change, 2016, 107: 69-79.

Han K, Oh W, Im K S, et al. Value Cocreation and Wealth Spillover In Open Innovation Alliances ［J］. Mis Quarterly, 2012, 36 (1): 291-315.

Hansen M T, Birkinshaw J. The Innovation Value Chain ［J］. Harvard Business Review, 2007, 85 (6): 121-135.

Hanseth O, Lyytinen K. Design Theory For Dynamic Complexity In Information Infrastructures: The Case of Building Internet ［J］. Journal of Information Technology, 2010, 25 (1): 1-19.

Hashem I A T, Yaqoob I, Anuar N B, et al. The Rise of "Big Data" On Cloud Computing: Review and Open Research Issues ［J］. Information Systems, 2015, 47: 98-115.

Hinings B, Gegenhuber T, Greenwood R. Digital Innovation and Transformation: an Institutional Perspective ［J］. Information and Organization, 2018, 28 (1): 52-61.

Hong J, Feng B, Wu Y, 等. Do Government Grants Promote Innovation Efficiency In China's High-Tech Industries? ［J］. Technovation, 2016, 57-58: 4-13.

Huang J, Henfridsson O, Liu M J, et al. Growing On Steroids: Rapidly Scaling The User Base of Digital Ventures Through Digital Innovaton ［J］. Mis Quarterly: Management Information Systems, 2017, 41 (1): 301-314.

Hult G T M, Hurley R F, Knight G A. Innovativeness: Its Antecedents and Impact On Business Performance [J]. Industrial Marketing Management, 2004, 33 (5): 429-438.

Iansiti M, Lakhani K R. Digital Ubiquity: How Connections, Sensors, and Data Are Revolutionizing Business [J]. Harvard Business Review, 2014, 92 (11) [2022-10-06].

Ifinedo P. an Empirical Analysis of Factors Influencing Internet/e-Business Technologies Adoption By Smes In Canada. [J]. International Journal of Information Technology and Decision Making, 2011, 10: 731-766.

Jahanmir S F, Cavadas J. Factors Affecting Late Adoption of Digital Innovations [J]. Journal of Business Research, 2018, 88: 337-343.

Jin B, Jung S. Toward a Deeper Understanding of The Roles of Personal and Business Networks and Market Knowledge In Smes' International Performance [J]. Journal of Small Business and Enterprise Development, 2016, 23 (3): 812-830.

Kaiser H F. an Index of Factorial Simplicity [J]. Psychometrika, 1974, 39 (1): 31-36.

Kallinikos J, Aaltonen A, Marton A. The Ambivalent Ontology of Digital Artifacts [J]. Mis Quarterly, 2013, 37 (2): 357-370.

Kallmuenzer A, Scholl-Grissemann U. Disentangling Antecedents and Performance Effects of Family Sme Innovation: a Knowledge-Based Perspective [J]. International Entrepreneurship and Management Journal, 2017, 13.

Kristal M M, Huang X, Roth A V. The Effect of an Ambidextrous Supply Chain Strategy On Combinative Competitive Capabilities and Business Performance [J]. Journal of Operations Management, 2010, 28 (5): 415-429.

Lai Y, Sun H, Ren J. Understanding The Determinants of Big Data Analytics (Bda) Adoption In Logistics and Supply Chain Management: an Empirical Investigation [J]. The International Journal of Logistics Management,

2018, 29（2）: 676-703.

Langlois R N. Modularity In Technology and Organization ［J］. Journal of Economic Behavior & Organization, 2002, 49（1）: 19-37.

Low C, Chen Y, Wu M. Understanding The Determinants of Cloud Computing Adoption ［J］. Industrial Management & Data Systems, 2011, 111（7）: 1006 1023.

Lucas H C, Goh J M. Disruptive Technology: How Kodak Missed The Digital Photography Revolution ［J］. The Journal of Strategic Information Systems, 2009, 18（1）: 46-55.

Lusch R, Nambisan S. Service Innovation: a Service - Dominant Logic Perspective ［J］. Mis Quarterly, 2015, 39: 155-175.

Lyytinen K, Yoo Y, Boland Jr. R J. Digital Product Innovation Within Four Classes of Innovation Networks ［J］. Information Systems Journal, 2016, 26（1）: 47-75.

Metters R, Marucheck A. Service Management—Academic Issues and Scholarly Reflections From Operations Management Researchers ［J］. Decision Sciences, 2007, 38（2）: 195-214.

Meutia M, Ismail T. The Influence of Competitive Pressure On Innovative Creativity ［J］. Academy of Strategic Management Journal, 2015, 14: 117-128.

MuñOz P, Cohen B. Mapping Out The Sharing Economy: a Configurational Approach To Sharing Business Modeling ［J］. Technological Forecasting and Social Change, 2017, 125: 21-37.

Nambisan S, Lyytinen Kalle, Majchrzak A, et al. Digital Innovation Management: Reinventing Innovation Management Research In a Digital World ［J］. Mis Quarterly, 2017, 41.

Nambisan S, Wright M, Feldman M. The Digital Transformation of Innovation and Entrepreneurship: Progress, Challenges and Key Themes ［J］.

Research Policy, 2019, 48 (8): 103773.

Nylén D, Holmström J. Digital Innovation Strategy: a Framework For Diagnosing and Improving Digital Product and Service Innovation [J]. Business Horizons, 2015, 58 (1): 57-67.

Oliveira P, Von Hippel E. Users as Service Innovators: The Case of Banking Services [J]. Research Policy, 2011, 40 (6): 806-818.

Oliveira T, Thomas M, Espadanal M. Assessing The Determinants of Cloud Computing Adoption: an Analysis of The Manufacturing and Services Sectors [J]. Information & Management, 2014, 51 (5): 497-510.

Orlikowski W J, Iacono C S. Research Commentary: Desperately Seeking The "It" In It Research—a Call To Theorizing The It Artifact [J]. Information Systems Research, 2001, 12 (2): 121-134.

Orlikowski W J. Using Technology and Constituting Structures: a Practice Lens For Studying Technology In Organizations [J]. Organization Science, 2000, 11 (4): 404-428.

Osterwalder A, Pigneur Y, Tucci C L. Clarifying Business Models: Origins, Present, and Future of The Concept [J]. Communications of The Association For Information Systems, 2005, 16.

Pacheco D F, Dean T J. Firm Responses To Social Movement Pressures: a Competitive Dynamics Perspective [J]. Strategic Management Journal, 2015, 36 (7): 1093-1104.

Patanakul P, Pinto J K. Examining The Roles of Government Policy On Innovation [J]. The Journal of High Technology Management Research, 2014, 25 (2): 97-107.

Pavlou P A, El Sawy O A. From It Leveraging Competence To Competitive Advantage In Turbulent Environments: The Case of New Product Development [J]. Information Systems Research, 2006, 17 (3): 198-227.

Prajogo D, Mcdermott C M. Antecedents of Service Innovation In Smes:

Comparing The Effects of External and Internal Factors ［J］. Journal of Small Business Management, 2014, 52 (3): 521-540.

Preacher K J, Hayes A F. Asymptotic and Resampling Strategies For Assessing and Comparing Indirect Effects In Multiple Mediator Models ［J］. Behavior Research Methods, 2008, 40 (3): 879-891.

Ragin C C. The Comparative Method: Moving Beyond Qualitative and Quantitative Strategies ［M］. Berkeley: University of California Press, 1987.

Ragin C. Redesigning Social Inquiry: Fuzzy Sets and Beyond ［J］. Bibliovault Oai Repository, The University of Chicago Press, 2008.

Roper S, Arvanitis S. From Knowledge To Added Value: a Comparative, Panel - Data Analysis of The Innovation Value Chain In Irish and Swiss Manufacturing Firms ［J］. Research Policy, 2012, 41 (6): 1093-1106.

Roper S, Du J, Love J H. Modelling The Innovation Value Chain ［J］. Research Policy, 2008, 37 (6-7): 961-977.

Roth A V, Schroeder R G, Huang X, et al. Handbook of Metrics For Research In Operations Management: Multi - Item Measurement Scales and Objective Items ［M］. 1st Edition. Los Angeles: Sage Publications Inc, 2007.

Sallehudin H, Che Razak R, Ismail M. Factors Influencing Cloud Computing Adoption In The Public Sector: an Empirical Analysis ［J］. Journal of Entrepreneurship and Business, 2015, 3: 30-45.

Schneider C, Wagemann C. Standards of Good Practice In Qualitative Comparative Analysis (Qca) and Fuzzy - Sets ［J］. Comparative Sociology, 2010, 9: 397-418.

Schoening N C, Souder Wm E, Lee J, et al. The Influence of Government Science and Technology Policies On New Product Development In The Usa, Uk, South Korea and Taiwan ［J］. International Journal of Technology Management, 1998, 15 (8): 821-835.

Shim S, Lee B, Kim S L. Rival Precedence and Open Platform Adoption:

an Empirical Analysis [J] . International Journal of Information Management, 2018, 38 (1): 217-231.

Smidt H J, Jokonya O. Factors Affecting Digital Technology Adoption By Small-Scale Farmers In Agriculture Value Chains (Avcs) In South Africa [J] . Information Technology For Development, 2022, 28 (3): 558-584.

Smith C G, Smith J B. Founders' Uses of Digital Networks For Resource Acquisition: Extending Network Theory Online [J] . Journal of Business Research, 2021, 125: 466-482.

Smith J M, Halgin D S, Kidwell-Lopez V, et al. Power In Politically Charged Networks [J] . Social Networks, 2014, 36: 162-176.

Solberg E, Traavik L E M, Wong S I. Digital Mindsets: Recognizing and Leveraging Individual Beliefs For Digital Transformation [J] . California Management Review, 2020, 62 (4): 105-124.

Sorescu A, Frambach R, Singh J, 等. Innovations In Retail Business Models [J] . Journal of Retailing, 2011, 87: 3-16.

Teece D J. Business Models, Business Strategy and Innovation [J] . Long Range Planning, 2010, 43 (2): 172-194.

Tilson D, Lyytinen K, SøRensen C. Research Commentary—Digital Infrastructures: The Missing Is Research Agenda [J] . Information Systems Research, 2010, 21 (4): 748-759.

Tornatzky L G, Fleischer M, Chakrabarti A K. Processes of Technological Innovation [M] . Lexington, Ma: Lexington Books, 1990.

Turban E, Mclean E, Wetherbe J. Information Technology For Management: Making Connections For Strategic Advantage [M] . Hoboken: John Wiley & Sons, 2001.

Vanlaarhoven P J M, Pedrycz W. A Fuzzy Extension of Saaty's Priority Theory [J] . Fuzzy Sets and Systems, 1983, 11 (1): 229-241.

Venkatesh V, Davis F. A Theoretical Extension of The Technology

Acceptance Model: Four Longitudinal Field Studies [J]. Management Science, 2000, 46: 186-204.

Venkatesh V, Thong J Y L, Xu X. Consumer Acceptance and Use of Information Technology: Extending The Unified Theory of Acceptance and Use of Technology [J]. Mis Quarterly, 2012, 36: 157-178.

Vonbriel F, Davidsson P, Recker J. Digital Technologies as External Enablers of New Venture Creation In The It Hardware Sector [J]. Entrepreneurship Theory and Practice, 2018, 42 (1): 47-69.

Whitten G, Green K, Zelbst P. Triple - a Supply Chain Performance [J]. International Journal of Operations & Production Management, 2012, 32: 28-48.

Wieland H, Hartmann N N, Vargo S L. Business Models as Service Strategy [J]. Journal of The Academy of Marketing Science, 2017, 45 (6): 925-943.

Woodard C J, Ramasubbu N, Tschang F T, et al. Design Capital and Design Moves: The Logic of Digital Business Strategy [J]. Mis Quarterly, 2012, 37 (2): 537-564.

Woodside A G. Moving Beyond Multiple Regression Analysis To Algorithms: Calling For Adoption of a Paradigm Shift From Symmetric To Asymmetric Thinking In Data Analysis and Crafting Theory [J]. Journal of Business Research, 2013, 66 (4): 463-472.

Yoo Y, Boland R J, Lyytinen K, et al. Organizing For Innovation In The Digitized World [J]. Organization Science, 2012, 23 (5): 1398-1408.

Yoo Y, Henfridsson O, Lyytinen K. Research Commentary: The New Organizing Logic of Digital Innovation: an Agenda For Information Systems Research [J]. Information Systems Research, 2010, 21 (4): 724-735.

Zailani S, Fernando Y, Zakaria H. Determinants of Rfid Adoption Among Logistics Service Providers In Malaysia: a Discriminant Analysis [J]. International Journal of Logistics Systems and Management, 2010, 7 (3): 345-367.

Zhu K, Kraemer K L. E-Commerce Metrics For Net-Enhanced Organizations: Assessing The Value of e-Commerce To Firm Performance In The Manufacturing Sector [J]. Information Systems Research, 2002, 13 (3): 275-295.

Zittrain J. The Generative Internet [J]. Harvard Law Review, 2005, 119.

Zott C, Amit R, Massa L. The Business Model: Recent Developments and Future Research [J]. Journal of Management, 2011, 37 (4): 1019-1042.

Zott C, Amit R. Business Model Design and The Performance of Entrepreneurial Firms [J]. Organization Science, 2007, 18 (2): 181-199.

Zuiderwijk A, Janssen M, Dwivedi Y K. Acceptance and Use Predictors of Open Data Technologies: Drawing Upon The Unified Theory of Acceptance and Use of Technology [J]. Government Information Quarterly, 2015, 32 (4): 429-440.

图书在版编目（CIP）数据

中小型企业数字技术采用：基于价值链视角／吕芬
著 . --北京：社会科学文献出版社，2023. 11
ISBN 978-7-5228-2533-5

Ⅰ. ①中⋯　Ⅱ. ①吕⋯　Ⅲ. ①数字技术-应用-中小
企业-企业管理-研究　Ⅳ. ①F276. 3-39

中国国家版本馆 CIP 数据核字（2023）第 179410 号

中小型企业数字技术采用

基于价值链视角

著　　者／吕　芬

出 版 人／冀祥德
责任编辑／宋　静
责任印制／王京美

出　　　版／社会科学文献出版社·皮书出版分社（010）59367127
　　　　　　地址：北京市北三环中路甲 29 号院华龙大厦　邮编：100029
　　　　　　网址：www. ssap. com. cn
发　　　行／社会科学文献出版社（010）59367028
印　　　装／三河市龙林印务有限公司

规　　　格／开　本：787mm×1092mm　1/16
　　　　　　印　张：17. 25　字　数：260 千字
版　　　次／2023 年 11 月第 1 版　2023 年 11 月第 1 次印刷
书　　　号／ISBN 978-7-5228-2533-5
定　　　价／98. 00 元

读者服务电话：4008918866